日本近代私立大学史再考

明治・大正期における**大学昇格準備過程**に関する研究

浅沼 薫奈

学文社

目　次

序　章

1. 研究の主題 …………………………………………………………………… 1
2. 先行研究の検討 ……………………………………………………………… 4
   (1)「大学」名称への転換に関する評価　4
   (2)「大学」名称期における政策的関心と課題　10
   (3) 20世紀初頭の大学論及び私学像の展開　13
3. 研究の対象と方法 …………………………………………………………… 15
   (1) 対象と方法の特色　15
   (2) 資料の特色　19
4. 構成と概要 …………………………………………………………………… 21

第1章　総合的私学における「大学」への志向

はじめに　25

第1節　慶應義塾大学 …………………………………………………………… 26
1. 慶應義塾の創設と福澤諭吉の教育理念　26
2.「大学部」開設と学内制度の諸整備　30
3. 慶應義塾における「大学」名称転換の特色　38

第2節　早稲田大学 ……………………………………………………………… 40
1. 東京専門学校の創設と「大学」設立構想　40
2.「大学」名称への転換　47
3. 早稲田大学における「大学」名称転換の特色　58

小　括　60

第2章　私立法律学校の躍進と「大学」への転換

はじめに　65

第1節　法政大学 ………………………………………………………………… 68
1. 和仏法律学校の創設　68
2.「和仏法律学校法政大学」の設立理念と実態　71

第2節　明治大学 ··· 75
　　1. 明治法律学校の創設理念とその特徴　75
　　2.「明治大学」への改称と大学昇格　78
第3節　中央大学 ··· 81
　　1. 英吉利法律学校の創設　81
　　2.「東京法学院大学」の設立理念と実態　83
第4節　専修大学 ··· 85
　　1. 専修学校の創設理念とその特徴　85
　　2.「専修大学」への改称と大学昇格　88
第5節　日本大学 ··· 91
　　1. 日本法律学校の創設と特徴　91
　　2.「日本大学」への改称と大学昇格　93
第6節　立命館大学 ··· 98
　　1. 京都法政学校の創設とその役割　98
　　2.「大学」名称への転換とその特徴　101

　小　括　104

第3章　宗教系私学における「大学」の設立

　はじめに　108
第1節　同志社大学 ··· 110
　　1. 新島襄の教育観と「私立大学」設立構想　110
　　2.「同志社大学」の設立とその特徴　116
第2節　立教大学 ··· 126
　　1. 立教学校の創設期における特徴　126
　　2.「立教大学」の設立と大学昇格　130
第3節　上智大学 ··· 133
　　1.「上智大学」の創設と特徴　133
第4節　駒澤大学 ··· 138
　　1. 曹洞宗大学林専門学本校の創設と特徴　138
　　2.「曹洞宗大学」への改称とその特徴　140

第5節　大谷大学 …………………………………………………………… *142*
　　1.　真宗大学寮の創設と特徴　*142*
　　2.　「真宗大学」への改称とその特徴　*143*
第6節　國學院大学 ………………………………………………………… *146*
　　1.　國學院の創設と特徴　*146*
　　2.　「國學院大學」への改称とその特徴　*149*
　小　括　*151*

第4章　単一学部の「大学」設立

　はじめに　*157*
第1節　拓殖大学 …………………………………………………………… *161*
　　1.　台湾協会学校の創設と特徴　*161*
　　2.　「大学」名称への変更とその特徴　*163*
　　3.　「拓殖大学」時代の新渡戸稲造　*168*
第2節　東洋大学 …………………………………………………………… *180*
　　1.　哲学館の創設とその特徴　*180*
　　2.　井上円了と「大学」設立構想　*182*
　　3.　「哲学館大学」から「東洋大学」へ　*186*
　小　括　*190*

終　章

　1.　総　括　*192*
　　(1)「大学」名称獲得経緯に見られた特徴　*192*
　　(2)「大学」名称期における私学の「大学像」　*200*
　2.　今後の研究課題　*203*

　引用(参考)文献　*205*

　あとがき　*208*

　索　引　*211*

序　章

1. 研究の主題

　本研究は，明治後期から大正中期にかけて，私立専門学校が「大学」名称を名乗った時期を日本の私立大学形成の重要な時代として捉え，その解明を通じて，私立大学が実態としていかに準備されたかを究明し，改めて日本における私学像・大学像を捉え直すことをねらいとしている。

　周知のとおり，私立大学の制度的誕生は，1918(大正7)年の「大学令」公布を待たねばならない。それまで，正式の大学は官立総合大学たる帝国大学のみで，私立と公立，そして官立であっても単科の機関は大学とは認められなかった。したがって，本研究の対象時期は，それに向かっての助走段階，準備期間に相当する。従来の研究では，概ねこの時期を私学の大学昇格要求への「緩衝措置」の段階と捉えてきた。確かに，行政史上で見れば，政府による緩衝的と言える処置であったことは事実である。しかし，「大学」名称期が私立専門学校にとってもっていた意味はそれだけに止まるものだろうか。ここで言う，本研究における「大学」名称期とは，私立大学が制度として確立していない時期に，私学が校名に「大学」名を冠する校名変更の申請をして認可を受けていた時期を指す。すなわち，大学令が公布される以前，具体的には1902(明治35)年から1918(大正7)年までの期間を指すものと定義することとする。

　さて，筆者がこれまで数多くの私学の学校沿革史に接してきた経験から見ると，この「大学」名称期こそが当該諸学校にとって専門学校から大学への実質的な転換点であったのではないかと考えられる。なぜならば，「大学」名称への転換を機に，私学は着実に学科課程の改善と充実を進め，施設を充足し，「大学」としての学内規定の制定・変更を推し進めていたからである。その背景を概観すれば，私学は個々に帝国大学を相対化し，それに対峙する理念をも宣明

していたと見ることができるからである。

　大学令が公布されて以降，仮に大正末年までを見れば，わずか7年余りの期間で私立大学数は20校を超え，帝国大学5校及び公立大学4校に比較して圧倒的多数となった。なぜ私立大学の設立認可がこのように急速に進んだのか。それは，私学における大学昇格準備がすでに，大学令公布段階でかなり進んでいたからではなかろうか。そのように考えたとき，準備段階にあたる「大学」名称期とは，日本近代大学史全体においても重大な「前史」であったのだと考えられるのではないか。

　大学令に基づく私学の大学昇格に際しては，多額の基本財産の供託（大学令第7条）や専任教員配置（同第17条）をはじめとする，私学の財政上では厳しい条件が付されていた。[1]公立及び私立大学設置に関しては，さらに「大学規定」(1919年3月29日，文部省令第11号)による諸条件も付され，「大学ハ其ノ目的及規模ニ応シ教授上及研究上必要ナル設備ヲナスヘシ」（大学規定第3条）と定められた。なお，中野実によれば，私立大学に関しては「大学設立認可内規(秘)」も存在したという(中野1978)。

　これらの条件をクリアし，なおかつ短期間での大学昇格はなぜ可能であったのだろうか。

　すなわち，このように見たとき，「大学」名称期の私学に関し，次のような仮説が成り立つのではないだろうか。

大学像の模索

　「大学」名称期とは，私立専門学校が高等教育機関として，「大学」とはどうあるべきかを考え，あるいは諸外国の体制から学び，帝国大学令以外の大学関係法令が出されていない（制約の少ない）段階において，大学令に先駆けて独自の大学モデルを模索し，教育理念や理想を追求した時期であったのではないか。ひいては，正規の大学への一歩を踏み出すための，重要なステップとなったのではないか。

私学理念の追及

　理念について見れば，私学が改めて独自の私学像を自覚し表明したのがこの

時期であり，多様化し増加する教育要求に自律的に対応し，機敏に変化していく私学ならではの運営方策が見いだされていったのではないか。

これらの仮説に基づき考察をすすめるならば，大学史における私学史の位置付けを明確にすることとなるだろう。

上記の仮説を検証するには，個別大学の事例に沿った実証的な分析を積み重ねることが不可欠である。私学の「大学」名称獲得から大学昇格に至るまでの，それぞれの建学理念，教育方針，教育実態や制度の変化を検証することにより，同時期における日本の「大学」機能がいかに変容，分化，拡大したのかを分析し，それによってはじめて，私学の描いた具体的な大学像や私学像がどのようなものだったのかを浮かび上がらせることが可能となる。

同時期の日本は，日清戦争後から日露戦争を経て，大正デモクラシーの時代へと入っていく。日露戦争後の重工業の発展と国際経済への参入，国内の資本主義経済の拡大や都市化・産業化への胎動といった産業構造の変化等によって，中・高等教育人材の需要が急激な高まりを見せた。同時に，就学率の上昇と景気向上によって進学希望者が急増し，「大学」志向に拍車をかけることとなった。社会的には，デモクラシーの思潮や社会主義思想が青年たちを中心に広まり，社会問題となっていた。

以上のような風潮や社会変化のなかで，高等教育の拡大の大部分は私学によって担われた。それゆえに，一方で高等教育機関全体の量や質が政策的な関心ともなっていく。政治・経済・社会の多面にわたる転換期の中での，「大学」名への転換をはじめとする，私立専門学校の一連の変化が，私学自体及び高等教育機関全体に対してどのような実態上の変化と影響を与えたかを，社会的変化に即しつつ正確に捉えることが要求される。

明治後半から具体的に踏み出された高等教育制度改革は，上記の第一ステップを経て，大正期半ばの大学令公布をもって達成され，完成を見た。大正期の大学改革によってその後の大学の量的拡大が実現されたが，その急激な拡張は主として私学の「大学」認可という措置を通じてはじめて達せられたものであった。他方，これと併行して長期にわたる改革論議は，大学制度や学位制度の

ほか，大学の研究・教育・管理といった基本的諸制度の変容をもたらした。すなわち，私学の「大学」化とともに基本的な大学理念が構築されていった過程は，量的拡充を実現しただけでなく，「高等教育機関」から「大学」への制度的構造を含む質的転換が同時に行われたものでもあったわけである。

「大学」化は，私学内部にも大幅な量的拡充と質的変容とをもたらした。学科の増改設や変容，施設・教員人事の充足，学生数の増加によって，より複雑で多様な内部構造が構築されていった。個々の大学によって経緯と事情は異なりつつも，「大学」としての自校の拡充を図ることは，組織の拡張を含む組織改革の契機となった。しかもそのプロセスは，政策的改革のみを見据えたものではなく，社会的要請や動向をにらむと同時に，私学間の連携や対抗意識などの要因にも深く影響されたものであった。

本研究は，大学昇格の準備段階にあった私学の実態を究明することを通じ，日本における私学像・大学像がどのように捉えられ，展開したかを再解釈しようとする試みでもある。

2. 先行研究の検討
(1)「大学」名称への転換に関する評価

先行研究は，戦前日本の大学改革及び近代大学史上における「大学」名称の行政措置を，どのように捉え，評価し，位置付けているだろうか。

文部省の行った私学に対する「大学」名称の認可について，寺﨑昌男は次のように述べ，「大学」名称の認可は専門学校が大学となる制度的な可能性を変則的な形で講じたものであった，とする(国立教育研究所編 1974a：1202-17)。

この時期は私学にとっては，後の大正期後半以降の大学昇格への前提となる拡充の時代であった。大学とはすなわち帝国大学であり，私立大学も女子大学も認めない，という制度的条件はなお不変であったが，圧倒的多数の高等教育人口を擁する専門学校の大半は私立学校であった。これらの中からはとくに強い大学昇格への要求が生まれ，政府も，「大学部」の開設を容認する

などの緩衝的措置をとらざるをえなくなった。(中略) 私立学校 (中略) の校史において，明治後期から大正前半期までの歴史は，大学昇格運動の歴史にほかならないといってよい。政府がこの間に講じたことは，専門学校令公布の年に，1年半の予科をもつ私立専門学校に対して『大学部』を設けることを認めるという緩衝的な措置だけであった。

同時に寺﨑は，専門学校令制定と大学昇格運動との関連性について，専門学校令公布は「『大学』の栄称を独占的に帝国大学だけのものとしつつ，私立大学・単科大学が『大学』となる制度的可能性を一五年間にわたって閉ざした」(国立教育研究所編 1974a：1217) ものであり，それゆえに大学昇格運動は「多かれ少なかれ帝国大学の特権的地位に対する批判を含んでいた」(国立教育研究所編 1974a：1217) ものであったとして，帝国大学が大学名称，さらに卒業生に対する学士号授与権を独占し，さらに学位審査権をも独占したことへの批判であったと指摘，「有力私学が次々と予科をおき大学部を開設し，『大学』名称を取得したことから，いっそう混乱の様相を極めるに至った」(国立教育研究所編 1974a：1217) と状況を分析する。

寺﨑の指摘する行政上の「緩衝措置」という事態認識は，端的かつ正確に事態を表現している。ただし，ここでの評価はあくまで行政面からの視点によるものであるため，それに対しての私学内部の実態や要因に視点を置いた評価については課題となって残されることとなる。

「緩衝措置」の期間，「帝国大学の特権的地位を批判的」に捉えていた当時の私学は，具体的にどういった「昇格運動」を展開し，実態としてどのような変化を見せていたのか。また，「混乱の様相」を私学自身はどう捉えていたのか。それはすなわち，私学自身が「大学像」をどのように捉えていたのか，ということに繋がる。

他方，天野郁夫は，それまでの有力私学が目指していた「帝国大学との実質的な同格化」は，「大学」名称を取得したことによって「名称上の『大学』昇格運動にすりかえられてしまった」(天野 1989：211) と指摘する。すなわち，修

業年限1年半の予科，その卒業生を入れる課程を「大学部」とよび，従来の課程は「専門部」として存置するという組織変更以外に，ほとんどなんらの積極的努力を必要としないものとなった，と断じる。ただし，天野は同時に，この時期の私学の位置について，「そうした『私立大学』としての準備期間なしには，『大学令』による正規の大学への昇格はありえなかったといってよい」（天野2013上：39）とし，この「大学」名称期が私学にとって大学昇格への重要な「準備期間」でもあったとしている。天野は次のようにも述べている（天野2013上：47-8）。

　専門諸学校の大学昇格への願望は，大学令の施行によってただちに実現されたわけではない。帝国大学を『模範』に設定された新大学の設置認可条件は厳しく，とくに財政的基盤の弱い私学にとっては，『私立大学撲滅策か』といわれるほどに高い水準に設定されていた。

　以上のように述べ，大学昇格に当たっての私学の実質的にして最大の困難は資金面にあったと指摘する。

　天野が，「大学」名称期の私学の実態と変容について，具体的かつ詳細に言及しているのは，『大学の誕生（下）』で取り上げた慶應義塾と早稲田大学の事例である。天野は，「単なる名称問題を超えて，帝国大学による独占体制に真っ向から戦いを挑んだ学校」は，「いうまでもなく，早稲田と慶應義塾」（天野2009下：88）の二校であったとする。私学における「大学」化は，「帝国大学への挑戦」であったと位置付ける天野は，「事実」としての「大学」化をいち早く押し進めたのがこの二校であり，両校がそれぞれ，大学令による大学昇格以前に医学科や理工科といった理系を含む「総合大学」としての体制を整備した点や自校専任教員の養成を主目的とした留学制度（学位の取得）を導入した点に注目する。そして，慶應義塾における履修科目選択制といった特筆すべき試みが，わずか1年足らずで頓挫すること等がありつつも，両校における学内の構造的基盤が「大学」に向け次第に形成されていった様子を描き出している。

　上記の天野の指摘は，大枠において本研究における視点や評価に近いもので

ある。ただし一方で，天野が指摘する，両校が実践した取り組みは，果たして以降に続く他の私学にどのような影響を与え，「大学」化への歩みにおける「選択」の可能性を示したのだろうかという疑問を残している。すなわち，大学システムを整備し充足していく過程において，個別私学における理念はどのように捉えられ，変容し，実践されたのだろうか。また，「大学」化への過程における個別私学の「選択」の違いは，何を意味するのだろうか。個別私学にとって，その「選択」の積み重ねは，私学としての存在意義を問う行為そのものであったのではないだろうか。これらの疑問に対しては，個別私学のさらなる実態的な解明が要される。

さらに，戦前日本の大学改革・近代大学史を通史的に捉えた研究として見たとき，伊藤彰浩『戦間期日本の高等教育』，舘昭『東京帝国大学の真実　日本近代大学形成の検証と洞察』の二つの研究が注目される。

伊藤は，客観的かつ端的に私学拡大の意義とそこに孕まれていた課題とを次のようにまとめている（伊藤 1999：109）。

> 戦間期に私学は顕著な拡大をみせた。しかも，その拡大は，政府による積極的なコントロールの結果ではない。むしろ私学は，それぞれが，進学者の動向，経済状況，昇格問題，他校の動きなど，いくつかの状況をにらみながら，あるいは大学・専門学校というステータスの魅力に憑かれて，拡充に向かった。しかしそのプロセスは，同時に，政府にとって政策的対応を要する「私学問題」というべきものを顕在化させていく過程でもあったのである。

伊藤は上記のように述べ，第一次・第二次世界大戦の間における私学の発展・拡充が，「状況」や「ステータスの魅力」によるものであったとし，同時に，私学の存在がすでに社会的に看過できない存在にまで発展していたがために，「私学問題」を顕在化させていくこととなったと指摘する。伊藤のいう「状況」とは，明治末期からの進学需要の拡大，第一次世界大戦後の好況期における人材需要を指すことに加えて，大学化へ向け学内の拡張拡充を図ったこと自体が私学全体の拡張をももたらした，とするものであり，「ステータスの魅力」とは，

大学昇格を自校の発展・生き残りのチャンスであると認識した私学経営者たちの行動を指す。彼らの行動を支えた「動機」は，大学化への積年の悲願であり，他校との「競合意識」であったと伊藤は分析する（伊藤 1999：109）。顕在化した「私学問題」とは，例えば「劣悪な教育条件しかもたず，しばしば営利主義的行動に走る私学」（伊藤 1999：105）への警戒が必要となった点などを指し，水準維持のため設置基準等によって国家からの統制・介入が行われることとなった。

ただし，「戦間期」を扱った同研究の特性により，伊藤の視点が大正半ば以降の私学拡大に置かれていることには留意しなければならない。すなわち，大学昇格過程において「その行動の背後にいかなる動機があったのか」（伊藤 1999：77）に着目してはいるものの，昇格要件を満たすための「昇格過程」における「動機」を注視したために，私学の「準備期間」における変化にはほとんど触れていない。しかし，私学の「大学」昇格要求は，「大学」名称期以前から始まっており，「大学」名称獲得前後の時期からの「動機」を解明することによって，私学の大学昇格の実態はより鮮明になるのではなかろうか。

なお，伊藤は，大学令公布前後の時期にあらわれた「私学問題」は，私学が帝国大学の補完的な役割を担う補完的な位置から，世論に後押しされる形で社会的ステータスの上昇を果たす過程において，一方では社会から質や量の側面に厳しいまなざしが注がれるようになり，私学の統制が強化されていくこととなったために生じたもの，とする。その伊藤の視点に従えば，「大学」名称期とは，（少なくとも明治期に「大学」名称への転換を試みた段階では，）「統制」という政府からの干渉がなかった最後の時期に当たり，以降に現れた「私学問題」は，私学自体の構造のみを指すのではなく，社会・メディアの示す世論と私学自体の内的動向とのダイナミクスの所産であったと見ていることになる。

他方，舘の立つ視点は，帝国大学の拡充に即しながら私学の発展が認められたとするものであり，「大学」名称期と大学令にともなう大学昇格以後との「大学の性格」は異なるものであったことを次のように指摘し，大学令以前の私学は，アメリカの大学制度を模しつつ多様な形態を以て発展しようとしていたとしている（舘 2015：294-6）。

(私学の)なかには予科を配して数個の学部を持ち，すでに大学と称したものから，小規模なリベラルアーツカレッジまでがふくまれていたのである。こうした，多様な高等教育状況を整序する法制体系のモデルとされたのは，じつは帝国大学がその改革のたびに念頭においていたドイツの大学制度ではなく，新興国家アメリカのそれであった。(中略)大学令は逆に他の官・公・私立の大学が帝国大学の似姿をもってつくられるよう強いるものだったのである。(中略)官・公・私立の専門学校の大学化が，制度的に帝国大学に近づくことによってなされた結果として，それらの担ってきた学術や組織形態もが帝国大学のそれに近づくことが求められた。

舘によれば，正規の大学昇格以前において，すでに多様な形態の「大学」が個別私学によって形成されつつあり，当初の実態としては，そのモデルは帝国大学のものとは全く異なっていた。それが大学令によって正規の大学へと昇格するにあたり，疑似帝国大学への変容が求められた，というのである。

上記に挙げたのは，いずれも大著をなす先行研究ばかりであるが，以上の先行研究のうち特に，寺﨑の指摘によれば，一方で政府側は帝国大学制度による高等教育の水準維持と名誉独占を保持しようと「緩衝措置」を採ったが，他方で私学の側は，舘の指摘するように，アメリカの大学をモデルに大学設立を構想していたということになる。ただし，寺﨑の論稿は行政的な視点に絞られるあまり「大学像」に触れられておらず，舘の指摘も比較大学史的視点をもった唯一の論稿であるといえるが，実証的な事例はほぼ見られない。政府による「緩衝措置」が行われたこの時期において，私学がアメリカをモデルにどのような大学を目指していたのかについては具体的な検証がなされてきたとはいえず，例えば舘の指摘する「すでに大学と称した」学校と「小規模なリベラルアーツカレッジ」との相違が何であったのかなど，個々の私学の事例をもとにさらに解明していく必要がある。

もちろん，これまでも触れてきたように，すでに先行研究の中でも必要に応じ，具体的な個別私立専門学校の事例が適宜取り上げられ論じられている。そ

の事例によって具体性が生まれ，的確な指摘によって，時代の大きなうねりの中で私学がどのように位置付けられてきたのかが導き出されている。そのうえで，「大学」名称を獲得した私立専門学校は，どのような「大学像」を描き，また，「私立大学」の「理念」はどのように作り上げられたものだったのかを検証していくことが本研究の主題である。個別私立専門学校の動態をうかがう課題，そのためには事例研究のさらなる蓄積が必要となる。個別私立専門学校の主張とそれぞれが置かれた位置及び内部構造の変容といった総合的な分析によって，上記の課題を解明していく。

(2)「大学」名称期における政策的関心と課題

　「大学」名称期は，大学令公布に至る成立過程と重なることから，大学令研究・政策過程の研究に学ぶ点も大きい。

　寺﨑昌男は，巨視的な視野から，大学令公布を「大学大衆化の起点」となったと位置付け，「大学の拡張の不可避的な趨勢のもとで，当時の支配層が，明治後半以来の官立専門学校や私立専門学校の昇格要求を認めざるをえないところに追いこまれていた」(国立教育研究所編 1974b：317)と指摘する。

　周知のとおり，19世紀末までには国家主導の，帝国大学をピラミッドの頂点とする官学優位の体制がほぼ確立されていた。大正期に至ってからの大学令による大学の拡張が「大衆化への起点」であったとすれば，その中間期の準備段階に相当する「大学」名称期の私学は，国家教育体系のピラミッドのどこに位置し，かつ，高等教育機関の体制に対してどのような影響を与えたのだろうか。

　寺﨑の指摘にあるように，「大学」名称の獲得以降，大学令によって正規の私立大学設立が認められるまでの間，私学は「昇格要求を認めざるをえない」までの発展を見せた。

　それがために，一方で，国家主導の政策審議は社会的関心を呼び，政府当局者だけでなく，大学人や私学人，ジャーナリズムも含めて，さまざまな立場からの意見が噴出し，拡大化した高等教育機関を国家教育体系のなかでどう位

付けるかが議論されることとなった。この間の論点の中心は大学に求められる役割や機能についてであり，議論は政策審議へも影響を与えたであろうし，私学の進む方向性に対しても少なからず影響を与えたはずである。この間の審議内容の分析，すなわち大学令成立過程の研究は，私学の位置付けと変化とを把握するための重要な側面をもつこととなる。

　大学令成立過程に関する諸研究については，吉川卓治が『公立大学の誕生　近代日本の大学と地域』において詳細にまとめている。吉川によれば，これまでの先行研究は「大学令を実現した政策主体の主導性について相矛盾する二つの評価が存在」(吉川 2010：9)するものであり，教育要求の高まりや産業界からの需要増加が大学令制定を加速させ，政策主体(政府，枢密院)はそれに突き動かされて「受動的」に大学令公布に及んだとする研究，すなわち「官僚閥」の果たした役割を過大評価すべきではないとする立場の研究[2]と，官僚と文部当局とが密接に連携しながら大学令公布までを積極的に進めたとする研究[3]とがあると整理する[4]。

　吉川は，上記の視点を軸とし，大学令成立過程に関する先行研究において残された課題を，次のように指摘する(吉川 2010：70)。

　　大学令の成立過程における既存の帝国大学と『新しい大学』との関係の調整という課題は，大学が全体として果たすべき機能の配分のあり方に関する諸構想の違いに基づくものであった。それゆえに政策主体内部で誰によっていかなる構想が立案され，その何が受け継がれて，どのように大学令に結実したのか，ということを明らかにしなければならない。

　帝国大学と「新しい大学」との関係をどう調整するかということは，第二次西園寺内閣[5]のころから政府のなかですでに重要な意味を持ちつつあった。しかも，「そうした過程において顕在化した論点はいずれも公立大学の在り方に深く関わっていく」(吉川 2010：67)と吉川は指摘する。つまり，政策主体をとりまくそれぞれの立場による諸構想の違いが複雑に絡み合い，大学令成立過程において論点が顕在化したこと自体に意味があったということになる。この指摘

は私立大学にも当てはまる。帝国大学との関係性，大学が全体として果たすべき機能の配分が，私立専門学校に対しどのようになされたのか。その議論が大学令公布以前より始まっていたことは明らかであり，学制改革論議の延長線上にあったと同時に，世論や私学自身のもつ「私見」や「大学構想」が，当時における——来るべき「大学」化を目指しての，あるいは単なる改善を目指しての——「大学」再編にどのように反映されたのかを検討していくことが必要となる。ただし，この改革・再編は，本論で検証していくように学校ごとに異なる様相を見せた。

さて，大学令公布に至るまでの審議過程における論点とは何であったかに戻ろう。

これに関しては，中野実による一連の研究がすでに多くを明らかにしてきている。特に，中野による「史料解説：新渡戸稲造他『大学制度改正私見』」に基づく研究報告によれば，政策主体とは別に「少壮教授連」によって大学改革が認識されており，学術研究体制の高度化と国際化，ビッグサイエンスの登場といった新動向とともに解されていた（中野 1979a）。

こうした中野をはじめとする先行研究によって明らかにされてきた，大学令制定に向けての論点そのものは極めて明瞭で，集約すれば以下の3点であった。

1) 総合大学のほかに単科大学を認められるか。
2) 大学修了までの修業年限は短縮できるか，そのために高等学校制度を廃止しあるいは低度大学を設置することができるか。
3) 学位の意義をどう捉えるか。

なかでも，大学は総合大学でなければならないか，という問題は，この時期の中心をなしていた。付随して，学問分野をどのように設定するか，すなわち学部の種類をどのように捉えるかもまた，議論の中心となった。女子大学の設置を認めるか，といった議論も最後まで持ち越されたテーマであったが，これは戦前期にはついに叶わなかった。いずれにしてもこれらの論点はすべて，直接的にせよ間接的にせよ，正規に私立大学の設置を認めるか否かに関わっていた。

以上のように，先行研究は，大学令の制定が高等教育史上の画期であったことを認めている。学制改革問題の進展や量的拡大等を明らかにしていく上で，私立大学の発展を社会的変動過程の中で捉え，高等教育機関への政策が明治期以降，日清日露戦争を挟んで変化していく中で，私学への関与と位置付けが変わっていったことが明快に整理される。しかしその一方で，私学側の「大学構想」や「大学」名称獲得という動きに関しては，いまだ課題が残されたままである。

(3) 20世紀初頭の大学論及び私学像の展開

　さらに視野をやや広げ，「大学」名称が認められて以降，大学令が公布されるまでの，20世紀初頭における高等教育機関全体の構造及び変動について，先行研究はその展開過程をどう位置付け，どのように評価しているかを検討しておこう。

　この視点においても基本文献となってくるのは，『日本近代教育百年史4』における寺﨑昌男による「概観」の著述である。

　寺﨑は同時期を相対的に「制度の面における安定」「量的側面における拡大」（国立教育研究所編 1974a：1197）の時代と捉えつつ，前述したような私学拡充の動きや制度的整備の進展のほか，官民を問わず「アジアの天地を夢みる青年たちを組織し教育しようとする動き」（国立教育研究所編 1974a：1202）が芽生え，新しい形態の高等教育機関としてそれらが整備されはじめたこと，多くの女子高等教育機関も同時期に誕生し（国立教育研究所編 1974a：1230），それらを含み専門学校は増加の一途を辿ったことを指摘する。

　また，政策的にも「『多様』な高等教育形態」（国立教育研究所編 1974a：1207）が課題となって求められるようになり，それら高等教育機関を整備するために予備教育の在り方が本格的に検討されるようになったと整理する。ただし，予備教育に関しては接続や修業年限短縮などの多様な議論が展開されたにもかかわらず，特に高等学校における教育を見れば，「対象時期には，何等の変更もなかった」としている。

これらの指摘は，同時期において新たな高等教育機関を認める動きが社会的に見られるようになってきたことを意味する。大学，大学予備教育，新たな社会的ニーズに即した高等教育機関の設立が要望されると同時に，それらに関する制度的位置付けを中心とした議論が展開された時期であったと整理される。

　天野郁夫によれば，この時代を特に社会的機能に即して評して，「序列構造の形成」が明確になったのが同時期であった。それは，教育システム上に見られるとともに，卒業者の社会的配分にも顕著に表れたとして，ここでいう序列とは，一つには学校間の相互関係が明確化された点であり，一つには上下の接続関係が明らかとなった点を指している。特に，同時期に制定された専門学校令によって，「高等教育システムの基本的な構造の社会的な可視性が，一挙に高まった」（天野 2009 下：215-6）とする。

　専門学校令公布以降，序列問題の根幹は「帝国大学という特異な大学の存在」（天野 2009 下：218）にあることが明確となり，苛烈な受験地獄が同時期より展開されるようになっていった。また，私学を見れば，同令によって他の学校との境界が確定され，さらに私立専門学校間にも可視的な序列が顕著となったとし，それは「大学」名称や「予科」の有無に左右されたと天野は指摘する。

　このように寺﨑，天野の研究はそれぞれに異なる視座によって，長期的視野のもと，社会的構造上において，同時期を高等教育史上の，構造的変化が生まれる直前の胎動期と見ている。その胎動期とは，具体的にはどういった動向を指すものなのか。私学の中の動きは，どういった影響をその後に与え得たのだろうか。

　大学令公布以後，大正期半ば以降の時代は，高等教育機関の量的拡大，高等教育の大衆化への道程として整理され，位置付けられる。とすれば，それより前の時期の高等教育機関の構造変化は，一言で表せば，「少数エリート養成」の時代であり，それは同時に「大量ホワイトカラー養成」の時代へと移るための準備段階となったと見てよいのではないだろうか。

3. 研究の対象と方法
(1) 対象と方法の特色

　本研究で扱う時期は主として，1902(明治35)年から1918(大正7)年までの15年あまりという，ごく限られた期間である。私立専門学校が「大学」名称への転換を図り，大学令によって制度上正規の大学として認められるまでの時期，ということになる。この期間に，それも私立専門学校が「大学」名称を冠したというポイントに焦点を絞って見ていくことで，大学史及び高等教育史の何が明らかになるのか。本研究のねらいは，「大学」名称期に個々の私学にどういった変化が現れたのか，その動態の解明を通じて，大学機能の変容と高等教育機関全体の構造的な変化とを読み取り，当時の私学における大学像・私学像を導き出すことにある。

　それに先立って，私学全体の置かれた状況を概観しておこう。表 序-1は，「大学」名称への変更時期と大学昇格年を一覧化したものである。

　表 序-1に記載された私学のうち，大学昇格以前に「大学」名称を冠した私立大学は，統廃合された学校も含めて25校にのぼった[6]。これらの私学を創設起源時の目的により大別すると，次のようになる。

　1) 高度かつ総合的な教育体制を目指した諸学校
　2) 法曹界を中心とし専門的職業人を養成しようとした諸学校
　3) キリスト教・仏教・神道といった宗教系諸学校
　4) 国家及び社会的な需要に応じることを目的としつつ単一学部を設けた新興の諸学校

　本研究における構成は上記の分類に沿って章立てている。
もちろん，分類した中でもそれぞれに違いは大きい。例えば，宗教系といっても，仏教系諸学校は僧侶の養成を目的にしたのに対して，キリスト教系諸学校は聖職者養成以上に教養教育に重きを置いていた。また，同志社大学のように，キリスト教を標榜しつつ総合大学設立を目指した例もある。こういった違いはあったが，社会からの多様な教育要求に応えることを前提としながら，同時に，自校の設立目的に沿って理念と理想とを追求していたことは共通していた。そ

表 序-1　大学昇格年と「大学」名称への変更年

大学昇格	「大学」名称へ変更年	創立年	備考
1920 年			
2/2　慶應義塾	—	1858	※明治 23 年慶應義塾「大学部」設置
早稲田	明治 35(1902)	1882	
4/12　明治	明治 36(1903)	1881	
法政	明治 36(1903)	1889	※明治 36 年和仏法律学校法政大学⇒大正 9 法政大学
中央	明治 36(1903)	1885	※明治 36 年東京法学院大学⇒明治 38 中央大学
日本	明治 36(1903)	1890	
國學院	明治 39(1906)	1890	
同志社	明治 45(1912)	1875	
1921 年			
9/27　慈恵会医	—	1881	
1922 年			
5/10　専修	大正 2(1913)	1880	
立教	明治 40(1907)	1874	※明治 37 真宗大学(明治 29 真宗大学寮)⇒大正 11 大谷大学
大谷	明治 37(1904)	1901	
龍谷	明治 38(1905)	1899	※明治 38 佛教大学⇒大正 11 龍谷大学
5/31　関西	明治 38(1905)	1886	
立命館	明治 37(1904)	1900	※明治 37 京都法政大学⇒大正 2 立命館大学
拓殖	大正 6(1917)	1900	※大正 6 拓殖大学⇒大正 11 東洋協会大学
1924 年			
5/17　立正	明治 40(1907)	1875	※明治 40 日蓮宗大学⇒大正 13 立正大学
1925 年			
3/31　駒澤	明治 38(1905)	1882	※明治 38 曹洞宗大学⇒大正 14 駒澤大学
5/18　東京農業	明治 44(1911)	1891	
1926 年			
2/25　日本医科	大正 15(1926)	1926	
4/2　大正	大正 15(1926)	1885	※天台宗大学(各種学校)⇒大正 15 大正大学
高野山	大正 15(1926)	1886	※明治 40 各種学校として高野山大学設立。明治 42 専門学校令により開校。
1928 年			
3/29　東洋	明治 36(1903)	1887	※明治 36 哲学館大学⇒明治 39 東洋大学
5/8　上智	大正 2(1913)	1913	
1932 年			
3/7　関西学院	—	1889	
1939 年			
5/25　藤原工業	—	1939	※1944 年慶応義塾大学に統合
12/27　東亜同文書院	—	1901	

注：各大学年史および『文部省年報』による。

の意味では,「国家ノ須要ニ応スル」ことを課せられた帝国大学よりも,「高等ノ学術ヲ教授スル」こと以外は自由であった私立専門学校の方が,社会的な要求に応じていくことに関してはるかに適していた。

　私立専門学校は,基本的に社会からの教育要求に柔軟に対応することを発展の基軸としていた。自校の存続と発展のため,多様な教育課程を設置し,より多くの学生生徒に門戸を広げていった。そして,帝国大学との同格化を求めて「大学」名称を獲得し,さらに「大学昇格」へと歩んでゆく。

　私学がどれほど多様であったか。

　単純には窺うことができないが,1903(明治36)年当時に置かれていた学科名で見てみると,法律・政治・経済(理財)・文学,医学・歯科医学・薬学,それ以外には仏教系私学に置かれた仏教学,同志社神学校の神学,神宮皇學館の皇学等があった。量的に隆盛であったのは,法律系だった。ただし,法律系の中でも専修学校のように法学から理財学(会計・経済学)へと移行した学校もあったり,台湾協会学校のように法律学科としつつも実際には植民地経営に必要な人材養成を目的にしていたりと,いわば名称や「看板」と内容や実態とが齟齬していたところも多くあった。

　これらの多様な私学が,「大学」へと強く志向していく過程において,1年半程度の予科を置き,その卒業生を受け入れる課程を設置すれば,「大学」名称へと変更可能となった。しかしこの措置では,学士の称号はおろか,さまざまな特権にも差が残されたままであった。ただし,私学は「大学」名称期,すなわち大学名称を冠するようになった1900年初頭から大学昇格を果たすまでのおよそ15年の間において目覚ましい発展を遂げ,それぞれに多様な視点から新たな私学像や大学像を追及した。「大学」と努力を重ねたその時期に見られた発展や変化は,以降の大学機能や高等教育機関の構造に変化を与えたのではないだろうか。

　私学の「大学」名称期の「実態」とは何を指し,かつ,何を以て変容と見たらよいだろうか。すなわち,私学は近代大学をどう理解したのだろうか,と言い換えることができる。

本研究は，個別私学の大学動態分析に立ち考察を進めるが，考究に当たって一貫して特に注目したのは次の点である。

1) いつから，なぜ「大学」名称を求めたか。(名称獲得の「動機」)
2) 理念と学内合意はどう形成されたか。「大学への志向」は理念に含まれていたか。(誰のイニシアティブで，どの機関で行われたか)
3) 教員のレベル向上・変革はどのように行われたか。現職教員の海外派遣はいつから，どのようにして始まったか。(専任教員の配備・増員・有名学者の招聘など)
4) 組織・編制はどのように変化したか。(学部学科の導入及び分化拡大，財団(社団)法人制度の導入)
5) 卒業生の待遇は変化したか。(学位名称・資格付与など)
6) 科目選択制はいつ，どのように導入されたか。「大学」となるためのカリキュラム改革はどのように進められ，結果として学科課程はどう変化したか。(カリキュラム・ポリシー，教育内容・教育理念の変容)

これらの観点はすべて近代大学の理念に沿った変化であり，その変化を分析することによって，本研究の主題に迫りたい。

なお，私学が1903(明治36)年の専門学校令に基づき認可を受ける際は，「私人ハ専門学校ヲ設置スルコトヲ得」(第三条)とされ，私立専門学校の設置者としては私人，社団法人，財団法人の3つが混在していた。その後，1911(明治44)年の私立学校令改正によって第二条に追加項目が付され，私立専門学校設置者は財団法人であることが求められるようになり，後の大学令においても私立大学の設置者(経営主体)は，基本的に大学を維持運営ができる収入を生む基本財産をもつ財団法人でなければならないと明確に規定(第六条)されることとなった。ただし，私立学校法改正時に「私人ニシテ中学校又ハ専門学校ヲ設立セシムルトキハ其ノ学校ヲ維持スルニ足ルヘキ収入ヲ生スル資産及設備ヲ又ハ之ニ要スル資金ヲ具ヘ民法ニ依リ財団法人ヲ設立スヘシ」(第二条第二項)と定められ，私立専門学校の経営は民法による財団法人であることが前提とされたものの，それは既存の専門学校には遡及されなかった。そのため個人や社団法

人が運営していた私学の財団法人への転換は任意の選択となっており，そのままの経営状態を維持したところが少なくなかった。その後，大学令における大学昇格に当たっては例外的に学校経営のみを目的とする財団法人の設立を認めたが，いずれにせよ財政基盤の安定性を目的として財団法人としての運営を求めるものとなった。したがって「大学」名称期の私学は財団法人への転換，すなわち学校運営を滞りなく行なうだけの収入を生じる資産と，施設設備の準備とが不可欠な要素となったのであった。

　組織・編制については，後に公布される大学令第二条において，「大学ニハ数個ノ学部ヲ置クヲ常例トス」とし，大学の基本的な構成組織を「学部」とすることが定められることとなる。しかし，大学令公布の約20年前より，私学は開学以降の夫々のプロセスに沿って「学科」という名称をもつ「学部」相当の組織を編成し，「大学」への転換を独自に模索していた。「大学」名称への転換とほぼ同時に進められた「学部」「予科」の導入・設置が，私学自体と高等教育機関全般とにそれぞれどういった影響を及ぼしたのかも大きな焦点となる。

(2) 資料の特色

　本研究で用いる資料について記しておこう。

　高等教育機関史研究に当たっては，個別学校沿革史の検討を欠くことはできない。これら個々の大学によって明らかにされた事実関係を繋ぎ，日本の私学全体の発展と実像とを明らかにしていくことは，今後に残されている課題の一つである。本研究では，大正期において日本の大学像がどのように変化し，日本の高等教育機関の中でこの時期の私学全体がどのように位置付けられたかについて，個別私学の事例をもとに検証していくこととなる。これら個別私学の各種資史料を用いることによって，本研究における個別事例は，それぞれ独立した形で大学昇格過程を描きだすこととなるが，最終的にそれらを総括して考察を加えることによって主題に迫る結論を導き出すものとなる。

　そのほか，各校創立者及び首脳陣の執筆物・告示などのほか，設立申請書及び各種変更届といった公文書類，学校規則，学校要覧等も重要な基本資料とな

る。特に現在までにほとんどすべての大学が創立百周年を迎えている中で，各校に設置された大学アーカイブス（大学史資料室・百年史編纂室等）が，上記のような基本史料のほかに，教育課程を記述した記録や資料といった内部史料を収集，保存，公開しているため，それらを有効に活用することができた。また同時に，個別私学において刊行されている研究紀要も重要な先行研究として参照した。

なお，本研究にとって，学内所蔵史資料の活用は欠かせないものである。その活用は，かつて寺崎昌男による踏み込んだ活用が先駆的であった。寺崎はその著書『日本における大学自治制度の成立』の「はしがき」において次のように述べている。

> この種の研究において不可欠なのは，大学に所蔵されている内部史料の利用である。この点については，当時東京大学の方々から温かい配慮を与えられたのは，何ものにもまさる著者の幸運であった。著者の研究が学術的なものであることを理解され，東京大学五十年史関係資料をはじめとする種々の史料に接する機会を与えられた方々がなかったならば，著者は研究に着手することもできなかったであろう。

ここでの「この種の研究」というのは，言うまでもなく高等教育史及び大学史研究のことであり，大学史実証研究において，学内所蔵の諸史料の検証は欠かせないものである。上記の著書における東京大学学内史料の豊富にして柔軟な利用は大学史を含む高等教育研究史上の画期的試みであった。学術研究史上におけるこの資料活用があったからこそ，現在に至って大学所蔵史料を利用した研究が可能となった。本研究もその手法から学び，各大学学内所蔵史資料のより踏み込んだ活用を心がけた。大学アーカイブスの整備が進む昨今において，その所蔵史資料がより身近なものとなり有効に活用できるようになった幸運に感謝したい。

4. 構成と概要

　本研究の構成は，4章の本論と序章・終章との全6章からなる。

　第1章は，総合的大学志向の先駆的私学であった，慶應義塾大学及び早稲田大学を事例として取り上げた。第1節では，私塾的構造から近代的高等教育機関への発展をなした慶應義塾大学を事例対象として考察する。1890(明治23)年という早い段階における独自の「大学部」の開設と，その独特の内部システムがどういった意味を持っていたのかを考究し，それらが以降の大学昇格までの変化にもたらした意義を探る。第2節では，日本の私学史上，最も早く「大学」名を称した早稲田大学を取り上げる。同校は，学校創立当初より大学設立構想を持ち，複数の教育分野を有する総合的高等教育機関となることを目指し，なおかつ大学令に基づいて極めて迅速に大学昇格を果たした。その創設時の教育理念と大学設立構想から，私学の大学観を探る。また，「大学」名称を私学の中で最初に獲得した経緯や，実態的な教育内容の変容過程についても注目する。

　第2章は，私立法律学校の大学設置構想と大学昇格過程を検証するため，第1節を法政大学，第2節を明治大学，第3節を中央大学，第4節を専修大学，第5節を日本大学，第6節を立命館大学として取り上げた。

　私立高等教育機関の過半数を占めた法経系の学校の発展経緯と，これらの学校に見られる「大学」名称期と大学昇格構想及びそれに向けた学内整備状況を分析するとともに，大学昇格に必須とされた教育条件の整備がいかに進められたか，教育内容・施設・環境といった周辺的事実の充実の過程を探る。

　第3章は，キリスト教系，仏教系及び，神道系の宗教系諸学校についての検討を行った。第1節では，日本の私学史上，最初の「私立大学」設立計画と大学教育理念とを掲げた同志社大学を取り上げる。同志社創立者の建学の精神，大学教育理念と実際との変容過程について，主として大学観，教育理念についてどのように考えたのかを考究する。第2節を立教大学，第3節を上智大学とし，キリスト教教育を標榜した私学が，学校存続や「大学」名称獲得及び大学昇格にあたりどのような選択をなしたのか，宗教教育を行うことと「大学」との位置とはどのようなものであったか考察を行った。続く第4節を駒澤大学，

第5節を大谷大学として取り上げ,仏教系私立専門学校の「大学」名称獲得経緯から,大学観,教育理念がどのように構築されたのかを教育実態を踏まえて考察を行った。第6節では國學院大學を取り上げ,神道系の私立専門学校の「大学」名称獲得に向けての発展経緯を検討した。

　第4章では,第1節を拓殖大学,第2節を東洋大学として取り上げた。第1節では,日清日露戦争を経て大陸志向が芽生えた日本社会にあって,新たに商学や植民地政策論が注目されるなか,私立高等教育機関としてそれらの教育をどのように考え,展開しようとしたのかを検討した。第2節では,宗教系ではない私立専門学校が,哲学や仏学を教授する単科「大学」へと発展していった経緯と意義を検討した。また,結果的に大学令において単科大学は例外的処置として認められたが,後に単科大学となった私学の「大学」教育とはどういったものであったのか,教育実態を踏まえて考究した。

　以上の各章では章末ごとに小括を行った。なお,これらの事例により本研究の目的に対し十分な考察ができると考え,「大学」名称を冠しのちに大学昇格を果たした私立専門学校のうち,法学系の関西大学,仏教系の立正大学,龍谷大学は本書における事例としては割愛し今後の課題として残した。特に仏教系両校の歴史はそれぞれ1580年,1639年から連なるものとしており,前者は1907(明治40)年に「日蓮宗大学」と称し,後者は1900(明治33)年に「仏教大学」と称した。仏教系の各大学は長い歴史を自認している点なども含めて興味深く,改めて「大学」への発展過程について総体的に研究対象として検証してみたい。また,東京農業大学についても理系分野の特殊性を鑑みて,稿を改めて検討することとした。

　終章では,以上の内容を総括整理するとともに,私学の歴史的系譜を示した。私学がこの時期に「大学」名称を選択した価値を追求し,私立大学の果たした役割は何であったのか考究し,併せて今後の研究課題について述べた。

注

1) 全21条からなる大学令は，第1条において大学の目的を「大学ハ国家ニ須要ナル学術ノ理論及応用ヲ教授シ並其ノ蘊奥ヲ攻究スルヲ以テ目的トシ兼テ人格ノ陶冶及国家思想ノ涵養ニ留意スヘキモノトス」と規定した。第2条以下に定められた要点は以下のとおりである。
   (1) 大学は「数個ノ学部ヲ置クヲ条例」(第2条)とするが，「特別ノ必要アル場合ニ於テハ単ニ一個ノ学部ヲ置クモノヲ以テ一大学」とすることもできる。設置できる学部の種類は「法学，医学，工学，文学，理学，農学，経済学及商学ノ各部」とする。またこれらの学部を「分合シテ」設けることもできる。
   (2)「学部ニハ研究科ヲ置ク」(第3条)ことができ，さらに「数個ノ学部」を置く大学は研究科を総合して大学院を設けることができる。
   (3) 大学を官立以外に「公立又ハ私立ト為ス」(第4条)ことを認める。
   (4) 私立大学は「財団法人タルコト」(第6条)とする。財団法人は大学維持に必要な基本財産を有するものとし，「現金又ハ国債証券其ノ他文部大臣ノ定ムル有価証券」(第7条)を基本財産として供託すること。
   (5)「学部ニ三年以上在学シ一定ノ試験ヲ受ケ之ニ合格シタル者ハ学士ト称スル」(第10条)ことができる。但し医学部は4年とする。
   (6) 大学は「特別ノ必要アル場合ニ於テ予科ヲ置ク」(第12条)ことができる。大学予科の修業年限は「三年又ハ二年」(第13条)とし，「高等学校高等科ニ関スル規定ヲ準用」(第14条)する。
   (7)「公立及私立ノ大学ニハ相当員数ノ専任教員ヲ置ク」(第17条)こととする。
   (8) 公私立大学は「文部大臣ノ監督ニ属ス」(第19条)こととし，「大学ノ設立廃止」(第8条)および「学部ノ設置廃止」(同条)，「私立大学ノ教員ノ採用」(第18条)について文部大臣の認可を受けるものとする。ただし，大学および大学予科の学則については「法令ノ範囲内ニ於テ当該大学之ヲ定メ」(第16条)，その上で文部大臣の認可を受けるものとする。
2) 尾崎ムゲン著『日本資本主義の教育像』(世界思想社，1991年)を代表例として挙げる。
3) 若月剛史「高等中学校成立過程の再検討—牧野・小松原文相の学制改革構想を中心に」(『日本歴史』(694)，2006年)を代表例に挙げる。
4) 従来の先行研究の多くは，臨時教育会議の答申内容が大学令公布に直接的な影響を与えたことを前提とし，政策立案過程においてどのような発言がなされたかに注目している。特に『資料 臨時教育会議』第一集の佐藤秀夫による「解説」は，臨時教育会議において「岡田に代表される文部当局側の方向づけが実質上かなり強くはたらいていた」と述べ，岡田良平文相等文部省側が会議をリードし，改革を推し進めたと指摘している。その前後の時期における経緯については，中野実による一連の研究論文において明らかにされてきた。中野は臨時教育会議の前段階で設置された教育調査会における審議経過やその間の文部省の動向にも注目しており，さらに，臨時教育会議答申から閣議決定までの立法過程，大学令公布から「大学規定」(文部省令第11号・1919年3月29日)公布までの経緯等についても踏み込んだ研究を行っている。中野実「大正期における大学令制

定過程の研究 〜枢密院関係文書の史料分析から〜」「教育調査会の成立と大学制度改革に関する基礎的研究」がそれに当たる。また，三井須美子「江木千之と臨時教育会議(1)〜教育調査会廃止の事情と経緯〜」等の研究があり，これら先行研究によって大学令の審議経過が明らかにされてきており，特に教育調査会の動向に関しては，臨時教育会議の成果の影に隠されていたため，これら先行研究はその実態及び教育制度史に残した成果を整理したものとして重要である。

5) 1911(明治44)年8月〜1912(大正1)年12月。
6) 1918(大正7)年までに25校の「大学」名称の私学が生まれたが，うち10校が仏教系でこれらは統廃合されて6つの大学へと減じている。

第1章 総合的私学における「大学」への志向

はじめに

　本章では，慶應義塾大学及び早稲田大学における「大学」名称獲得の過程とその特質を明らかにする。両校における「大学」への志向性がどのように形成され，展開したのか，また，「私学像」「大学像」をどのように模索し，内包する課題にどのように対応したのか，序章3.(1)の末尾において上げた指針に沿って両校の検証を試みる。

　慶應義塾は1890(明治23)年に「大学部」を開設したのち，大学令に基づく大学として1920(大正9)年より慶應義塾大学となった。周知のように，慶應義塾は福澤諭吉によって幕末期に洋学私塾として創設され発展し，その発展過程は福澤による教育理念を色濃く反映したものであった。したがって，同校の「大学」への志向性と発展経緯を明らかにするためには，先ず創設者福澤諭吉の教育観，教育及び学問思想が如何なるものであったのかを若干考察しておかねばならない。そのうえで，慶應義塾が他校に先駆けて「大学部」の開設という独自のプロセスをとった背景及び特性を考究するとともに，その後にどのような展開を経たのか，その特質として指摘されることは何かについて考察する。

　一方，早稲田大学は東京専門学校として発足して以降，1902(明治35)年に「早稲田大学」へと改称，校名に「大学」名称を冠した最初の私立専門学校であった。「学の独立」を理念に掲げるとともに，創設時から大学設立を目指しており，「大学令」公布にともない迅速に大学昇格を果しただけでなく，複数の教育分野を有する総合的高等教育機関となることを構想した。その創設時の教育理念と大学設立構想，「大学」名称へ移行した経緯，実態的な教育内容の変容過程を考察する。

　ところで，両校における「大学」化は，私学全体の大学化への先鞭をつけた

だけでなく，本章で詳しく見ていくように，理念や組織体制，運営，教育制度，財政面に至るまで，多くの先駆的な試みがなされた過程であった。当然ながらそれらの選択には頓挫したものも含まれ，必ずしも発展経緯は直線的に構築されたものではなかった。構築過程が複雑化したのは，私立専門学校が「大学」へと発展するにあたり，両校の理念や教育体制の中に多くの矛盾が生じたためである。もとより，その矛盾は，他の私立専門学校にも起こりうる問題であった。

第1節　慶應義塾大学

1. 慶應義塾の創設と福澤諭吉の教育理念

　慶應義塾は，1858(安政5)年に福澤諭吉が開いた蘭学塾が基となり発展した。1868(慶應4)年に芝新銭座の有馬家控屋敷跡に校舎を移転し本拠を置いた際に，初めて校名を慶應義塾と称し英学塾となった。明治政府成立直前のことであり，開国後政府の方針が打ち出された直後においては，慶應義塾による洋学教育は時代の寵児ともいえる発展を見せた。学制が発布されて以降は，特にトップ大学への進学を前提としたイギリスの寄宿制男子中等教育機関である「パブリック・スクール」を理想とし，かつまたアメリカのハイスクール制度をもモデルとしながら，従来の「私塾」とは異なる，近代的学校を目指した。

　「明治14年の政変」を契機として，明治政府がイギリスからドイツ志向へと転向したことによって，イギリス型洋学塾であった慶應義塾は，政治や行政から離れ，より実学志向へと傾斜していくこととなった。特に，アメリカのハイスクールからカレッジまでの課程を模倣したような「普通教育」を行うようになり，同時期の日本に多く設立されてきていた外国語学校や法律学校とは全く異なる学校として異彩を放った。以降，1890(明治23)年「大学部」設置まで，日本の教育体系上では「各種学校」として位置付けられていた。

　結論からいえば，「大学部」が設けられる以前の，明治10年代までの慶應義塾はあくまで「教養教育」ともいうべき普通教育を行っており，福澤も「大学」建設への意向や構想を具体的に示していなかった。むしろ，福澤が理想として

目指したのは，初等中等教育から高等教育までの一貫性をもつ近代総合学園であったと考えられる。

ここで初期慶應義塾の性格や，「大学部」設置までの経緯を理解する上で，福澤の教育観，明治初期の慶應義塾の教育方針や内容などについて検討しておこう。ただし，福澤は膨大な数の著書を刊行し[1]，その中で教育論を幅広く多種多様に展開しているため，福澤の教育観を端的にまとめることは困難であり，また本研究の本旨でもない。ここでは，明治初期の慶應義塾に見られた特徴は何か，そこには福澤のどのような方針が反映されていたと見られるか，という点にのみ絞って簡潔に検討しておきたい。

周知のように，福澤は幕末期の横浜においていち早く国際公用語として英語の重要性を悟り，その後の塾内の教育においてもまず英語を根幹となすことを義務付けた。また，『福翁自伝』において「東洋の儒教主義と西洋の文明主義と比較して見るに，東洋になきものは，有形に於て数理学と，無形において独立心」(富田・土橋編 1970a：167)であるとし，「資本もない不完全な私塾に専門科を設けるなどは迚も及ばぬ事ながら，出来る限りは数理を本にして教育の方針を定め，一方には独立論の主義を唱へ」(富田・土橋編 1970a：167)た，とも述べている。極めて早い時期に確立したであろう福澤のこれらの「西洋主義」的な考えは，明治初期の慶應義塾における教育方針の方向性を決定付けることとなった。

1871(明治4)年，慶應義塾は芝新銭座から三田へ校地を移転し，400坪から1万2000坪へと校地が一気に拡大されたことにともない，諸規則を整備拡充するために「慶應義塾社中之約束」(以下，「社中之約束」)と名付けられた学校規則を発行した[2]。「社中之約束」には職務分掌，学則，入塾退塾等の諸規則類が載せられており，以降，1897(明治30)年にかけて複数回にわたり改定を重ねていき内容も変容していくが，同時期を通じて慶應義塾の根幹をなす規定であったことは間違いない。

「社中之約束」(明治4年版)冒頭には「前文」が付されており，そこには「半学半教」「社中協力」といった慶應義塾の伝統的特徴ともいうべき内容が示さ

れた。その一部を抜粋すれば,「(慶應義塾は)福澤氏の私有にあらず,社中公同の有にして」「我義塾学問の法は博く洋書を読み,或は其文を講じて人に伝へ,或は之を翻訳して世に示すのみ」「師弟の分を定めず,教ふる者も学ぶ者も,概して之を社中と唱ふるなり」(慶應義塾編 1907：87-8)等とあり,慶應義塾は福澤個人の私有ではなく「社中公同」のものであり,洋学を教授し,師弟は定めず教える者も教わる者もそれを兼ねるため「社中」と称するものである,との文言が見られた。さらに,1873(明治6)年版の「社中之約束」冒頭には,「入社ノ法ニ従ヒ入社スル者概シテ之ヲ社中ト唱ヘル」等という6項目からなる「社中」に関する規定が付されるようになった。それによれば,「社中」とは「支配人」「執事」「教員」「生徒」の4つに区分されるとした。

このように,「社中」とは仲間や同志という意味も含み,さらには慶應義塾という組織体そのものを総称していた。つまり,明治初年の段階で,慶應義塾は極めて結束力の強い学園体制,同志意識の強固なコミュニティー(共同体)の形成を目指しており,同志意識によって結ばれた共同体として同校を維持しようとしていたのであった。

では,この「社中」のメンバーとなるために,どのような「入社(塾)」方法が採用されたか。「社中之約束」に定められた「入社ノ規則」には,当初こそ教授の「推挙」や「身分保障」が必要とされたが,1873(明治6)年以降は「父兄ヲ以テ入社ノ証人」とするように変更された。[3] なお,福澤は特に生まれながらの資質や生育環境が与える影響を重視していたこともあったためか,1877(明治10)年ごろまでの慶應義塾は士族の子弟が占める割合がほとんどであった。[4] 少なくとも同時期までの福澤の教育理念には「大学」設立に関するものは明確にはなく,慶應義塾はハイスクールやパブリック・スクールをモデルとした中等教育を中心とした教育機関であり,士族の子弟に対しての,西洋文明に基づく実学や教養教育を行うための教育機関であった。[5] しかし,学制頒布,徴兵制施行,士族解体等の社会の変化を受け,慶應義塾でも新たな時代に即した「入社」方法,維持方法を検討しなければならなくなっていた。特に資金面の厳しさから,「社中協力」の名のもと,1880(明治13)年には「慶應義塾維持法案」

によって資金公募が行われ，翌年には「慶應義塾仮憲法」が出されて「維持社中」項目が設けられ，「慶應義塾維持の為めに醵金せし者は，慶應義塾維持社中と称す」とすることと定めるようになっていった。

　このようにして「社中」と称する共同体の形成を進めていった慶應義塾は，明治20年代に入るころ，「大学部」を開設して高等教育を行うことを目指すようになり，さらに明治30年代には「大学部」を中心とした学園構築への転換を目指して教育組織全体を再編していくこととなった。「大学部」設置経緯やその教育内容については後述することとし，ここでは，開設しようとする「大学部」に対し，学内においてどのような役割を期待したのかにのみ触れておこう。

　明治20年代以降の慶應義塾の「大学部」設置やそれに伴う変化は，そのタイミングから1886(明治19)年の帝国大学創設の影響があったと考えられる。いずれにしても，学内において「大学部」という独自の高等教育機関開設の機運が高まったことを受け，1889(明治22)年1月には「大学部」設置のための「慶應義塾資本金」を募集し，同年8月には「慶應義塾仮憲法」を「慶應義塾規約」へと発展させ，主に基金制度を中心に「大学部」設置は進められていった。

　開設された「大学部」は，当初は学内からの進学希望者が少なく，開設直後より存続の危機に陥っていたが，福澤は，潤沢な資金を導入された帝国大学と同等の規模は当面は無理であっても，高い専門性や高度な学術を施すためにアメリカから教師を招聘し，採算が合わない中においても独自の目的をもった「大学部」を存続させなければいけないと考えた。すなわち，帝国大学や官立専門学校の養成する人材は特定の専門知識をもった学者や官僚であるが，慶應義塾の「大学部」において養成する人材は，これらとは全く別の「普通学者」(富田・土橋編 1970b：100)であるとした。以降，「普通学者」育成のため，慶應義塾は「平民」の富裕層を中心とした子弟に対して「実学」教育を行い，近代社会・近代経済における実業家養成の教育機関へと次第に移行していくこととなった。日本社会の変容や帝国大学の創設等の影響を受け，慶應義塾の性格は大きく変容していったことを意味している。

では，「実学」という高等普通教育を行うための「大学部」開設にあたり，福澤は何を重視したか。
　一つには，専門に凝り固まらぬよう，専門は技術であり技術を駆使するのは人間であることを自覚し，事物を数理で捉えるという実学を見失わぬように，そして学問だけになり人間であることを忘れぬようにと述べた。二つに，数理を重視した教育への強いこだわりも見られた。帝国大学分科大学のように学問分野ごとに分離された組織を並列するのではなく，「大学部」を文理に跨る総合的な教育組織として充足させようとする意向をもっていたと思われる。
　明治30年代以降になって他の私立専門学校が「大学」名称を獲得していく中にあって，慶應義塾は大正期の大学昇格時まで「大学」名称を校名に付すことはなく，慶應義塾の中に「大学部」を設置するという形態を貫いた。私塾的経営形態の名残やそれに対するある種の「誇り」があったことも背景にあると想像されるが，何より，「幼稚舎」「普通部」「大学部」を「塾内」で行うのだという一貫教育を目指した意思が窺われる。

2.「大学部」開設と学内制度の諸整備

　慶應義塾において「大学部」が設置されたのは1890(明治23)年1月のことであった。慶應義塾が「大学部」開設に踏み切った背景には，そのタイミングから，1886(明治19)年の帝国大学の設立及びその後の発展への危機感があったと思われる[6]。国家レベルにおいて小学校から始まる一貫した教育体系が整えられる中，最高学府として位置付けられた帝国大学という，組織として総合的学問体系をもち，かつ教育内容としても運営資金としても「確実」な組織に対抗していかねばならないことを意味していたからである。
　明治20年代以降，慶應義塾では専門的な高等教育を行うための「大学校」(「ユニヴハシチ[7]」)の設立を急ぐようになり，以降，それまでの徴兵猶予をはじめとする特権を与えられていない「各種学校」の位置から，「大学部」を設置した私立専門学校への転換が図られていった。
　先にも触れたように，福澤は「サイヤンス」教育，つまり数理をもとにして

教育の方針を定めたいと考えていたが，明治維新直後の隆盛から一転して，明治10年代の経営状態は廃校の危機といってよいほどで，とても文理に跨る教育が行えるような状態ではなかった。入塾希望者数は1883(明治16)年に大幅な減少を見せており，1885(明治18)年には回復の兆候をみせたものの，義塾存続発展のためには経営方針や運営上の整備が必要な時期にきていたことは明白であった。福澤は慶應義塾の確立と発展のために，教育責任者として新たな総長の人選や資金繰りを再考すべきと考えた。結果として「大学部」創設に向け慶應義塾のとった道は，当初からの方針どおり，当面は英語教育に一層の力を注ぎつつ，1)塾内経営体制の見直し及び人材再配置を行い，2)塾内教育制度の整備を進め，3)財政の安定のための資金繰りに目処がついたころで「大学部」の設置を行うというものであった。

　具体的には，塾長をはじめとする首脳陣の新しい人選のほか，ハーバード大学総長エリオット博士推薦による3名の外国人主任教員，William S.Liscom(リスカム)，Garrett Droppers(ドロッパーズ)，John Henry Wigmore(ウィグモア)をそれぞれ文学科，理財科，法律科に招聘することで塾内の教育資質の向上を図り，門野幾之進を中心とした大学課程編成委員によってアメリカの大学をモデルとしたカリキュラム導入が検討された。また，慶應義塾維持資金及び大学部設置のための資金を募ることで金策を行い，「慶應義塾仮憲法」を改定し「慶應義塾規約」を制定する(明治23年)などの学内制度の整備充実が進められた。これより先，1881(明治14)年に出された「慶應義塾仮憲法」は，慶應義塾中の規定としてはじめて学事規程のほか，資金を募集して維持し，資金管理を行う運営母体を明確化するものであった。

　なお，広く見渡せば，明治10年代には慶應義塾だけでなく，創設者を中心にして組織され発展してきた洋学私塾の多くが経営に行き詰まり，その多くは廃塾に追い込まれていた。この時期に生き残ったのは慶應義塾のみであったといってもよい。代わって，民権思想や明治政府改造への要望を背景として，法律や政治経済に関するより高度の専門教育を授けようとする私学が多く勃興してくるようになった時期であった。それらの学校は法律学校と呼ばれ，そのほ

かにも語学，文学，哲学，宗教等を授ける私学も新たに見られるようになった。これら新たに生まれた私学は，それぞれが使命に基づき独自の教育目的を掲げていたが，いずれにしても法令に基づく形で設置認可されたものであった。要するに，急激な日本社会の変容に対応すべく，学問的にも形態的にも私学経営構造の転換が必要とされる時期となっていたといえる。

さて，1890(明治23)年の「大学部」発足とともに，前述の「慶應義塾仮憲法」にかわって制定された「慶應義塾規約」は，「大学部」を含んだ新組織を維持するための大規模な基本金募集を行うことを明言したものであった。

規程中に示された具体的な内容及び資金収集過程について，社頭福澤による私塾的な経営から，「大学部」創設への制度整備が進められ，新たに評議員会を置き学事及び会計についての最高決議機関とし，その評議員の選挙権及び被選挙権は塾内生徒教員のほか卒業生も含むものとしているなどの内容を含むものであり，義塾内における結束，いわゆる「社中の結束」「結社」といわれる独特の団結感を確固たるものとした規約制度であった。

1890(明治23)年1月，慶應義塾内に文学科，理財科，法律科から構成される「大学部」が設立された。

この各科の主任には，アメリカより招聘した前述の3名の外国人教師がそれぞれ就任した。「大学部」の設立に当たっては，授業料収入のほか年間2万5000円相当の別途収入があるという前提があったが，各学科100名の入学定員枠が充足することは設置以後明治期を通じてほぼなく[8]，大幅な赤字が生じることとなり，普通部及び幼稚舎の収益によって「大学部」の赤字は補填され，経営が維持されていった。「大学部」の不振は，普通部の卒業生が大学部へと進学せず，そのまま卒業していってしまったからであった。このような状態であったため，「大学部」設立直後には廃止論が後を絶たなかった。それでもなお「大学部」は慶應義塾の基幹に据えるべきであり，教育の本質は最終的にこの「大学部」いかんにかかっているとした内部の意見によって，むしろ「大学部」中心の組織編成へと革新されるようになった。

■ 小幡塾長による制度改革

　次に,「大学部」開設後に着任した塾長小幡篤次郎[9]の行った,塾内制度改革について見てみよう。

　1890(明治23)年に「大学部」が設置された年,体調を崩した小泉信吉にかわり小幡篤次郎が塾長に就任した。小幡は福澤門下生にして福澤に従属する最大の腹心の一人として慶應義塾の教育活動を担ったとされているが,一方で慶應義塾創設当時からその義塾運営活動においてはむしろ福澤と同等の役割を果たした人物であった。また,特にいまだ石高がものをいう旧習の社会においては,十三石二人扶持の家柄だった福澤にとって,二百石取の上士階級の出身である小幡篤次郎の人的ネットワークは福澤自身にとっても,また慶應義塾運営形態にとっても不可欠であったとされる(西沢2005：129)。

　小幡の行った最大の改革は,下記の組織編成を進めた後,1898(明治31)年に慶應義塾学制を全面的に改めたことであった。

　「大学部」が置かれて以降,既存の教育課程は区別して「普通部」と呼ばれていたが,普通部を修了したものも慶應義塾卒業とされていた[10]ことから「大学部」進学希望者の増加は見込めなかった。そのため,同年に行った改革により,新しい教育課程編成へと革新された。すなわち,幼稚舎[11],普通部,大学部がそれぞれ別個に置かれていたのを一貫教育体制として整備し直し,「大学部」卒業者のみを慶應義塾卒業者とすることを明確にした。幼稚舎6年,普通部5年,大学部5年の修業年限とし,大学部の修業年限のうち最初の2年を予科相当として教育を行い,後半の3年は専門教育を行うものとした。このとき,「大学部」中に文学,理財,法律に加えて政治学部(政治学科)が置かれ,4学部編成へと拡大した。また,「普通部」は中等教育レベルとして位置付け,「大学部」の教育内容と重なっていた部分を整理することで接続の改善を行い,通算16年の教育課程とした。こうして,「大学部」中心の一貫教育課程を持つ体制が確立され,「大学部」への進学率も急増し運営は安定するようになった。

　なお,これより先,1893(明治26)年に司法省指定学校に指定された。また,1896(明治29)年にはこの「普通部」の上に修業年限3年の「高等科」を設けて

いた。小幡としては一時期，この高等科を発展充実させることで，大学部を廃止して塾運営を何とか軌道修正したいと考えたようであるが，翌年8月に塾長を退任したことによってそれは廃案となっている。1898(明治31)年4月，小幡が新たに制定された副社頭職に就任すると同時に，鎌田栄吉が新たに塾長に就任した。鎌田が就任するまでの約半年間は社頭福澤が塾長を兼務した。またその翌年からは，福澤の小幡に並ぶもう一人の腹心であり欧米視察から帰国したばかりの門野幾之進を教頭として，以降「大学部」は大正期における大学昇格に向けて充足していくこととなる。

■「教員海外研修」制度の導入とその知見

ここで，慶應義塾が先駆的に導入した，教員のための海外研修制度について見ておこう。

門野幾之進[12]は，1898(明治31)年に導入された教員のための欧米研修の第1期生である。門野は慶應義塾の卒業生であり，1883(明治16)年より教頭職に就いて塾経営に携わってきた。「大学部」発足後に始められたこの塾内教員を派遣する1年間の欧米視察は，さらなる「大学」化を見据えたものであったと見てよい。「完全ナル私立大学ト為サンニハ，此際西洋諸大学ノ組織及教育法等ヲ視察スル必要」(慶應義塾編 1960 中 - 前：299)があるため，欧米諸国の大学における教育状況の調査を目的とした海外研修が行われたものである。門野はドイツ，イギリス，アメリカ等を視察したが，帰国後に最も高く評価したのはアメリカの大学であった。ハーバード大学やエール大学を例にあげ，その潤沢な資産をもとにした，アメリカの富と知の蓄積を目の当たりにしたことを率直に報告している(慶應義塾編 1960 中 - 前：766)。

欧米の教育視察から帰国した門野は，アメリカの大学を参考に，「大学部」の学制に思い切った改革を実施することを試みた。それは3つの分科制を撤廃して，学生の履修した学科目の成績と専攻論文の価値とによって卒業資格を与えるという制度であった。これは当時の日本の習慣にはない制度であり，学生から受け入れられなかったこともあって，実施1年にしてこの新制度は廃止された。日本では同時期に京都帝国大学が科目履修の選択制を試験的に導入し挫

折したが(潮木 1997：97・185・237-44)，慶應義塾でも同様になじまなかったということになる。

　ただし，この試みには，日本の大学における単位履修制度及び卒業論文制度の原型を見ることができる。わずか1年ではあったが，「選択科目ハ其目的ニ従ヒ，主任教師ニ謀リテ，之ヲ定」めるものとし，「経済学」「高等実業」「高等官吏」「政事」「新聞記者」の5つの専攻分野に分かれた学生に，一部の必修科目を除き，それぞれの必要に応じた自由な科目履修をさせることとした。門野は，アメリカの大学から科目選択の自由，すなわち選択制が，世界の大学のスタンダードとなっていることを感じ取っていた。

　なお，門野はこの選択制が頓挫した翌年，実業界での活動へ転じるために1902(明治35)年に教頭職を辞した。しかし，もう一つ，門野は海外視察の知見を活かした改革を行っている。それは，留学制度の導入であった。自校の教員は自校で育成する，という門野の進言により，教員養成のための留学制度が進められ，後に慶應義塾の中核を担うこととなる多くの教員を自校で育成できることとなった。

　このことは，従来慣例的に教員養成に海外留学を行っていた帝国大学の模倣とも言えるものであり，留学一人当たりの費用は当時の慶應義塾の年間予算を上回るほど莫大な金額が必要だったが，「大学」化への重要な一歩であった。

■ 鎌田栄吉の大学改革意見

　1898(明治31)年4月，鎌田栄吉は42歳の若さで塾長に就任して以降[13]，1922(大正11)年6月に辞すまでの24年間にわたり塾長を務めた。

　鎌田は就任直後より慶應義塾内の規則制度全般にわたる大改革をなしている。また，1901(明治34)年に福澤が死去し，1905(明治38)年には小幡が死去していることから，大学昇格に至る慶應義塾の運営は実質的に鎌田の手腕によっていたものと見てよい。任期中における文相就任などもあって，鎌田を早稲田における高田の位置に近いものとして，比較検証する例も見られるようである。

　さて，鎌田は1876(明治9)年より慶應義塾の教員となっており，その後塾長を辞す1922(大正11)年までそのほとんどの期間を慶應義塾に属して過ごして

いる。同時に1894(明治27)年より衆議院議員，1906(明治39)年より貴族院議員に就任しており，大学改革及び大学令成立を決定付けた教育調査会及び臨時教育会議の委員もつとめている。1922(大正11)年6月より文部大臣に就任するにあたり塾長を辞した後，晩年には枢密顧問官，文政審議会委員，帝国教育会会長などの教育行政職を歴任した。これらの経歴から見れば，鎌田が慶應義塾の大学昇格のみならず大学令成立そのものにも深く関与していたと見てよいだろう。

　1897(明治30)年に渡航した1年間の海外視察旅行から帰国した直後に塾長に就任しており，1899(明治32)年より前述の門野の進言もあって海外留学生派遣制度を開始して学生の教育育成に力を入れると，続けて，商工学校(1905年)及び大学院(1906年)，医学科(1917年)，専門部(1922年)の設置を行い，教育機関の拡大を図った。図書館建設(1907年)及び大講堂新築(1915年)も大規模になされており，運動場用地の購入・整備(1903年)，寄宿舎完備(1900年)，校舎を次々に新設する(1904〜1907年)といった施設管理の充実にも力を入れた。組織運営面についてもさまざまな変更をなし，中でも「大学」への歩みとしての変化として，特に1907(明治40)年に運営母体を財団法人となしたことが指摘される。(慶應義塾編1960中-前：553-61)財団法人化は，明治30年代半ばに福澤・小幡が相次いで死去し，創設期からの経営首脳を失ったことによる混乱を避ける意味もあった。「社中共同」という福澤の言葉どおり，この後の維持発展は共同体制によるものとなる。すなわち，アカデミック・コミュニティの確立が図られたといえる。

　この間，1904(明治37)年1月，「大学部」は専門学校令に基づく私立専門学校の認可を受け，同年4月より卒業生には「慶應義塾学士」の称号が与えられることとなった。同時に定員も大幅に増やし，予科600人・本科1000人と変更され，これまで修業年限5年とされていた「大学部」は，予科2年本科3年の修業年限と改められた。

　1920(大正9)年2月，慶應義塾は文学部，経済学部，法学部，医学部の4学部からなる大学として，私学中最初の認可を受けた。従前の大学部を移行した

ものであったが，これまで通り大学部での高等普通教育を行うべく 1922(大正 11)年より専門学校令に基づく修業年限予科 1 年，本科 3 年の専門部(1925 年より高等部と変更)も新たに設けている．

■ 医学科の設立

最後に，「大学」名称期の末期に設置された，「医学部」開設の経緯について触れておこう．先に見た大学昇格時における学部学科編成では，「医学部」が加えられ，慶應義塾大学は 4 学部体制となった．この新設の医学部は，大学昇格を目前に控えた，1915(大正 6)年に設置された「医学科」をもとにしていた．

「私立大学」にとって，帝国大学に「対抗」しうる「総合大学」を志向するのであれば，自然科学系・理工系分野を置くことは必須の課題であった．前述したように，創設者福澤も数理に跨る教育体制を志していたことから，慶應義塾においてもたびたび理工系分野の学科設置が検討されてきていた．[14]

慶應義塾では明治期後半頃から本格的に理科系分野を設けたいとする動きがあったが，理工系か医学系か，いずれにしても理科系分野を置いて初めて「数理に跨る大学」となることから，塾内では理学，化学，工学，医学が新設の候補に挙がっていた．理学科，工学科は「中心となる学者を求めることの難易」(慶應義塾編 1960 中 - 前：799)から断念することとなり，結果として候補となったのが，「医学科」の開設であった．

遡れば，1892(明治 25)年に開設された「大日本私立衛生会付属伝染病研究所」は北里柴三郎を所長とし，福澤の全面的支援を受けて設立されたもので，1889(明治 32)年より官立化され，内務省所管に移されて大きな研究成果を上げていた．しかし，1914(大正 3)年より行政整理の名のもと文部省の所管へ移され，さらに 1916(大正 5)年より東京帝国大学医科大学の附置機関(伝染病研究所，現医科学研究所)とすることが決定された．この一方的な決定に対して北里と帝国大学医科大学との間には軋轢が生じることとなった．北里は衛生行政の「審議機関」たることが同研究所の本領であり，単なる「学芸の府に隷属」することでは目的は果たせないと批判し(寺﨑 2007b：119-20)，両者の対立が深まるにつれ研究所としての本領が発揮できないと判断した北里は辞職し，北里のもと

で研究に励んでいた若い医学者たちもそれに続いた。北里はすぐさま私財を投じて研究所を立ち上げ，若手とともに研究を続けようとした。この経緯についてどう見るかは「大学派と北里派の学閥争い」であるなど諸論があるとされるが(寺﨑 2007b：120)，いずれにしても過去に福澤から多大な援助を受けていた北里は，上記の混乱の後に慶應義塾の医学科設立に尽力することになった。

東京帝国大学医科大学と北里とが対立構造にあったということもあって，慶應義塾における医科教育は，「一切の教授法も，旧来の面目を一新せしむべく工夫を凝らす」(慶應義塾編 1960 中 - 前：804)とされた。北里を中心として開講準備が進められた医学科は，研究教育を重視しつつドイツ型の医学教育を進めた帝国大学医科大学とは異なり，臨床分野を重視した医学教育を行っていくことを自負して設立された(中川・星 1980)。「実学」を進めてきた慶應義塾において，「大学部」における医学もまた，実社会に直結する学問研究として展開され，帝国大学医科大学とは目的も方法も異なる，新しい医科教育が私学において展開されることとなった。同時に，この新しい医学科の設立は慶應義塾にとっても，数理に跨る「総合大学」として大きな一歩を踏み出すメルクマールとなった。

3. 慶應義塾における「大学」名称転換の特色

本節において検討してきた慶應義塾における「大学」名称への転換過程の特色をまとめておこう。

第一に，そもそも慶應義塾は福澤の教育観が如実に反映された学園であった。コミュニティー(共同体)の形成と一貫教育という構想のもと，1890(明治 23)年には「大学部」が私学としていち早く開設されたが，それから 10 年近く経た頃，明治 30 年代になって改めて「大学部」を中心とするための学内改革が進められた。

教育の中心を「大学部」におき，「大学部」卒業生のみを慶應義塾卒業生とみなすこととすべく塾内の学制変更を行い，「慶應義塾の主力を大学に集注し，其卒業生の養成を以て目的とすること」(慶應義塾編 1960 中 - 前：1085)とした

ものであった。各々の会計収支も独立したままであったものを一貫会計とすべく，1897(明治30)年に「慶應義塾基本金募集の趣旨」を出し，学事会計を合併し慶應義塾勘定とすることとした。日露戦争後の社会変化を反映する1907(明治40)年には，結果として「大学部」が「普通部」の2倍以上の学生数を抱えるようになり，「大学部」を中心とする学園体制が確立された。

　第二に，1903(明治36)年に公布された専門学校令下に置かれ，「慶應義塾大学」となるにあたり，「大学部」はそれまでの3学科制から政治学科を増設し4学科制へと拡大された。「大学部」の修業年限はもともと5年としていたが，同時期以降は最初の2年を予科として共通の学科課程を修めさせ，その後3年を本科としてそれぞれ4つの学科のうち一つを専門的に専攻することができるものと変更された。これは「実学」として高等普通教育を行ってきた慶應義塾にとって，教育上の大きな転換であった。

　第三に，教員の質の向上に積極的であったことが指摘される。明治30年代に専任教員の海外派遣や学生の留学制度が導入されたこと，その知見に従って欧米の大学で主流になりつつあった選択科目制度が同校において試験的に導入された点である。専任教員の海外派遣や留学制度は，すでに帝国大学で早くから大規模に行われていたことであるが，慶應義塾もそれに伍していくこととなった。他方，ドイツやアメリカの大学をモデルとした選択科目制度の試みは，結果としてわずか1年で挫折することとなった。ただこの試みは，京都帝国大学における科目履修制度の導入・挫折と同様に，大学制度に対する一つの挑戦でもあったと位置付けられる。なお，「挫折」したことは，「大学」における教育が「専門教育」を重視し，画一的に進められる方向に確立されつつあったことを意味していたと考えられる。

　第四に，組織の変化についてである。1907(明治40)年，すでに50周年という節目を迎えていた慶應義塾は，評議員会において運営組織を財団法人と変更することを決定した。それまで実態として福澤を中心とした慶應義塾内の社中の結束が固められてきていたことから，それを法人化してこなかったが，法人手続きの時期から，福澤の死後の結束を固める意味と資金拡充を確実なものと

するために，財団法人化に踏み込んだものであった。また，民法上の財団法人手続きが制定された時期がちょうどこのころに重なっていた。すなわち，福澤が逝去するまで土地，建物に至るまですべて福澤の私有物となっていたが，福澤亡き後遺族より正式に慶應義塾に寄附されたことをきっかけに，法人化の手続きをとったものであった。

　以上が「大学部」設置を含めた「大学」名称に至るまでの同校における特色であった。大正期に至ると，慶應義塾の改革は「私立大学」設立経緯としてまた違った側面を見せたことも付記しておこう。学事に関する整備，大学部に幹事及び各科主任制度の採用，学事評議会の新設，商工学校の創設，大学部入学希望者のための「大学予修科」の設置(1913(大正2)年)，施設整備(図書館・校舎・寄宿舎などの新設)等が大正期に行われた数々の改革であった。これらからは私立大学にとって制度上何が必要とされたのかを窺うことができる。

　1916(大正5)年に医学科開設を決定し，初めて自然科学系の学問分野が置かれることとなった。私立専門学校の中において慶應義塾が「総合大学」への志向を以て発展したことを意味していたと同時に，北里柴三郎を中心とする医学科の目指したものは，研究教育を重視したドイツ型医学教育を行っていた帝国大学医科大学に対して，臨床分野を重視した医学教育を行うことでもあった。医学科において，1917(大正6)年より予科教育が，1919(大正8)年より本科教育が開始された。こうして大学令に基づき1920年より慶應義塾大学となった際には，文・経・法・医の4学部からなる「総合大学」として昇格を果たすこととなった。

第2節　早稲田大学

1. 東京専門学校の創設と「大学」設立構想

　早稲田大学の前身校である東京専門学校は，1882(明治15)年10月，大隈重信によって創設された。ただし，その設立計画を進め，最初期における具体的な運営の中核を担ったのは小野梓であった。大隈は創設時より多大な援助を行いつつも実質的な学校経営に携わることなく，学内における主たる役職に就く

こともなかった[16]。初の学内運営の実権は小野梓にあり，小野に同調し結成された「鷗渡会」のメンバーである「7人組」，すなわち，高田早苗，岡山兼吉，市島謙吉，山田一郎，砂川雄峻，山田喜之助，天野為之という青年たちが，創設から運営までを牽引するという形で進められた。

　大隈と小野は，東京専門学校が開校されるおよそ半年前に立憲改進党を結成した同志であった。彼等の結成した立憲改進党には鷗渡会のメンバーも加わり，自由党と政府とを相手に政治的な抗争を繰り広げており，東京専門学校がそういった政治的な影響や意図のもとに設立されたことは明白であった。しかし，明治政府は青年達の政治熱を抑えるため教育機関において非政治的な「理学」を教授することを推進しており，政治的な目的をもったこうした私学の建学自体が危険視されることは疑いのないことであった。

　したがって，東京専門学校の設立に際し，大隈は「理科即ち物理学は私はどうしても学問の土台となるものと考へた」（「学問の独立と東京専門学校の創立」）と理科，物理学といった教育の重要性を強調しつつ，開校に至っている。将来の日本における立憲政治を担う青年の育成を実際の目的とし[17]，大隈等の定めた建学目的は，政治，法律，経済学を中心とした，政治的専門的知識を身につけた青年を育成することとされ，東京専門学校が開校されたときの学科は，政治経済，法律，英語，理学の4つであった。ただし，同時期に開校された他の法律学校と比べると，特に政治経済学科におけるカリキュラムが，法が成立する過程における前段階である政治原理に重きを置いたものにしていることが特色であり，学問を教授することと同時に，政治教育を迅速に行うことを目指したものであったということができる。

　なお，この時期の私学の開設には，「教育令」（1880(明治13)年12月28日付「太政官布告第59号」）に則って「私塾開設願」の提出が義務づけられており，この「私塾設置願」には設置の目的，学科配当，参考教科書の添付が求められていた。1882(明治15)年9月27日に提出された東京専門学校の「私塾設置願」の「第一　設置の目的」を見ると，次のように記されている。

「本校ハ政治経済学科法律学科及ビ物理学科ヲ以テ目的ト為シ傍ラ英語学科ヲ設置ス
　但シ物理学科科目ハ追テ認可ヲ経ル」

　この提出から遡ること数日前，同年9月22日付立憲改進党系機関紙『郵便報知新聞』（第2887号）附録中には東京専門学校開設広告が掲載されており，「一，本校ハ修業ノ速成ヲ旨トシ，政治，経済学，法律学，理学及ビ英語ヲ教授ス。」とされている。ここでは「理学」と記載されるが，設置願の「物理学科」のことと思われる。

　こうして政・経・法学による政治的専門知識をもつ青年の「速成」を旨に，理学（物理学）や英語を含んで創設された東京専門学校であるが，理学は教育課程が不十分なことから入学希望者が少なく，すぐに廃止に追い込まれることとなった。

　当初より大隈・小野が大学設立構想をもっていたことは，1882（明治15）年の東京専門学校開校式において小野梓が「十数年ノ後チ漸クコノ専門学校ヲ改良前進シテ，邦語ヲ以テ我ガ子弟ヲ教授スル大学ノ位置ニ進」（早稲田大学大学史編集所 1978：462）めたいと述べていることからも知ることができる。なお，建学理念とされる「学ノ独立」の思想は，この開校式演説において大隈の意を受けた小野が発したものであった。小野は，一国の独立が個人における精神の独立を促し，さらにその上に学問の独立があると説き，ここでいう学問の独立とは，外国の学問及び他国の言語という二つからの独立を意味していると説いた。この内容のなかで，他国言語からの独立，邦語による教育を提議したのは高田早苗であったという（佐藤 1991：77）。

　東京専門学校の「大学」構想は，「高等な学問」を行う教育機関として，専門部等と区別して設置したいとするものであった。また，設立時より「学ノ独立」の理念のもと「邦語ヲ以テ」教授することに積極的意義を見いだしていたものの，後述するように，大学教育という「高度な」組織へと発展するためには，結局のところ邦語だけでは足らず，英語をはじめとした外国語による教育

をより積極的に導入せざるを得なかった。「学ノ独立」「邦語促成教育」と外国語による教育の必要性とのはざまにおいて，東京専門学校の「大学」設立構想は創設時より課題をかかえたものとして出発せざるを得なかったといえる。

　創設から18年ほど経て，1900(明治33)年7月，得業証書授与式において当時東京専門学校学監であった高田は「東京専門学校の過去現在未来」と題し，「明後年即ち明治三十五年の九月学期の始まる迄には種種の準備を遂げまして，所謂大学部なるものを開設いたしたい」(早稲田大学大学史編集所 1978：971)と述べている。専門学校を大学部と専門部とに分け，専門部は直接中学校卒業者を受け入れ邦語で専門学を教授するところとし，一方の大学部は予科において1年半の間英語を中心とした予備教育を施しその教育を経た者のみを入れて高等な専門学を教授するところとする，という構想であった。この段階では「大学」名称への変更には言及していないが，この高田の発言どおり，1902(明治35)年9月より「大学部」が開設され，「大学」名称をもった初めての私立専門学校が誕生することとなる。これより先，1898(明治31)年10月に社団法人設置願を東京府に提出し，同年12月に許可を得て私立東京専門学校社団法人となっており，さらに1907(明治40)年には高田早苗の学長就任と同時に総長・学長制度が導入されることとなり，併せて財団法人への変更手続きがなされた。

　なお，東京専門学校創立当時は，小野を中心とする立憲改進党のメンバーによって実質的運営がなされていたが，創設後わずか3年余りの1886(明治19)年1月には小野が急逝した。以降，党員であり東京専門学校創設からのメンバーであった高田が事実上，学校運営の実権を握ることとなった。

　高田は，大隈や小野からの絶大な信頼を得て，同校創設から初期運営の第一線に立ち続けた人物であった。政党政治家としての活動の傍ら，1900(明治33)年2月より「学監」となり学内改革を推し進め，「高等予科」及び「大学部」開設や「大学」名への改称を実現させ，さらに1907(明治40)年4月より「教授会議員制」[18]とともに「学長総長制」[19]を導入，自ら初代早稲田大学学長に就任し，「名誉職」として初代総長に大隈重信を置いた。1915(大正4)年8月の第二次大隈内閣改造にともない文相として入閣が決定したことから，一時学長を辞

したが，それを機に起きた1917(大正6)年の「早稲田騒動」によって，天野為之との確執が決定的となって激しい争いを繰り広げるものの，校規改正と理事制の強化によって高田の実権はさらに確固たるものとなった。

　1922(大正11)年に大隈が没するとすぐさま，翌年より「学長総長制」を廃して「財団法人早稲田大学寄付行為」を定めて法人組織の改正を進め，「名誉職」ではない事実上のトップとしての新総長制度を採用，1931(大正12)年6月の辞任まで総長の座にあって名実ともに学園指導者の位置に君臨し，学内運営の采配を振るった。

　一方，政治家としては，前述のとおり，1915(大正4)年には第二次大隈改造内閣の文部大臣に就任した。ちょうど教育調査会の開設時期に重なっており，高田は同会に対して「大学令要項」を諮問している。高田文相は，高等学校を廃し中学校や高等女学校からの卒業生を直接大学が受け入れることを想定し，修業年限の短縮，公私立大学を広く認めることなどを提案した。思い切った改革案であったこともあり，保守勢力の猛反対とともに時期的な政治的混乱も相まって，上記の提案は審議棚上げとなった。しかし，後に公私立大学を認めた「大学令」公布の方向性を示した臨時教育会議の答申内容へと本質的に繋がる，極めて重要な諮問内容であった。高田の意向や方針が，同校における「大学」志向に深く結びついていたというばかりでなく，私立専門学校の「大学」昇格に大きく関わっていたといってよい。

■ 高田早苗の「大学」案

　前述のように，高田早苗は1907(明治40)年より「早稲田大学」学長をつとめ，1923(大正12)年から1931(昭和6)年まで同総長をつとめた。

　高田の学長就任時の仕事についての一部は，高田からの信任の厚かった早稲田大学職員・橘静二を通じて行われたものであった。橘は高田の命を受け，式服・式帽，校旗等を定めたほか，学内組織の整備を進め校規や職制を定めるなどすることで大学昇格への準備を行った。後述するように，橘は，早稲田大学を退職した後，日本初の本格的大学問題ジャーナルとなる『大学及大学生』を刊行した人物であり，著名な大学人や教育者，政界財界の重鎮に執筆依頼を行

っていると同時に，橘自身の大学論も積極的に展開している。なお，橘の経歴や『大学及大学生』については，田中征男が著書『大学拡張運動の歴史的研究 明治・大正期の「開かれた大学」の思想と実践』において詳細な研究を行っている。

さて，改めて同校における「大学」化を考察するために，高田と橘の「大学」構想がどういったものであったかをそれぞれについて確認しておこう。

高田は，文相就任とともに菊池大麓による低度大学を新たに設置する案を基本的に採択して進める体制を採り，帝国大学と同程度あるいはそれを模倣した機関ではなく，大学というものをもっと広く考えるべきだと主張した。高田の大学構想を端的にいえば，私学が政府の施設機関の代替となることを危惧しつつも私立大学設置による大学教育機関の充実を訴え，また「大学拡張制度」による大学教育の普及拡大を提唱するものであった。例えば，早稲田大学では通信教育のシステムをいち早く導入している[20]。これは学内での講義にとどまらず，各地における講習会や講義録の配布といった校外教育を行うことによってあらゆる事情によって入学できないでいた人々に自分たちの教育が及んだとき，初めて大学教育の普及がなされたことになる，と考えた高田の思想に基づくものであった。

早稲田大学学長を辞任し，文相在任中であった高田は，早稲田大学 30 周年記念祝典における記念講演において，「学業年限短縮と官私立大学の並立」と題した講演を行い，次のような内容のことを述べている。

1) 社会が必要としているのは専門的・修養教育を受けた実際の活動に有用な人材であるが，現在は大学を卒業するまでの年数が長すぎて社会に出る年齢が高くならざるをえない。
2) 中等教育が高等学校及び帝国大学に進学するための予備門と化していることを修正することが先決である。
3) 同時に大学は多数の教養人の育成機関と考え直さなければならないし，多くの若者への大学門戸の開放のために私立大学の並立は必要なことである。
4) 少数の学者の養成は大学の上の研究科にまかせればよい。

この高田の講演で述べられた「大学」構想からは、かなり踏み込んだ具体的かつ現実的な新しい「大学」であったことが窺われる。

■ 橘静二の「大学」構想

前述のように、橘静二はもと早稲田大学職員であり、高田の絶大な信頼を得て、在職中は同校における数々の制度改革や規定改正、制服制帽の制定まで行った。退職後は『大学及大学生』というごく短命に終わった専門雑誌の主幹（編集主筆）となり、数々の大学論を展開した。短命に終わったとはいえ、その内容は本格的私学雑誌であり、私立大学経営の意識の普及を目的とした大学問題に関する当時唯一の専門雑誌であった。(1917年11月創刊～1919年5月終刊)[21]。

さて、橘は、大学の使命について、「実在の大学、現実の大学経営者は目覚めて以て大学意識の普及に努力し」「真理の討究、英俊の育成、文化の向上を以て大学の三大信条と為し」と述べている。先にも触れたように、真理の討究を行い、優れた人材育成、社会の文化水準の発展・向上への貢献という三大信条は、橘が「新真大学」と呼んだ理想的大学の姿であった。

橘は、彼の提唱する「大学は真理の討究と文化の向上と英俊の育成とを以てその存立の第一義となす」こと、すなわち理想大学の経営を実現するには、大学意識の普及、徹底がなされなければならないと考え、大学とは「文化向上の原動力」であり、国民の大学に関する知識と意識とを高めていかねば大学は発達し得ないという使命感、すなわち「大衆的」でありながら「啓発的」でなければならないという先駆的な発想を以て、大学を捉えていたということである。大学が学者や学生による研究教育機関でありながら、一方において経営運営するものであると認識しなければ、大学は沈滞するという信念がこうした独自の大学意識普及運動へと進ませており、大学はむしろ私学の方が適していると断言している。

特筆すべきことは、橘は「大学経営」という用語を『大学及大学生』誌上において何度も使用し、その普及に努力していたことである。大学を「文化向上の原動力」と考えた橘は、大学令制定過程で明らかになった問題を「時の問題」欄に取り上げ、たびたび論じた。その中で、橘自身は大学の独立性を主張し、

官学優位の現状を鋭く批判している。少なくとも，大学は国家に従属する機関であってはならないとする考えを有していたため，官学，私学ともに「同一使命をもつ文化発動の地」でありつつも，独立性を有した私学が「真の大学」として適しているとの考えを導き出した。

2.「大学」名称への転換

　前節で検討してきたように，慶應義塾がすでに1890（明治23）年から学校内部に「大学部」を設けていたものの，校名として「大学」名称を最も早くに獲得したのは東京専門学校であった。[22]

　1902（明治35）年からの「大学」名称への変更に当たっては，専門部を大学部に改組するのではなく，専門部を残しながら大学部を設置する方式をとった。このことは，早稲田大学の特徴を顕著に示していた。独自性と理念をそこに託し残した，といってもよいかもしれない。それだけでなく，後述するように，例えば同志社などは大学昇格にともない学部を新設しているが，これに対して早稲田大学は「大学」名称を冠した専門学校時，すでに専門部と大学部とを別に設けていたため，大学昇格時に大学部を大学令に基づく学部に極めて迅速に移行することができた。[23]

　以下，同校の「大学」への道のりと特徴とを，「序章」において示した指針に沿って追ってみよう。

■ 邦語教育の壁

　前述のように，東京専門学校は創設時より大学構想を抱いていた。では，具体的にはどういったことが構想され，展開されていったのか。

　大学構想に関わる最初の取り組みと見られるものが，1886（明治19）年の兼修英語科の設置であった。邦語による教育を理念上掲げていたものの，日本語のみの教育では，明治初期における人材・教材不足のなかで高等教育を担うに限界があり，実際のところ邦語課程であっても講義用教科書の4分の3近くが洋書であった（真辺 2015：84）ためである。同科は1888（明治21）年より3年制の英語専門科となり，その下に2年制の英語普通科も設けられた。

同年，1888(明治21)年には2年制の予科の設置も試行的に行われた。この予科では高等小学校を卒業した子弟を受け入れることを目的とし，尋常中学校レベルの教育を行うことを目指していた。すなわち，その後の教育課程における，専門科(政治科，法律科，行政科)における教育レベルを上げようとした試みであった。ただ，邦語による速成を志していた同校にとって，予科設置による修業年限の延長と英語教育の重点化とは校風に反するもので，需要は伸びず，このときの予科はほとんど機能しないまま1891(明治24)年に廃止となり，さらに1893(明治26)年には英語科も英語政治科のみを残して消滅することとなった。
　ただし，「大学」となるためには，予科教育及び語学教育を避けるわけにはいかず，同校の邦語速成教育との折り合いをどのようにしていくのか，大きな課題となって残されたままとなった。

■「早稲田大学」の独自性の追求と高等予科の開設
　前述のように，主に語学教育強化を目的とした予備教育の試みが明治20年代にかけて行われ，頓挫することとなったものの，東京専門学校が創設時に掲げた邦語による速成教育という独自性と，「大学」教育とをどのように兼ね合わせていくべきかという課題は，その後も引き続き検討されていった。同時に，教育の質の向上も課題となっていた。
　その解決策の一つとして，1898(明治31)年に改めて1年半の高等予科が設置された。この高等予科は文学科，史学科，英語政治科へ入るための予備教育とされ，一部の専攻ではあるが，語学教育を十分に行うことによる教育の質の向上を図った。
　なお，1900(明治33)年までは，東京専門学校は，専門部に加えて「大学部」を併設することのみが構想されており，つまり，この時点までは「大学」への名称変更案は見られない。慶應義塾の「大学部」設置の試みが念頭にあったかもしれない(早稲田大学大学史編集所1978：959-62)。それが翌年になって大学名称へ変更するという案へ変わった。
　『早稲田学報』50号に記載された記事によれば，1901(明治34)年1月30日開催の「春季校友会大会」において，高田早苗は次のように述べている。

始めの考では只東京専門学校の大学部と云ふ事に致して置かうと考へましたが，尚ほ種々研究をしました末，寧ろ已に大学部を設けると云ふ事になる以上は，全体の学校を早稲田大学と称する事にしたら宜からう，而して其早稲田大学の内に大学部を置き専門部を置くと云ふことで差支へなからうと云ふ相談になりまして，先ず今日の所では其考に略略定めました訳である

　高田の上記の演説からは，「大学部」を設置する以上，学校そのものを「大学」と呼ぶこととしたいという，当時の私学としては画期的な名称変更申請であったことがわかる。東京専門学校創設から「大学」への改称及び大学部設置までに20年という歳月がかかったことについて，これまで「大学」となりえなかったのは，教授内容自体は「大学課程」の内容であったにもかかわらず予備教育たる予科課程が不完全であったからだとし，今後は予科課程の充実に努めることによって「大学」と致したいとも述べている。

　ここでいうところの，名称変更に至るまでの「種々研究」がどのようになされたのかは判然としないが，「春季校友会大会」では「早稲田大学設立趣旨」が参列者に対し発表されており，その中で「今や大学乃至専門教育に関する国家の施設不備にして志学者の需を充すに足らず。切に乞ふらくは，大方の君子，私立大学設立」（早稲田大学大学史編集所 1978：975）であることが説明され，同校はすでにこれまで学科課程や施設設備の整備充実など「私立大学の規模に庶幾」してきたため，今後さらなる改善を期して「大学」名称へ改め，改正拡張を図っていきたいとしている。同時に，1902（明治35）年9月は創立20周年の節目であったことも，「大学」への転換の機運となっていた。

　「早稲田」の名称についても少し触れておこう。東京専門学校は設立にあたり，「都の西北」に位置した早稲田村にあった，大隈重信の別邸を校舎とし使用していた。もと高松藩の下屋敷を大隈が買い取ったもので，低地に田園風景が広がるのどかな環境であったことが好まれ，周辺には犬養毅の邸宅をはじめ政財界の重鎮たちの邸宅別宅があった。設立位置は「東京府下南豊島郡下戸塚村六百四十七番地」と東京府知事へ申請しているが，敷地には「同南豊島郡早稲田

村」「同牛込村」「同中里村」が含まれ，通称としてそのあたり一帯を「早稲田」と呼んでいた。そのため創設時より東京専門学校という名称よりも，都心や神田学生街から離れた立地が特徴的ということもあって，「早稲田学校」「早稲田学生」と呼ばれることが多く，その名の方が浸透していて通りがよかったところから「早稲田大学」名が採られたようである（早稲田大学大学史編集所 1978：422-8）。

さて，これより先，1902（明治 35）年 1 月 14 日には「大学部」の設置願が提出され，同年 4 月 1 日に東京府知事によって認可された。「大学部」実施予定は翌年 9 月からとしており，東京専門学校から「早稲田大学」への名称変更も併せて進められ，1902（明治 35）年 3 月 28 日に名称変更認可願が提出され，同年 9 月 2 日付で名称変更について認可された。同日の官報には次のように掲載され，官報掲載の扱いは通常の私立学校名改称の告知と同様であった。

文部省告示第百四十九号
明治三十二年文部省告示第百六十三号ノ私立東京専門学校ハ明治三十五年九月ヨリ私立早稲田大学ト改称ス

こうして設立された「早稲田大学」は，邦語による速成教育という理念を「専門部」に託し，1 年半の高等予科という予備教育機関を備え，3 年の課程を経て「学士」の称号を与える「大学部」を確立させた。「専門部」の存続は，短期間の修業年限，かつ，多くの希望者を受け入れることが可能となるといった経営上の事情もあったが，同校の場合はそのことに加え，独自性の確保といった意味合いも強かった。

前述のように，「大学部」は翌年 9 月よりの開始であり，先んじて「大学部」への進学を想定した高等予科が始動された。以降，早稲田大学は時代を「新旧文明の過渡期」と捉え，「急転する活動裡の優勝者」たらんことを目指すと明言するようになる。「知識と人格」を養成することこそが大学の使命であるとし，日本の資本主義による発展を担う人材養成が課題となってきた時代を的確に捉えての提言であった。

■ 文学科・商学・理工学の増設と施設設備の充実

東京専門学校の創設時から大学昇格を果たすまでの学科構成を示すと表 1-1 のようになる。

開校当初の東京専門学校は,「法律学校の域をこえた独自の総合専門学校としての性格を発足当時からもち」,「この時期の専門学校中でもきわ立って個性的な,異色の『政治学校』」であった(早稲田大学大学史編集所 1978：96)。前述したように,創立時に設けられた4つの学科のうち,「傍ら」に置かれた英語学科のほか,物理学科(理学科)も,基本的には政治経済学科及び法律学科における教育の土台となる学問として位置付けられていた。

理学について大隈重信が「理科即ち物理学は私はどうしても学問の土台となるものと考へた」(早稲田大学大学史編集所 1978：539)ことについては前述したとおりで,小野梓も開校の詞の中で,「本校は理学と英語について軽んじているわけではない,政治法律を先にあげるのは政治を改良し法律を前進させなければ,理学を進めることとならないからである」(早稲田大学大学史編集所 1978：461)と述べている。なお,理学科は学科課程が整っていなかったこともあり不振で,1885(明治18)年には生徒募集を停止し,廃止となった(早稲田大

表 1-1 東京専門学校(早稲田大学)学部学科構成の変遷

1882年9月 創設時(東京専門学校)	政治経済学科・法律学科・英語学科・理学科
1902年9月 大学名称認可時	研究科・大学部(政治経済科・法学科・文学科)・高等予科・専門部(政治経済科・法律科・行政科・国語漢文科・歴史地理科・法制経済及英語科・付属法制経済専修科)
1903年9月 専門学校令による認可時[24]	研究科・大学部(政治経済科・法学科・文学科・歴史地理学科・法制経済科・英語科・法制経済専修科・商科・理工科機械学科・理工科電気学科・理工科採鉱学科・理工科建築学科)・高等予科・専門部(政治経済科・法律科)・高等師範部(国語漢文科・歴史地理科・法制経済科・英語科)
1920年2月 大学令による認可時	大学院・政治経済学部(政治学科,経済学科)・法学部・文学部(哲学科・文学科・史学科)・商学部・理工学部(機械工学科・電気工学科・採鉱冶金学科・建築学科・応用化学科) 研究科・高等予科・専門部(政治経済科・法律科・商科)・高等師範部(国語漢文科・英語科)・早稲田高等学院(文科・理科)・早稲田工手学校[25]

大学史編集所 1978：538)。

　その後もしばらくは政治経済が中心であったが，1891(明治24)年より設けた「文学科」は，坪内逍遥による本格的な文芸教育によってすぐさま評判となった。しかも英文学も重視したため英語による授業も多くあり，その講義の質の高さを求めて希望者があふれた。文学科は開設当時より政治経済に並ぶ看板学科へと急成長を遂げた。

　これにより政・法・文という3本の柱からなる人文系学問体系が確立された。他の私学と比較して見ても，この時点における学部学科編制が充実していたことは明らかであったが，それだけでなく，理学の廃止や文学科の設置からは教育の質の高さを求め，維持保障しようとしていたことがうかがわれる。

　「大学」名称へと変更して以降の学科編成の変化を見てみれば，改称翌年の1903(明治36)年には，「大学部」に商学科を増設して4学科編制とし，「専門部」6学科と区分して設置した。同年には大学院に相当する「研究科」も開設された。さらに1909(明治42)年には「大学部」に理工学部を設置しており，大学令による大学昇格時の学部編制を約10年前にすでに確立していた。

　そのほか，校舎や図書館の増設，運動場などの施設・設備に関しても「大学」名称獲得と同時に準備を進めており，新講堂は1901(明治34)年4月に完成し，1902(明治35)年10月には図書館，「大学部」のための新校舎は1903(明治36)年7月に落成している。さらに1902(明治35)年7月には運動場を新設して，運動施設を拡張させた(『早稲田大学百年史』第一巻，1978年，979頁)。早稲田大学への改称の前年，1901(明治34)年には校友に向けて「早稲田大学基本資金募集手続」が送付され，第1条に「今回募集する資金は，早稲田大学建設の為めに寄附を請ふものとす」(早稲田大学大学史編集所 1978：981)と定められており，計画的な寄付金募集を行う予定がたてられていたことがわかる。このように早稲田大学の大学昇格準備は，明治30年代の時点で，しかも「大学部」設置及び「大学」名称への変更を前後して，むしろその変更を機として，かなり進められていた。

　図書館増設等の施設設備の充実は，高田早苗の1900(明治33)年の学監就任

を境として活発化したものであった。すなわち，先に見た，高田による同年 7 月の得業証書授与式における「明後年即ち明治 35 年の 9 月学期の始まる迄には種々の準備を遂げまして，所謂大学部なるものを開設いたしたい」という発言や，1901（明治 34）年 1 月に東京府知事経由文部省宛に大学部設置願（名称変更願）を提出したこと，同年同月 30 日に行われた春季交友会大会において大学部を設置し校名を「早稲田大学」と改称することを認可申請している最中であることを述べた上で，講堂建築，専任講師増聘，図書館拡張，海外留学生派遣等のために基本金 30 万を募集すること，うち 5 万円を建築費にあて，25 万円は利殖を図り校費の補助となすことを目的として交友及び一般篤志家からの寄附を募ることを出席者に向かって述べている。寄付金を募る活動がこれ以降活発化するようになり，高田の発言によって集まる寄付金を見込んだ上で施設の増強は進められたのであった。

　「全国各地に散在する校友ならびに関係者に送られた書状」（早稲田大学大学史編集所 1981：980）には，「早稲田大学基本資金募集手続」とあり，その第 1 条には，「今回募集する資金は，早稲田大学建設の為めに寄附を請ふものとす」とあり，第 2 条には，「資金募集の事務は，着手より凡そ満二ヶ年を以て期限として終局するものとす」とある。全国校友もしくは有志者を対象とし，わずか 2 年間という短期間で基金を集めようとした運動であり，全国各新聞紙上等において基金募集広告を打ち出しており，校友以外にも各界からの寄附が集まった。実際には 4 年余りの歳月を有したものの，当初設定された金額に達している。

　前述のように，「大学部」開設直後には商学や理工学系が導入され，これ以降の学科構成は急激な広がりを見せていくこととなる。すなわち，1904（明治 37）年 9 月に商科を設置し，1909（明治 42）年 9 月に理工科機械学科及び電気学科，翌 1910（明治 43）年 9 月に理工科採鉱学科及び建築学科を設置する，といったように多くの新学科を設置している。この変化からは，「大学」として総合的に人材育成を行うことができる学科構成を目指していたと見てよい。商科開設の理由は，当時の『早稲田学報』80 号に下記のように記載された。

蓋し現今の通弊として学識ある者は実業の修養に乏しく、実業の修養あるものは多く学識を欠く。乃ち本科の目的は、此二者の調和を計り高等の学識ある実業家を養ひ、実業の修養ある学者を出すにあり。

学識と実業との調和を目的としており、商科設置は真の実業教育を創出する意味をもっていた。それは、日露戦争前後の日本の資本主義の要請に基づくより高度な実業教育に対する要求に応えたものでもあった。明治後期における商科と理工科の新設は、政治経済及び法律を主たる目的としていた東京専門学校が、「総合的高等教育機関」である大学への形態を整えていった証であったと考えられる。

すなわち、日本の資本主義的発展を担う人材養成の課題を提起しながら、さらに第一次世界大戦の結果により日本社会が資本主義的飛躍をなすと同時に、工業技術系、商業系の実業専門学校の拡充をはかったものといえよう。

高等教育機会の拡大・拡充は、当時の日本の社会的要求でもあり、後に公布される大学令をはじめとする大正期の教育制度の再編成は日本社会の人材需要を満たすためのものであった。他の私立専門学校の多くが、例えば法学系であれば法技術教育や法曹人育成を中心に発展してきたことと比して、「早稲田大学」は明治期より商学や理工学などの日本社会の要請を取り入れた学部学科編制へ拡充を行い、学部学科数の多さにと膨大な学生をかかえ、大正期大学昇格時には私学最大規模の大学として昇格を果たした。早稲田大学の大学昇格時には、政治経済学部、法学部、文学部、商学部、理工学部の５学部の編制となっている。因みに、法学部については、１学部当たりの供託金10万円を減ずるために政治経済学部の中の１学科とする意見も出たようであるが、将来の大学の発展上において障碍となると判断し、法学部を含めた５学部で大学設立申請を行うこととした。またそのとき、学部学科の中をさらに「専攻」によって区分し、例えば文学部の哲学科は東洋哲学専攻、西洋哲学専攻、社会哲学専攻に、文学科は国文学専攻、支那哲学専攻、英文学専攻、仏蘭西文学専攻、独逸文学専攻、露西亜文学専攻といったように分化させるという教育の専門的な細分化

も行われていく。

　他方，「大学」名称獲得以後の「専門部」を見てみると，創設時からの政治経済科，法律学科が存続したまま，大きな変化は見られなかった。さらに大正期に入って以降も「大学部」も含め大きな変化はなく，1920（大正9）年2月に大学令による大学設置認可を受けている。このことから，明治後半の「大学」名称獲得の前後において，学部学科構成に関する基本体制はすでに出来あがっていたと見てよい。

■ 早稲田大学の大学教員養成

　先に見た慶應義塾が行った現職教員の海外派遣（視察旅行）・留学制度から遅れること2年，1900（明治33）年に教員の海外研修制度が始められた。いうまでもなく，教員の質の向上を目指したものであり，初年度は2名がドイツへ派遣され，翌年には経済学の田中穂積が将来の商学開講の使命を担ってアメリカへ派遣された。

■ 学生数の増加

「大学」名へと変更した時点で，1902（明治35）年における早稲田大学の学生数は，『日本帝国文部省第三十年報』によれば，専門部政治経済学科312人，専門部法律科141人，専門部行政科220人，高等予科1246人，英語政治科198人，文学部239人，研究科20人の合計2376人であった。

　翌1903（明治36）年を見ると，大学部政治経済学科138人，大学部法学科59人，大学部文学科116人，専門部政治経済学科438人，専門部法律科214人，専門部行政科214人，高等師範部102人，高等予科2286人，英語政治科103人，文学部126人，研究科16人の合計3882人と急増した。

　大学令が施行される1919（大正8）年の『日本帝国文部省第四十七年報』には，早稲田大学の学生数は計1万1254人となっており，学科編成と学生数の内訳は，大学部政治経済学科397人，大学部法学科204人，大学部文学科315人，大学部商科1922人，理工科626人，専門部政治経済学科1079人，専門部法律科256人，高等師範部228人，高等予科3676人，研究科61人，聴講生36人（女子含），工手学校2454人であった。

■ 大学昇格へ向けての変容

　これ以降,「早稲田大学」が大学昇格に至る過程において,理念を変容させたのか,あるいは理念を確立させていったのか,簡潔にまとめておこう。

　大学令は第1条前段において,大学の目的を「大学ハ国家ニ須要ナル学術ノ理論及応用ヲ教授シ並其ノ蘊奥ヲ攻究」するものと規定し,大学とは国家のための学術の教授,研究を本旨とするものであるとした。さらに第1条後段において「人格ノ陶冶及国家思想ノ涵養ニ留意スヘキ」ことを付加しており,国家思想・国民道徳の養成に力点を置くことが,新たに大学の目的に規定された。

　私学が大学としての認可を受けるための基本的な要件としては,多額の基本財産の供託や高等学校と同一水準を持つ大学予科の設置,専任教員及び大学設備の確保など多くの困難な課題が要求された,というのが従来の基本的な見解である。しかし,早稲田大学の場合を見ても「大学」名称への転換の段階において上記の問題の多くはすでに解決されてきていた。私立大学の存立という基本的な観点から見れば,個別私学が掲げていた教育目的と大学令に示された大学目的との関係をどのように調整するのかということが最も基本的な課題であった。

　例えば,後述するように,同志社大学や立教大学のようにキリスト教教育を理念として掲げた学校や,仏教系諸学校の宗教系教育を標榜して発展してきた私立専門学校は,大学昇格にあたり学則上の教育方針の転換を程度の差こそあれ,一定程度迫られることとなった。

　一方で本節において検討してきた早稲田大学は,そもそも創立時より「一箇ノ大学校ヲ建テ」ること,「大学ノ位置ニ致ス」ことを目的に「学問ノ独立」を謳いながら創設された学校であった。また,大学となるために計画的に「学科を段々殖やし」ており,「総合大学」志向を一貫して抱いていたことは同校における大きな特性であった。[26]

　さらに,創立35周年(大正7年)の中央校友大会における総長大隈重信の演説からも「総合大学」への構想を読み取ることができる。

　すなわち,本来国家による制度的な区分はどのようなものでもよいのだけれ

どもっ，教育内容が充実した「大」なる学校であることが「大学」であり，そういった意味ですでに早稲田は大学として認められる存在となったのだ，と大隈は述べた。そして，「我が大学は今日の如く大をなしても，当局者はまだ専門学校令を以て之を遇して居る。専門学校令でも大学令でも問ふ所ではない，内容さへ宜ければ宜いやうなものであるけれども，俗世界に於ては何だか専門学校と云ふよりは大学と云った方が宜い。早稲田大学も近来内容が充実したから文部省に於ても之を真の大学と認めて差支えはない，名実共に大学の地位に達したと云ふことを当局者もまた臨時教育会議の委員も認められたと思ふ」[27]と続けた。

　最後に，財政的な側面から，基本財産供託問題について「早稲田大学」の場合はどうであったかを見ておこう。

　大学令により私立大学の経営母体は財団法人であることとされ(第6条)，さらにその財団法人は基本財産を蓄積し，供託金を納付することが私学に対して義務付けられた。政府は各私立大学に対し，一学部50万円，一学部増えるごとにさらに10万円という額を提示した。一般には私立大学にとって大学昇格における最大の障害がこの多額の供託金準備であった。基本財産は現金，もしくは「国債証券」，あるいは文部大臣の定める「有価証券」をもって供託することが義務付けられた。この規定によって，社団法人として大学を経営していた多くの私学は新たに財団法人を設立し，その上で基本財産を供託することとなった。

　この供託金の問題について，慶應義塾と同様，早稲田大学も主として卒業生等の活躍によって財界や実業界との絆が深かったことにより，ほとんどをその寄付金によってまかなうことができた。

　「早稲田大学」の場合，大学昇格申請を行う当初の段階において，政府供託金が90万円，大学予科の新築及び設備費用が60万円の合計150万円の資金が必要であると見込みをつけ，臨時評議員会における大隈総長の寄付金募集に応じ，評議員をはじめ有力な卒業生をはじめとする校友から多額の寄付が申し込まれ，5カ月あまりで約30万円の寄付金が集まった(早稲田大学大学史編集所

1978：42）。理事等による地方における募金活動も行われ，1919(大正8)年末までの約1年間で目標額に近い110万円まで達した。これに供託する有価証券の券面額100円に対して安い時価80円の時に購入することとし，さらに政府からの補助金として各校に対し25万円が足されることで，早稲田大学の供託金は十分に間に合うこととなった。なお，大学への寄付者は106件(延べ128人及び2法人）、最終的には101万8980円が集まった。最多の寄付金者には岩崎小弥太，三井八郎右衛門，古河虎之助の財閥系が並び，各10万円を寄付している。およそ1年あまりで寄付金額を揃えることができたことは，極めて強固で規模の大きい卒業生を中心とする早稲田校友のネットワークが背景にあったからであった。

3. 早稲田大学における「大学」名称転換の特色

　早稲田大学における「大学」名称への転換に際して見られた特徴について，次の4点を指摘しておきたい。

　第1に，学内組織の変化について，特に「大学」名称を獲得するために必要とされた「予科」の設置が，やはり個別私学の「大学」名称獲得に際しても深く関係していたという点である。

　早稲田大学の場合は1年半と定めた高等予科設置によって，当然修業年限はその分延長されることとなり，「速成」を旨とする多くの私立専門学校においては，修業年限の延長は創立時の理念や教育目標と反するものとなる。加えて，大学予科の主たる目的の一つは語学教育の強化であり，これも邦語教育を掲げた同校の理念に反する。そこで，邦語による人材速成を旨としていた同校は，邦語による速成の道を専門部に託し，大学部と併設する選択をした。これに対して，後述するように創設時から大学昇格構想をもっていた同志社大学などは，「大学」名称獲得とともに予科を設置し，予科の卒業生のみを受け入れ育成するという単一の路線を選択することとなる。

　第2に，同校はなぜいち早く「大学」名称への転換を進めたのか。帝国大学令の公布以後，日本の大学は強い国家管理の下におかれ，国家体制に組み込ま

れていったという点を直線的に考え合わせれば，私学が大学となることは，国が示した国家管理体制下にさらに組み込まれることであった。しかし，「大学」名称を獲得するに当たっては大学予科と「大学部」の設置が事実上義務付けられていた以外に，国家管理規制はなかった。自由な構想のもと教育を展開することが可能となっていた時期であり，そのため私学の設立理念や大学構想を否定することにはならなかったといえる。

第3に，高等教育人材を欲する社会からの要請が背景にあったことも無視できない。私立専門学校の「大学」名称獲得には，私学の大学昇格構想及びその努力のみならず，資本主義経済の発展に伴う社会的な人材要求があったという点である。

第4に，「大学」名称獲得に際し，学内組織の拡大が顕著に見られたことである。法人組織としては，「大学」名称へ転換する時期を前後して，1898（明治31）年12月より私立東京専門学校社団法人となり，さらに1907（明治40）年に総長・学長制度が導入されたのと同時に財団法人への変更手続きがなされた。

また，早稲田大学はそもそも，法学系私学としての発展よりも，むしろ「総合大学」となることへの志向が強い学校であった。すでに見てきたように，「大学」名称獲得時の教育目的を「本大学ハ各種専門ノ学術ヲ教授スルヲ以テ目的トスル」（早稲田大学校規第1条）と定め，大学昇格時の学則でも「本大学ハ専門学術ノ教授及研究ヲ目的トス」として，「各種専門ノ学術」をもつことを目的に掲げた学校であることを示し続けていた。すなわち，大学令に定められた国家忠誠の大学とはまた別の，「総合的な」学問志向をもつ学校であることを示していたのである。もともと私学の中で最大規模の学部学科編制であった早稲田大学は，最も早期にその学部学科制度を整えていた学校でもあった。

創設時には政治経済学科を中心に法学科，英語学科を置いていたが，さらに私学による大学昇格運動が過熱してきた明治末期には，「新旧文明の過渡期」としていち早く時代を捉え，「急転する活動場裡の優勝者」たる「智識と人格」を養成することを説くようになり，前述したように商学や理工学などの分野も学部学科編制に組み込んでいった。日本の資本主義的発展を担う人材養成の課

題を提起しながら，さらに第一次世界大戦の結果により日本社会が資本主義的飛躍をなすと同時に，工業技術系，商業系の実業専門学校の拡充をはかった。高等教育機会の拡大・拡充は当時の日本の社会的要求でもあり，大学令をはじめとする大正期の教育制度の再編成はその需要を満たすためのものであった。他の私学の多くが，例えば法学系私学であれば法技術教育や法曹人育成を中心に発展してきたことと比して，早稲田は明治期より順次，商学や理工学などの日本社会の要請を取り入れた学部学科編制へ拡充を行い，学部学科数の多さにと膨大な学生をかかえ，私学最大規模の大学として昇格を果たしたのであった。こうして大学昇格時には政治経済学部，法学部，文学部，商学部，理工学部の5学部の編制となった。なお，当初の段階で法学部については供託金10万円を減ずるために政治経済学部の中の1学科とする意見も出たが，将来の大学の発展上において障碍となると判断し，法学部を含めた5学部で大学設立申請を行った。また学部学科をさらに「専攻」によって区分し，例えば文学部の哲学科は東洋哲学専攻，西洋哲学専攻，社会哲学専攻に，文学科は国文学専攻，支那哲学専攻，英文学専攻，仏蘭西文学専攻，独逸文学専攻，露西亜文学専攻に分化させたのであった。

小 括

　本章では，私学として「総合大学」設立をいち早く志向し実現した，慶應義塾大学，早稲田大学を取り上げて考究した。両校は，それぞれに全く異なる理念や発展経緯の中で「大学」設立を行った。前者は，「実学」とする高等普通教育を以って，近代社会における新しい教養人の育成を目指し，後者は，政治的な設立背景をもち，国によって設立運営される東京大学に対抗しうる，政治経済に精通した専門人材の速成を目指して創設された。

　こうして設立発展してきた両校の「大学」への志向はいつ，どのように見られたかという点に関して整理しておこう。慶應義塾においては，草創期には具体的な「大学」への志向は見られず，同校が「大学部」設立を構想し実現させるのは明治20年代に入った頃であった。同校は英学塾から発展し，中等教育

機関を中心とした一貫教育の確立を進めてきており，すなわち，明治初期の官立公立私立を通じてどこにも見られない，全く新しい独自の学校システムを構築していた。「大学部」設置は，その一貫教育を完成させるために置かれたものであったが，運営上財政的な問題も含みつつ，以降の慶應義塾は「大学部」を中心に学内を再編していった。

一方，東京専門学校は創設時より「大学」設立を目指しており，その大学構想は，1882(明治15)年の東京専門学校開校式における小野梓の発言に見て取ることができた。「十数年ノ後チ漸クコノ専門学校ヲ改良前進シテ，邦語ヲ以テ我ガ子弟ヲ教授スル大学ノ位置ニ進」めたいとする大学設立構想は，20年後に実現することとなった。

両校が創設時より，「数理」に跨ることを目指し，あるいは「理科(物理学)」設置を目的にしていたことはすでに述べてきたとおりである。両校が「総合大学」となるためには，自然科学系か理工系分野の学科の組織編成が必須であり，それが実現されたことは「私立大学」の意義と発展に大きな意義をもっている。

本章において検討してきた2校は，その特性や伝統に基づき，それぞれの存在理由や役割を貫こうとしていた。「大学部」の設置や「大学」名称への転換点を見たとき，「大学」としての教育体制については「大学」名称を獲得した時点でほぼでき上がっており，システムとしての大学への昇格準備は完了していたのである。

注

1) 例えば，『時事新報』は1882(明治15)年に福澤の意思により慶應義塾出版社より発刊された。晩年における福澤の言論活動の主場の一つとなった。なお，福澤の死後も一般紙の位置づけで刊行され続けた。
2) 「慶応義塾之記」といった従来のいくつかの規則類を増補改訂してつくられた「社中之約束」は，同時期の慶應義塾を知るための基本資料であり，1871～1897(明治4～30)年までに発行された。木版本も含め，少なくとも16種類ほどが確認されている。慶應義塾福澤研究センター編『慶應義塾社中之約束(影印版)』等に詳しい。
3) 佐志傳「会社，同社そして社中」(佐志1984：55-61)に詳しい。なお，「入社」に当たり「入学試験」が導入されたのは1896(明治29)年のことであったという。
4) 「慶應義塾之記」(慶應4年)には，「士民ヲ問ハス苟モ志アルモノヲシテ来学セシメンヲ

欲スルナリ」と記されている。
5) この時期，明治10年代の日本社会は，深刻な経済不況の最中であり，通貨の信用財政を安定させるべく国家財政確立のために大蔵卿松方正義によるデフレ政策がなされた時期に当たる。1885(明治18)年12月には官制改革ではじめて内閣制度が生まれた。教育政策としては，初代文部大臣に森有礼が就任したことにより学校令と総称される教育法令群が制定され，教育制度が大幅に刷新された時期であった。この時期にとられた日本の教育政策について詳細に触れることはできないが，教育制度としては1879(明治12)年の教育令，1880(明治13)年の改正教育令，1886(明治19)年の帝国大学令，師範学校令，小学校令，中学校令，諸学校通則と順次発令された教育法規が教育制度全般を確定し，天皇制国家統治体制のもと西欧諸国に応じる国民資質向上のため，日本独自の一貫した教育制度が生まれ，整備拡充が図られた。寺﨑昌男・仲新監修『日本近代教育史』(講談社，1973年)に詳しい。また，私立専門学校を見れば，第1章第2節で取り上げる，1882(明治15)年に「邦語ヲ以テ」教授することを目指した東京専門学校が創立されている。
6) この点について資料的な根拠は乏しいが，慶應義塾の沿革史や関係研究は総じて帝国大学の成立を意識していた点を指摘しており，例えば「明治10年東京大学が設けられ，19年にいたって帝国大学にこれが発展して高等専門教育が本格的に開始されると，義塾でも専門課程創設の気運がたかまり」(佐志 1984：68)等と表現されている。
7) 慶應義塾『福澤諭吉書簡集』第五巻(29頁及び177頁)参照。1886(明治19)年の長男一太郎宛書簡中で「資本金さへあれば大学校に致度と教員は申居候」，また1887(明治20)年の猪飼麻次郎宛書簡中で「追々金さへあれば，ユニヴハシチに致度語合ひ居候」と書かれている。
8) 開講初年度の入学者は59人。
9) 小幡篤次郎は福澤と同郷の元中津藩士であり，慶應義塾第3第塾長，同社頭等を務めた。福澤の洋学塾において英学を学び，幕末には開成所で洋学助教を勤め，1976(明治9)年には欧米を巡り西洋の知見を得て帰国し，東京学士会院会員となった。小幡は，慶應義塾において福澤に次ぐ重要人物であったにもかかわらず，福澤の業績の陰に隠れて，従来ほとんど研究対象とされてこなかった人物である。近年，慶應義塾福澤研究センターが刊行する『近代日本研究』等によって，その業績及び慶應義塾に果たした役割が再評価されつつある。特に，『近代日本研究』第二十一巻(2005年3月)は「特集・小幡篤次郎没後百年」として精力的に小幡研究を行っている。なかでも住田孝太郎の「小幡篤次郎の思想像―同時代評価を手がかりに―」は小幡の同時代評価及び彼自身の著作類から能動的に果たしたその役割を探り，実際には慶應義塾運営において福澤と共同リーダーシップを発揮していたのではないか，との試論的考察を展開している。
10) 慶應義塾において，大学部卒業生に「慶應義塾学士」の称号が与えられるようになるのは，専門学校令以後であった。
11) 慶應義塾には草創期より幼稚舎という初等教育機関が置かれていた。これは，高等教育機関としては極めて珍しいケースであった。1872(明治5)年に学制が頒布されて小学校教育の普及がなされるようになった時期，慶應義塾内にも児童教育が導入された。それまで入塾希望者の中には10歳未満の子どもが常に含まれていたが，これらの子ども

への教育と成人教育とを一斉に行うことに無理を感じた福澤が，1874(明治4)年に門下生和田義郎に和田塾と呼ばれる小学校にあたる教育機関を開かせたのが幼稚舎の起源である。
12) 門野幾之進は，志摩鳥羽藩の家老家の嗣子として生まれた。慶應義塾卒業後17歳で1873(明治6)年より母校教師となり，教頭・評議員などを歴任した。千代田生命保険の創設や時事新報の会頭を務めるなど実業家としても活躍，貴族院議員にも勅選された。
13) 鎌田栄吉は，慶應義塾卒業生の一人であり，1975(明治8)年卒業と同時に18歳で母校の教員となった。以降，多くの教育機関に携わりつつ，慶應義塾第4代塾長となり，また政治家としては文部大臣等も歴任した。「鎌田の塾長就任は，創立以来四十年を経た義塾に新たな活気をそそぎこんだ」(慶應義塾編 1960 中 – 前：251)とされるように，福澤・小幡が去り，新たな世代による義塾経営が始まったとの認識が塾内にもあった。
14) 明治35～40年にかけ，理学，化学，医学，工学の設置が検討され，評議員会において工学科設置案が可決されたが，資金難によって見送られた(慶應義塾編 1960 中 – 前：797)。
15) 大学部1595名，普通部829名(慶應義塾編 1960 中 – 前：1087)。
16) 1907年に高田早苗が校長・学監制度を廃し自身が学長に就任すると同時に，大隈を実質的に名誉職である「総長」に就かせたが，それまで大隈は学内において一切の肩書を持たなかった。
17) 「開校の詞」として，大隈重信の養子で東京専門学校初代校長に就任した大隈英麿は次のように述べ，東京専門学校が政治的な影響のもとに設立され，将来の日本における立憲政治を担う青年の速成を目的として創設されたものであることを示した。「天下更始，新主義ノ学方サニ起ル。都鄙ノ子弟争テ之ヲ講ジ，早ク之ヲ実際ニ応用セント欲ス。速成ノ教授甚今日ニ切ナルガ如シ。而シテ深ク其蘊奥ヲ極メ，詳ニ其細故ヲ尽サント欲セバ，勢ニ又原書自独ノカニ依ラザルヲ得ズ。是レ本校正科ノ速成ヲ期シ，並ニ英語科ヲ設クル所以ニシテ，其意之ヲ以テ目下ノ需要ニ供シ，以テ我国ニ学問ヲ独立セシムルノ地歩ヲ為サント欲スルニ在リ。今ヤ此開校式ヲ行フノ故ニ聊カ其目的ヲ述ベ以テ諸君ニ告グ」
18) それまで教授の肩書は使わず，教員はすべて「講師」に統一していた。
19) 同時に校長学監を廃した。
20) 田中征男『大学拡張運動の歴史的研究 明治・大正期の「開かれた大学」の思想と実践』に詳しい。
21) 創刊号に見る橘の「創刊の辞」には，「大学に教える者，大学に学ぶ者，更に大学を口にする者，多くは大学を知らない」とし，「現実の大学経営者は目覚めて大学意識の普及に努力し，本誌幸に相応にて一般世人のために大学意識の普及を計らば，現代日本の文化，或は，一段階を登るを得べく，世界の文明も変り，更に一飛躍を為すを得べきか」とある。橘は独自の大学観を持って大学関係者の立場を示そうとし，それを反映した内容の大学問題や大学論を掲載したのが本誌であった。第二次世界大戦前の日本において大学問題専門雑誌は皆無に近かった。その中にあって『大学及大学生』は，本邦初でほとんど唯一の大学問題専門雑誌であったといってよい。
22) 日本女子大学の前進校である「日本女子大学校」は，1901(明治34)年に成瀬仁蔵によ

って開設された。「日本女子大学校」という校名が認可されたことは、時期的に鑑みて、翌年の「早稲田大学」名認可への布石ともなったと考えられる。同校は、日本初の本格的な女子高等教育機関であった。周知のように、女子高等教育機関は旧制期を通じ制度上「大学昇格」し得なかったが、成瀬は自身の米国留学体験に基づく信念によって、独自の「女子大学」を構想する。なお、日本女子大学校創立委員長には大隈重信が着任した点も付記しておく。

23) 移行後の1925(大正14)年に大学部を廃止している。
24) 大学部商科本科は1904年9月、大学部理工科(機械学科・電気学科)は1909年9月、大学部理工科(採鉱学科・建築学科)は1910年9月、高等師範部は1903年9月にそれぞれ設置。
25) 早稲田高等学院は1920年9月設置、早稲田工手学校は早稲田大学芸術学校の前身で1911年9月設置された。
26) 『早稲田学報』第5号(明治30年7月)に掲載された、大隈重信「東京専門学校創立十五周年演説」による(早稲田大学大学史編集所1978：732)。
27) 『早稲田学報』第285号(大正7年11月)に掲載された、大隈重信「創立35周年中央校友大会演説」による(早稲田大学大学史編集所1987：10)。

第2章　私立法律学校の躍進と「大学」への転換

はじめに

　主として明治10年代初めから20年代にかけて生まれた私立法律学校群は，「大学」名称獲得を機に，大学像をどのように模索し，自校の理念を展開していったのであろうか。本章ではその過程と意義を明らかにしていく[1]。

　周知のように，明治初期における高等教育の中心は官学私学ともに法学にあったが，官私間にはすでに明確な序列が生じており，明治政府の政策による「私立法律学校特別監督条規」は，特定の私立法律学校に対する帝国大学法科大学長からの厳重な監督とともに，学科科目構成や内容に至るまで細かな干渉を加えるものであった[2]。

　私立法律学校の「大学」名称獲得は，一面的にそうした官学との関係性からの脱却を目指したもの，あるいは新たな展開へ発展していくためのものであったのではないかと考えられる。さらに，私立法律学校間における個性や相違が判然としたのも同時期だったのではないだろうか。

　この課題の解明に先立ち，「私立法律学校特別監督条規」以降の法律学校への対応や制度について簡潔に考察しておこう[3]。

　文部省は，「東京府下ニ設置ノ私立法律学校ニシテ，適当ト認ムルモノハ帝国大学総長ヲシテ之ヲ監督セシムル件」を発することで私立法律学校を帝国大学総長（兼法科大学長）の監督下に置くことを命じ，1886（明治19）年8月25日，文相森有礼は「私立法律学校特別監督条規」を訓令し，5つの私立専門学校を指定して私立法律学校におけるカリキュラムのひな型を示し，帝国大学に準じたものとするよう命じた。同時に施設設備等の状況についても，「特別監督」の対象とするものとした。

　このとき指定された5校は，東京専門学校（早稲田大学），明治法律学校（明治

大学)，東京法学校(法政大学)，英吉利法律学校(中央大学)，専修学校(専修大学)であり，優等卒業者に対し判事の無試験登用が認められ，司法官僚への途が開かれることとなった。同年は帝国大学令，師範学校令，中学校令，小学校令が一斉に公布されており，一挙に教育制度の整備が行われた年でもあった。

翌年になって文官任用制度(「文官試験試補及見習規則」による)が公布されたことに伴い，1888(明治21)年5月からは「特別認可学校制度」が導入された。これにより指定された私立法律学校のうち「特別認可規則」の要件を満たした学科(課程)に所属した卒業生は，司法官僚だけでなく行政官僚登用の国家試験受験資格をも得ることとなった。行政官僚任用試験である高等文官試験の受験資格を得，また普通文官(判任官)の無試験任用という特権も得ることとなったのである。ただし，特権の付与は先の5校に加え，獨逸學協會学校専修科(獨協大学の源流)及び東京仏学校(東京法学校と合併し和仏法律学校となった後に法政大学)のみで，さらにそのうち要件を満たした学科(課程)の卒業生に対するものであった。

1893(明治26)年になって「文官任用令」が制定されると，「司法省指定学校」として九つの私立法律学校が選定された。同時に，試験実施の見直しにともなって「特別認可学校規則」は廃止され判任官無試験任用はなくなったが，実態としては特別認可学校卒業生の高等文官試験の受験資格は残された。司法省指定学校には，特別認可学校で選定されていた学校のほか，慶應義塾，関西法律学校(関西大学)，日本法律学校(日本大学)が加わり，判事検事登用試験の受験資格が特定の学科(課程)の卒業生に与えられた。

以上の歴史的経緯からいえることは，同時期の私立専門学校の中心に法律学校があったこと，そしてその発展の主軸には国家からの庇護と統制があったということである。すなわち，明治政府は私立法律学校を国家教育体制の内部に組み込むことで下級官僚の供給源を確保しつつ，高級官僚養成機関としての帝国大学の地位を確立することに成功した。一方，私立法律学校は特別監督等に服することで学校としての権威を示しつつ，拡大あるいは充実という意味での発展を遂げた。私立法律学校にとって，この官僚登用試験制度の特権に加えて，

在学生に対する徴兵猶予(実質的な徴兵免除)の特権を得ることが，より優秀で多くの学生獲得を可能とすることを含む発展のカギとなっていた。学校の発展は，「大勢順応」であるか否かにかかっていた。

ただし，一律に従順な動きを見せ，学科編成も内容も一様であったかというと，やや異なっていた。大部分は積極的に帝国大学の学科課程を参照し文部省の方針に従ったが，認可を受けつつも干渉を極力受けないよう抵抗を見せた東京専門学校のような例(前章第2節を参照)も見られ，認可を受けた後も振るわず独自の方向性で学科編成を模索していった専修学校のような例(本章第4節)もあった。方針に従った中でも，より積極的に政府提案の教育を行った英吉利法律学校のような場合であれば，政府は講師派遣等多くの支援を行うとともに補助金も支給しており，政府によるそういった施策は学校間格差を深めるものとなった。

他方，努力しつつも特別監督学校や特別認可学校に認められなかった場合は，学校存続・発展のためにさらなるアプローチが必要となった。私立法律学校にとって，統制の厳しさと引き換えにしても，わずかな特典を得て発展の機軸としなければならなかったためである。

以降，私立学校令(明治32年)，専門学校令(明治36年)によって私学に対する統制は厳しさを増していく。その一方で，私立法律学校は独自性を模索し，それぞれの歩みを進めていくこととなる。

本章では，「五大法律学校」として認定され発展を遂げ，いち早く大学昇格を果たした私立法律学校のうち，前章で取り上げた早稲田大学を除いた，法政大学，明治大学，中央大学，専修大学を順に取り上げて考察を行い，これら4校と比べやや後発に創設された日本大学，さらに西側の京都帝国大学の発足を機に設置された立命館大学及び関西で最初に設立された関西大学を加えた計7校を検証するものとした。創設及び教育理念の理解と展開，学科課程の変遷に注目し，私立法律学校に見られるそれぞれの特徴が，大学昇格までの道のりにどのような影響・効果をもたらしたのか考察を試みる。

第1節　法政大学

1. 和仏法律学校の創設

　周知のとおり，1880年代，司法省法学校ではフランス法が，東京大学法学部では英米法が，それぞれ御雇教師によって講じられていた。フランス法学系とイギリス法学系とは憲法制定をめぐる主たる位置を競い合い対立し，いわゆる「法典論争」に至る衝突を繰り返していくようになる。

　東京法学社は，フランス法系ということで司法省法学校の庇護の対象となって関係者から支援された学校であり，そのためにまた，同じくフランス法系の明治法律学校とは当初は競合関係にあった。1881(明治14)年5月に東京法学校と改称，1886(明治19)年11月に設立された東京仏学校と1889(明治22)年5月に合併し，和仏法律学校法政大学へと発展していく。

　以下，設立の背景を簡潔に考察しておこう。

　東京法学社は，1880(明治13)年4月，薩埵正邦(さつたまさくに)を主幹として設立された。薩埵を中心とする設立に関わった7名の青年たちは，当時まだ学歴的にも社会的にも際立った活動は行っておらず無名といってよい存在であったが，薩埵が司法省顧問のボアソナードに個人的に師事していたこともあって司法省法学校関係者より多大な支援がなされた。同時に，ボアソナードが初代教頭に就任，講師に加わって毎週「契約論」を講義担当したことも学校の評判をあげた一因となり，発足時から比較的安定した学生数を確保していた。このことから，「ボアソナードの学校」として認識され，ボアソナードは法政大学の学祖と位置付けられるようになった。

　翌年5月，東京法学社より講法局が独立したことを機に，東京法学校へと改名した。以降，1886(明治19)年には私立法律学校特別監督条規によって特別監督校に選ばれ五大法律学校に数えられるようになり，続く1888(明治21)年の特別認可学校，1893(明治26)年の司法省指定学校にもそれぞれ指定され，順調な発展を遂げていく。前述のとおり，この間，東京仏学校と合併し，和仏法律学校と名乗るようになった。財政面の安定と生徒確保の両側面を確固たるもの

にするため，同じフランス法系の東京仏学校との合併が良策であるとされたためである。

　和仏法律学校の初代校長は有力な法学者であった箕作麟祥が就任したが，実質的な学校運営にはほとんど参加することがなかった箕作に代わって，フランス留学から帰国したばかりで帝国大学法科大学教授となった梅謙次郎（民法学）が学監に就任することとなり，実質的な学校運営の舵取りを行っていくこととなった。

　なお，すでに述べたとおり，この頃いわゆる「法典論争」と呼ばれる騒動が湧き上がっていた。ボアソナードの提案した民法施行時期をめぐり，法学関係者らの間で大激論となったことが原因であった。第一回帝国議会は民法施行の延期を決定，延期派はこれに勢いを得ることとなった。延期派の中心となったのは，東京大学法学部出身の東京法学院（中央大学）関係者らを主とした，イギリス法系の学者たちであった。対する和仏法律学校や明治法律学校はフランス法系として，ボアソナード民法の即時施行を主張し，両者は激しい衝突を繰り返すこととなった。

　このとき，断行派の中心となったのが梅謙次郎であった。事態は膠着状態となりかけたが，帝国大学法科大学教授であった穂積陳重（法理学）のほか，富井政章（民法学），梅謙次郎の3名が民法修正の起草委員に就任したことを機に，3人が中心となってその他の委員の意見をまとめ上げ，明治民法制定施行へと導いていくこととなった。断行派であった梅謙次郎（和仏法律学校第3代校長）に対し，延期派であったと富井政章（同4代校長）と穂積陳重（その後に英吉利法律学校を設立）であったが，最終的にはともに協力し，民法施行に尽力した。

　さて，1899（明治32）年，梅謙次郎は第3代和仏法律学校長に就任する。梅の学校経営者としての実力はすでに認知されており，同校草創期を牽引していった立役者であったことは間違いない。

　梅は1890（明治23）年より学監として和仏法律学校の中心となっており，特に教育面の発展に熱心に寄与してきた。校長へ就任してからも同様で，「大学」への発展過程は，梅の校長時代の賜物であったといえる。1910（明治43）年8月

25日に死去するまで、実に20年にわたって同校を導いた人物であった。その一方で、学監就任と同年に帝国大学法科大学にも着任しており、教授として帝国大学法科大学の中心的存在でもあった。その他、農商務省参事官、内閣法制局長官など多くの官職を兼ねており、日本近代法の発展に最も寄与した人物の一人でもあった。

　以上の略歴からだけでもかなり激務であったことが想像されるものの、梅が和仏法律学校校務にかなりの労力を割いていたことも資料によって確認されている。

　同校における民法の講義を担当したことをはじめ、校友会会長となって講演や懇談会にも頻繁に出席、その他学生活動の一環であった和仏法学科（学生主体の法律研究会）の会長も引き受け、同討論会にも出席していた。また「自由と進歩」[4]を標榜する私立法律学校の理念は梅の教育理念そのものであった。

　同校における「大学」への歩みという意味では、この時期に特筆すべき運営上の変化が見られた。それは、梅が校長に就任する前年、1898(明治31)年11月より「財団法人」へと変更されたことである。

　財団法人化を行った直接的な原因は、民法の施行に伴って寄付行為、維持員、監事を整えて法人機構としての体制を完備することにあった。後に公布される専門学校令においては、私立専門学校の経営には財団法人あるいは社団法人であることが必須とされ、さらに大正期に至っては私立大学の設置者は財団法人であることが規定された（大学令第6条）。従って上記の体制整備は、結果的に、この時期から「大学」体制への整備を始めていたことになる。

　この法人化に加えて、1899(明治32)年には卒業生等を受け入れて高等文官試補試験等の試験準備を行うための高等科を設置、1902(明治35)年からは通常学生と同額の学費を徴収する聴講生制度も導入した。法律学科一科ではあったものの、翌年の専門学校令に基づく改編時までに学校組織を整え、学生数は1000人を超えるまでになっていた。ただし、講師数は48名であったが、いまだ梅をはじめ全員が兼務者であり、「大学」への課題を残していた。

2.「和仏法律学校法政大学」の設立理念と実態

　1903(明治36)年に専門学校令が公布されると，和仏法律学校も同年8月28日，「和仏法律学校法政大学」への名称変更認可を受けた。なお，これより先，1899(明治32)年より「高等科」卒業生には「和仏法律学学士」の授与が開始されていた。

　さて，「和仏法律学校法政大学」へ変更することについて，「大学」への組織変更と同時に校長から大学総理となった梅謙次郎は，自身の見解を当時の様相とあわせ，後年になって1909(明治42)年4月の創立30周年記念式典において，次のように述懐している。

> 私共ノ希望ハ今日ノ大学ト粗称スルノハ実ハマダ早イ，マダ大学ト称スルニハ足ラヌト思フノデアリマス。唯併シナガラ世間ニ矢張リ同一程度ノ大学ナルモノガ許多アリマスカラ，詰リ大学ニモ色々ノ程度アルモノト考ヘマスレバ強テ此名称ニ拘泥スルコトハナイデアラウト思ヒマシタカラ，畢竟本校ノ程度ヲ大ニ高メルト云フ目的ヲ以テ須ク法政大学ノ名称ヲ用ヒテ居ルノデアリマス

　この梅の発言からは，少なくとも梅自身，「大学」名称のみといえども，その呼称を使用することには時期尚早といった幾ばくかの躊躇ないし抵抗があったこと，しかし私学を取り巻く現況から「大学」名称への転向へ踏み切っていったことがわかる。

　「和仏法律学校法政大学」への名称変更経緯については，『参拾周年史』(明治42年4月)も次のように示している(法政大学百年史編纂委員会編 1980：158)。

> 程度ニ於テ帝国大学ニ優ルアルモ劣ルコトナキ私学ニシテ，而モ別ニ特色ヲ具フルモノノ必要アルベキヲ信ジ，本校ハ徐々ニ之ガ計画ヲ為サンコトヲ期セリ」「本校ガ計画セント欲シタル大学ハ，巨万ノ資金ト碩学トヲ要シ一朝一夕ニシテ之ヲ設立スルコト能ハズト雖モ，右ニ述ブルガ如キ学校ハ今日直チニ之ヲ設立スルコト易々タルノミ。況シヤ既ニ鞏固ナル基礎ノ上ニ立テル

私立法律学校ノ組織ヲ変更シテ大学ト為スニ於テオヤ。故ニ都下ノ私立法律学校皆相競ツテ大学ト改称セント欲スルノ報ニ接シ、本校亦以為ラク、今ノ所謂『大学』ハ本校ノ理想トスルモノニアラズト雖モ、已ニ此名称ヲ用ユルモノアリ、文部省亦之ヲ認可シタル以上ハ是レ大学ニ非ズト曰フ可ラズ

「大学」と称するからには組織の構成や在り方に対してかなりの拘りをもって臨みたいこと，したがって「大学」名への改称にはやや戸惑いが窺われ，時勢の流れに従ってやむを得ず改称を決断した，というようなことが強調されているのが印象的である。同時に，「右ニ述ブルガ如キ学校」として他の私学の「大学」名称獲得事情を批判しつつ，それらは学科構成に至るまで中身は法律学校時代と変わっておらず，単に1年半の予科を加えたにすぎないものであって「大学」とするに当たらないものであると痛烈な批判も行っている。一方で，「大学」水準のレファレンスの軸は常に帝国大学にあった。

なお，「和仏法律学校法政大学」の名称について，なぜ「和仏法律学校」と「法政大学」とを繋げたのか，その由来は定かではない。ただし，「法政」につい ては，京都法政専門学校でも使用していたように，法律と政治の意味の掛け合わせであったことは確かであろう。実際，しばらく後に組織改編を行って，法律科のほかに大学部及び専門部ともに1908(明治41)年5月(9月開講)より政治科を置くこととしていることもあって，「政治学」を特化させていった。

ここで，この間の学科組織の編成と改編の変遷を見ておこう。

「大学」名称への変更時点では，学科は法律科のみであったことは，前述のとおりである。従来の法律科はそのまま専門部として中学校卒業程度の学力を有する者が入学できるものとし，さらに大学部，高等研究科，大学予科を新たに開設するものとした。そのほか，若干名の聴講生を受け入れる旨も示している。多くの私学と同様，大学予科の修業年限は1年半，この予科課程を修了した者あるいは同程度の学力を有する者が修業年限3年の大学部への進学が許された。さらに専門部または大学部を修了した者に対して，修業年限1～3年程度とする高等研究科を開いた。

「法律，政治及経済ニ関スル学術ヲ教授シ且其蘊奥ヲ攻究セシムル」目的を以て，大学部は「法律，政治及経済ニ関スル学術ヲ教授シ，英吉利語，仏蘭西語又ハ独逸語ニ依リテ外国法ヲ講習セシム」，専門部は「専ラ邦語ヲ以テ法律，政治及経済ニ関スル学術ヲ教授ス」ものとされた。専門部は，翌1904（明治37）年4月より法律科に加えて実業科を置き，その後1908（明治41）年5月には，専門部及び大学部ともに政治科を増設するという発展を遂げて行く。授業開講時間は，大学予科が昼間，大学部及び専門部は夜間であった。これは法律学校時代の慣習が残っており，講師の招聘事情や学生確保のための措置がなされていたためであろう。

同校の財政状況や学内組織等はどうだったろうか。

多くの私学が財政的に困窮し学生確保に頭を悩ませ，学校存続の道を探っていた中，同校も同様に財政面や学生確保に苦心していたこと，年度によって浮き沈みがあったことは事実である。それでも同校においては比較的学生数が一定しており，財政状況も安定していたといってよいものだった。

大学部，専門部ともに入学金2円，授業料2円を課しており，入学者不足の年もあったがその翌年には盛り返すなど，聴講生を含めて平均して1200名程度の入学者がおり，廃校に至るような大きな危機はなかった。それには，大学部，専門部ともに法律学科のみの単一学科の構成でスタートしたこと，そして17時半から21時半までという夜間講義のみに徹した判断とが功を奏していた。大学予科は設置初年度のみ昼間授業を行ったが，翌年度からは夜間のみの開講となっている。周囲を見渡せば，すでに他の私学は昼間開校へ移行しているところが多くなってきており，「夜間開講の法律学校」のままでは組織として大きく拡大発展していくことはできなかった。それでも夜間開講のみという選択は，法律学を志す勤労青年たちを入学させ，最小限の経費で高度な水準の授業を維持することができるメリットももち合わせていた。梅謙次郎自身も東京帝国大学法科大学教授を本務としており，他に民法を中心とした担当講師のすべてが，現役の帝国大学教授や大審院判事，大蔵省，文部省の参事官等の「本業」「本職」をもっていた。この時期までは，専任講師を置かないことは，財

政面においても学校維持を助けるものとなっていたのである。

なお，前述したように，専門部は1904(明治37)年4月から実業科(後の経済学部の前身)を設け，早稲田大学や明治大学，専修大学等，他の多くの私立法律学校と同様の学科構成への歩みを進めた。

梅総理は，同科設置の経緯を，「実業科をおきましたことは，是は時勢に鑑みまして，従来各法律学校に於て養成する所の人物は主として，司法官，弁護士，若しくは行政官に適するやうな教育を授けて居ったのである」が，「従来の如く多数の人が毎年必要であるといふことはなくなって」きたため，「今後青年諸氏が手腕を揮ふべきは如何なる方面にあるであらうかと考へてみると，どうしても是は実業面であらう。然らば今日実業科を設けるといふことは最も急務」であることを，明治37年の第20回卒業式式辞において述べ，同科の設置に至った経緯を説明している(法政大学編 1961：50)。同科は1907(明治40)年には「商科」と改称し，法律科以上の多くの学生を輩出し，和仏法律学校法政大学の財政的基盤を支える主要学科となっていった。

この後，1920(大正9)年4月15日に大学令による法政大学の設立申請が認可され，大学昇格を果たした。

財団法人法政大学は，大学部の学科構成を引継ぐ形で，「本大学ハ法文学部及経済学部ヨリ成ル」(「法政大学学則」第1条)と2学部体制をとった。法文学部というのは学部名称としては珍しく，大学令の条文中には文学部か法学部となっているため，他には見られない呼称であった。法文学部には法律学科，政治学科，文学科，哲学科を置き，経済学部には，経済学科と商業学科を置いた。このとき，大学は昼間に開講されるものとされた。

一方，専門部は残され，法科，政治科，商科の構成のままであったが，1920(大正9)年の改正時より昼間夜間の二部編成となっている。

大学昇格時に大学学部学科の構成を拡大したことは，「大学」名称をめぐって法政大学の最大の特徴の一つである。それまで見られなかった文学科と哲学科とがここで設置されたのはなぜか。また，専任教員制度もこのときより置くこととなった。法文学部という独特の学部名称を用いた中で，文学科と哲学科

とは人気を博すこととなり，1924(大正13)年から文学科は国文学と社会学との専攻に分けられることとなり，社会学は私立大学としては初の社会学部へと発展していくこととなる。また，政治学科も政経学科へと発展，一方の経済学部も学科数を拡張して発展を遂げた。

　以上から，いくつかの特徴を指摘しておこう。

　第1に，本節で検討してきた法政大学は，創設時の尽力者としてボアソナードを学祖としたことに加え，法典論争で存在感を高めていった梅謙次郎によって20年の長きにわたり牽引されたことなど，創設時よりリーダーに恵まれた。

　第2に，1898(明治31)年11月の財団法人化に見られるように組織体制をいち早く整えたが，一方で専任教員を置くことなく，また単一学科のままであったために，専門学校令が公布された時点での「大学」名称変更には，校長梅謙次郎自身が時期尚早と難色を示している。「マダ大学ト称スルニハ足ラヌ」と述べた梅の見解からは，「大学」とは何か，「大学」組織とはどうあるべきか，確固とした理念を有していたことが窺われる。

　第3に，「和仏法律学校法政大学」となって以降の最大の特徴として，すべて夜間開講のみとし，さらに学科編成において「法律科」のみを貫いた点である。その一方で，「大学」とは別に「専門部」を残し（これはおそらく財政安定を保つためであろう），新たに「実業科」を置き，学内組織を充実させていった点に注目しておきたい。徐々に法学教育から「実業」「商科」の時代へと移行していく状況に柔軟に対応していき，大学令公布後はそれらを発展させ，法文学部，経済学部を設けている。

第2節　明治大学

1. 明治法律学校の創設理念とその特徴

　明治初期に創設された私立法律学校は，海外留学から帰国した若手法律家たちの「留学仲間」によって学校設立が図られたという共通性があった。英米法，独法，仏法の三つの流派があったことはすでに述べたとおりで，本節で取り上げる明治法律学校はフランス留学から帰国した学究たちによって設立されたフ

ランス法系法律学校であった。

　創設の経緯を見ておこう。

　明治法律学校は，1880(明治13)年12月に設立上申書を提出し，翌年1月より開校した。設立の中核となったのは，フランス留学から帰国した岸本辰雄，宮城浩蔵(刑事法)と，司法省法学校一期生として2人の同窓であった矢代操(民事法)の3人であった。

　設立準備期間も短く資金も乏しいなか開設準備は進められ，「明治法律学校規則全」(明治14年)を定め，第一条において「本校ハ内国及ヒ諸外国ノ法律ヲ研究スヘキ専門学校トス」とし，維新以前に多くあった「私塾」という形から脱した，内国及び諸外国の法知識を授ける「専門学校」という新しい形態であることを自認して，私立法律学校の開設が行われた。

　修業年限は当初2年としていたが，開設後3年ほどして3年と改訂された。この修業年限の延長については，先に述べた「特別監督条規」第二条において，必要な普通学科を修めた者を入学させた上，3年の課程でもって仏蘭西法律科，独逸法律科，英吉利法律科のうち一つの学科を教授するものを対象とすると定めていたこととも関わりがあったものと推測できる。徴兵猶予は創設時より認められていた。

　建学理念は，1881(明治14)年の「明治法律学校設立趣旨」に見ることができ，その後の歴史に長く続いてゆく理念の原型が示されている。

　「夫レ法学ノ管スル所ハ其区域広漠ニシテ其目枚挙ニ遑マアラス蓋シ之ヲ大ニシテハ社会ノ構成ナリ政府ノ組織ナリ，之ヲ小ニシテハ人々各自ノ権利自由ナリ凡ソ邦国ノ栄誉，人類ノ命脈，皆此学ニ係ラザルナシ」とし，近代国家における法の重要性を唱え，個人においてもまた国家レベルにおいても権利自由の意識をもち，法について正しく理解しかつ普及徹底させ，「同心協力一校ヲ設立」したことを受けて合議による学校運営を行っていくことが謳われたのであった。こうして，後に「権利自由」「独立自治」とされる建学の精神が打ち出された。とはいえ，設立当時の建学理念はあくまでも法学の知識を教示していくこと，それを得ることによって権利や自由の意識や理解に繋がっていくと

いった文言であった。

　明治法律学校の設立当初の教科目には，どのような特徴があっただろうか。

　授業は法学に関するもののみで構成され，1年目に法律大意を授けた後，刑法や民法，商法，行政法，憲法，経済学等が行われ，3年間を通じ外国語等の教養科目は置かれなかった。また，2年目と3年目には民事刑事の問題について擬律擬判も行われた。

　創設から5年間は法律学のみを行う学校であったが，1886(明治19)年からは「我国今日ノ時勢ニ於テ行政学ヲ教授スルノ必要」(明治大学百年史編纂委員会編1986：101) から，新たに行政学科を設けることとなり，ここにおいて「学科」の概念が導入された。法律学科と行政学科とを持つようになり，それぞれ養成する人材の目的は異なったが，「学力優等」者に対しては二つの学科を同時に研修することも許した。行政学科では憲法，民法や行政法といった法学関係科目も含みつつ，商事，保険，会社，破産，税，理財学等の学科目が置かれた。

　この時期の明治法律学校に導入された「学科」(＝課程)の概念は，重要なファクターであった。もちろんこれは第一に「私立法律学校特別監督条規」を見越し，そのための対応であったことはいうまでもない。「特別監督」対象として指定された5校は，それぞれの「法律学」を専攻した優等卒業者に対して司法官僚(判事)への無試験登用という特権を授与された。この制度は，1年半ほどで行政官僚への登用を含む「特別認可学校制度」に取ってかわられることとなる。しかし第2に，学科(課程)による専攻課程はこの後さらに大きな意味をもつこととなる。「法律学」以外に，「政治学」「理学」の専攻も行政官任用への特権授与対象となっていくからである。明治法律学校の場合は，行政学科が政治学に該当することとなり，後に名称を「政治学部」へと変え発展させていく。

　同時期の専修学校の場合を見てみれば，経済科を「理財科」と変更して同様に特権が認められることとなっている。明治法律学校における学科制度の導入は，官僚任用制度に対応するものであったと考えてよい。そして「学科」の概念の導入は，その後の「大学」への発展に欠かすことのできない要素の一つと

なった。

2.「明治大学」への改称と大学昇格

　明治法律学校の「大学」への転進は，設立20年目になって初めて明確に打ち出された。

　1901(明治34)年12月に行われた創立20周年校友総会において，「明治法律学校ハ将来大学組織ト為サムコトヲ望ム」(明治大学百年史編纂委員会編 1986：536)ことが提案されたことに始まる。これには同窓生等による希望が大きかったことも指摘しておこう。この段階において，明治法律学校にはまだ予科は設置されておらず，翌年以降「大学設立案」や「明治大学創設趣旨」が出され，資金調達や学内組織の整備変更が進められた。

　1903(明治36)年に設置された「大学創設準備事務所」は同年5月に，名称を「明治大学」とすること，「大学予科」開設は明治37年4月，「大学本科」開設は明治38年9月とするとした方針を表明した。

　「明治大学」への名称変更は，1903(明治36)年8月25日に文部大臣より認められている。ただし，通説となっている「1年半以上の予科を持つ」専門学校が認められたわけではないことがわかる。その後に予科・本科あるいは大学部を組織整備していく可能性を示すことでも，「大学」への名称変更は認められた。いずれにせよ，私学の「大学」名称には明確な条件や既定路線はなく，実績や実態といった諸要素も加味されていたのであろう。

　「明治大学」への名称変更は，専門学校令に基づき私立専門学校として「専門学校設立認可願」を提出する際に同時に行われ，「東京府東京市ニ設置セル私立明治法律学校ヲ私立明治大学ト改称シ専門学校令ニ依ルノ件認可セリ」と認められた。

　「認可願」には「法律経済ニ関スル学術ヲ教授シ及ヒ其蘊奥ヲ研究セシム」とその目的が記され，「名称，明治大学」とした文書が提出された。以降，新体制への移行は早急に進められ，1903(明治36)年9月には予科が新たに開設され，その翌年には予定どおり本科の開設が行われた。「高等予科」，法・政・

文・商学部からなる「本科」及び「専門科」，その上に「高等研究科」という体制となったのである。専門科は修業年限3年からなるもので中学卒業か同程度の学力のある者が入学できるとして，従前からの生徒は専門科に残るものとした。一方の本科への入学は，1年半の高等予科を経てから入学するかあるいは同等の学力のある者とし，本科卒業後さらに「蘊奥を研究する」者は高等研究科への進学ができるものとした。本科の修業年限は3年で，同卒業者には「明治大学学士」の称号が与えられるものと規定したが，専門科卒業生に対しても「明法学士」という称号を授与するとした。

なお，本科及び専門科における「学部」については，その名称や意味，位置付けが当初より不安定なものであった[6]。

「明治大学」として新たなスタートを切った段階では，4つの学部にそれぞれ本科と専門科とを置くという形式を取っていた。しかし，これでは双方の位置付けが不明瞭であったため，1908(明治41)年に専門科を独立分離して「専門部」とすることとし，本科は「大学部」として大学予科・大学部・研究科といった進級ラインをはっきりとさせた。さらに1909(明治42)年以降は，各学部の名称を帝国大学分科大学にならって，それぞれ「法科大学」「政科大学」「商科大学」と称するようになった。政学部(政科大学)は政治経済学部の源流であり，もとが行政学科で，行政学部・政治学部から政学部へと変遷したものであった。また，商学部(商科大学)は校友実業会からの提案によって開設が検討されたもので，日本社会の時勢において実業教育の要請もあるので「明治大学」への校名変更に合わせて新しく設置したいとする意向を汲み新設されたものであった。

文学部(文科大学)は他学部よりも一年遅れで開設された。帝国大学文科大学や早稲田大学文学部を参考に，文学部を取り入れ，総合的な「大学」であることを目指したものと思われるが，文学部開設に関する資料は不詳である。

「明治大学」へと変更されると同時に，「明治大学学則」が制定された。教育や理念にはどのような変化がみられたのだろうか。

一つに，それまでは専門課程のみで編成されていた授業科目であったが，大学予科においては基本的に一般教養が導入されたことが学内変化の一つとして

注目される。語学教育をはじめとして，倫理や論理，歴史，国語漢学，心理学等といった講義が行われた。これは他の大学予科や高等学校のカリキュラムの模倣と見てよいだろう。

　理念の観点から見てみると，「自由討究の精神」がここに至って全面に押し出されるようになった。「学生諸君ヲシテ十分ニ自由討究ヲ得セシメヌ為」に在学期間や休学，退学の選択自由を設定したと謳ったことをはじめ，「自由討究ノ精神ヲ貫徹」するために本科において講座選択制の導入を行い，学生自らに履修講座の選択を委ねた。また，さらに選択科目制や単位制度の原型ともいえる試験方式を用いるなど，独自の「自由討究の精神」に基づいた形態が模索された。

　なお，「明治大学」への改称の翌年，1905(明治38)年7月になると，これまで設置者について「私立明治大学」としていたものを，「私立明治大学財団法人」へと変更することとなった。

　その後，1920(大正9)年4月には大学昇格の認可を受け，法，商，政治経済の3学部からなる大学となった。大学名称獲得時と比較して，単純に文学部がなくなったことがわかる。法学教育から発展した明治大学において文学部が馴染まなかったこと，そのため開設時から入学希望者が増えず，第一回本科卒業生を出した1909(明治42)年に学生募集を停止していたのである。文学部再興の希望は一部から出されてはいたものの，学内ではなお少数意見であり，大学昇格時においても復活することはなかった。文学部の再開は1932(昭和7)年まで待つことになる。

　以上より，同校における「大学」名称への転換に見られた特徴をまとめておこう。

　第1に，明治法律学校はいうまでもなく「法律学」をもって創設されたが，すぐに「行政科」(政治学)を取り入れた編成へと発展させた。どちらを専攻しても学業優秀であれば法律学・行政学の双方を履修することが許され，広い専門知識の獲得を可能としたことが，特筆すべき初期の特徴であった。

　第2に，「大学」名称の獲得段階において，その傾向はさらに顕著となる。

すなわち,「大学」名称への移行の後に,「大学予科」を設けて一般教養教育を行うようになるが,「本科」を「大学部」「学部」「分科大学」へと次々に名称を変えていくことでその位置付けを(帝国大学を模倣した)「大学」らしくし,また「法科大学」以外に「政科大学」「商科大学」を併設することによって総合「大学」への展開を期すなど,一連の改革が明治末期までに完了していた。実際,大学昇格時の学部構成も法,商,政治経済の三つであって,専門部も含めて大正期大学昇格時に至って組織上の変化はほとんどなかった。

なお,明治法律学校における理念は,「権利自由」のもとに広くその理解を展開していき,それが,大学令に基づく大学昇格に至ってようやく定着したと見られる。

第3節　中央大学

1. 英吉利法律学校の創設

英吉利法律学校は,イギリス法系の法律学校として1885(明治18)年7月に創設された。創設後まもなく,1889(明治22)年10月に東京法学院と改称している。イギリス留学を経た増島六一郎,高橋一勝,岡山兼吉,高橋健三といった4人の青年によって設立が提案され,さらに穂積陳重など18人の少壮法律家を設立発起人として建てられた。

創設の背景,すなわち実際に携わった人物たちの事実関係や経緯等について詳細は伝わっていない。中央大学における沿革史研究においてすら,この間の経緯をいまだ不詳の部分が多いとしている。いずれにしても,当時の日本政府がイギリス社会に一つの模範を認めていたことを背景として,英米法を学ぶ意義をもって英吉利法律学校の設立がなされた。なお,後に中央大学とした校名は,増島のほか設立発起人となった穂積や岡村輝彦,土方寧が学んだロンドンのミドル・テンプルに因んだものとされ,イギリス法曹教育の精神を受けていることを示している。

英吉利法律学校は,法学科の単一学科から始まった。草創期における英吉利法律学校の講師陣もまた他の多くの私学と違わず,兼務者がほとんどであった。

同じくイギリス法を採っていた東京大学法学部や，東京専門学校(早稲田大学)教授との兼務者も見られた。

　当時の東京大学法学部は全ての講義が英語で行われていたが，他の私立法律学校と同様に英吉利法律学校においても講義に邦語が用いられた。私学に課せられた「速成」の意義もあって，邦語による授業は日本社会への法学教育の普及・浸透の一助となっていたのである。ただし，初代校長となった増島などは創設時から邦語のみの講義に難色を示し，開講式挨拶でも英語での講義の必要性を訴えており，英語による講義の導入に意欲を見せていた。自身も英国留学を経て，外国の法を学ぶのにその国の言語を知ることは必須であると考えていたためであった。

　翌1886(明治19)年には，邦語による法学科(第一科，あるいは邦語法学科，邦語科等と称した)に加えて，「原書科」なるものを設置(第二科，あるいは原書科，英語学科と称した)，英語によるイギリス原書をテキストに用いる学科を用意した。この「原書科」は私学には珍しい外国語による講義ということもあり，英吉利法律学校は早々に人気を博すこととなる。こうして開校の翌年には二学科編成へ発展したのであった。

　同年，英吉利法律学校は私立法律学校特別監督条規によって特別監督校に認められ，いわゆる「五大法律学校」に数えられるようになる。これによって，帝国大学法科大学長(総長)の監督統制下に置かれるのと引き換えに，優等な成績を残した卒業生には司法官僚(判事)への無試験登用が認められることとなった。これに加え，英吉利法律学校は司法省より年額5000円の下付を受けることとなった。

　このとき，補助金を受けることとなったのは，他に東京仏学校と獨逸學協會学校のみであった。イギリス法系，フランス法系，ドイツ法系からそれぞれ一校ずつ選ばれた形であり，これらの私学が中心となって帝国大学法科大学が完成年度を迎えるまでの人材供給面における補助的な役割を担うこととなった。従って，帝国大学法科大学が完成年度を迎えていた1891(明治24)年度には3校への補助金は打ち切られることとなった。[7]

さて、英吉利法律学校はこの間、1889(明治22)年10月より校名を東京法学院と改称し、独自の発展を遂げて行った。

開講時間は14～21時と夜間中心としたことで、勤労青年たちを受け入れつつ帝国大学法科大学他からの招聘講師を確保し、そのため入学希望者も比較的安定した数字を保つことが出来ていた。

1886(明治19)年の特別監督学校に選ばれて以降、1888(明治21)年に特別認可学校、1893(明治26)年に司法省指定学校にも選ばれており、文官任用に関する特典も確保された。また、「邦語法学科」「英語法学科」の体制を続けることによって英語による授業という独自性を出ししつつ、この間新たに「帝国法律」として日本社会における法律を修得させることに力を入れ始めたことも功を奏し、入学希望者は増加していったのである。ただし、多くの私学が望みつつ認可が得られなかった徴兵猶予の特典は、同校も得ることができなかった。

2.「東京法学院大学」の設立理念と実態

1903(明治36)年に専門学校令が公布されると、東京法学院は同年8月12日に「東京法学院大学」への名称変更認可を受けた。私立専門学校「中央大学」へ改称するのは、その2年後の1905(明治38)年8月からである。

英吉利法律学校創設時より、同校はそもそも「『大学』を志向しようと、すこぶる意気軒昂たる」(中央大学百年史編纂委員会専門委員会編 2001：265)学校であったと自ら評しており、実際「大学」名称への変更経緯は、例えば先に見た法政大学のそれと対極であった。法政大学の場合、和仏法律学校を「大学」名称へ変更することを梅校長自ら時期尚早と危惧している。「大学」とは何か、単一学科からなる私学も大学たり得るか、この時期すでに多角的な見解があったといえる。

なお、英吉利法律学校は東京法学院と改称した後、1896(明治29)年より「高等法学科」を開設、卒業生には「学士」に相当するとした「得業士」の授与を始めた。前述したように、和仏法律学校も1899(明治32)年より「高等科」を設置しており、卒業生には「和仏法律学学士」を授与することを決している。

つまり，自ら「大学」を名乗るか否か，「大学」たり得るかの判断とは別に，「私立大学」への歩みはすでに始まっていたのである。

さて，東京法学院は「大学」名へ改称すると同時に，専門学校令に基づき「社団法人東京法学院大学」へ変更することとし，修業年限1年半の大学予科，修業年限3年とする専門科(後に専門部と改称)と本科(後に大学部と改称)とを設けた。加えて，同科をそれぞれ修了した後，さらに学問研究を希望した者に対しては，修業年限を1〜3年とする研究科を設置した。その目的には「本大学ハ法律，政治及ヒ経済ニ関スル高等専門ノ学術ヲ教授シ，併セテ之ニ関スル有益ノ図書雑誌ヲ出版スルコトヲ目的トスル社団法人トス」(「定款」第一条)と定めた。なお，この段階ではまだ法律学科のみの編成であったが，他の多くの私立法律学校群と同様に経済や商学への発展を模索している。1905(明治38)年に迎える創立20周年記念事業として経済学科を新たに設置することを目指し，複数学科をもつ「大学」としてさらに名称を変更する案が浮上した。

同年，計画通り経済学科を設置して2科構成となった同校は，8月より「中央大学」と改称することとなった。このとき，「国際状況や国内経済事情の進展に即応し，総合大学をめざす本学は，経済，商業に関する学術を教授する学科の新設をもくろんだ」と述べている。

「総合大学」を目指し，「中央大学」は，それまでの「本科」に法律学科と経済学科を，「専門科」にも同じく2科を設けた。ただし，当初「専門科」には，大学予科に相当していた1年半の「正科」「別科」を置いていたが，「中央大学」となったこの段階に至って，この予備教育期間はすでに置かれないものとなっている。また，学科課程表の中身を見ると，「本科」及び「専門科」の内容はほぼ合致したものとなっており，「専門科」において第二外国語が置かれていないだけの違いであった。実際，「専門科」の「速成」機関は入学希望者も多く，学校存続の基盤となったのである。

1909(明治42)年7月には，新しく商業学科の設置が認可された。経済学科を新設した際に「商業に関する」学科も設置したい旨を掲げていたが，その希望が実った形となった。なお，1913(大正2)年8月には，それまで「本科」「専門

科」と称していた組織名を,「大学部」「専門部」と改称, それぞれに「法律学科」「経済学科」「商業学科」を設けるものとした。私立大学としての発足が認められると,「大学部」中の学科をそれぞれ「法学部」「経済学部」「商学部」へと移行させたのであった。1920(大正9)年4月, 大学令による認可を受けて大学昇格を果たす。前年の1919(大正8)年5月にはすでに社団法人を財団法人に改める旨を申請し, 同年7月に認可を受けた。

　以上より同校における「大学」名称獲得に見られた特徴をまとめておこう。
　第1に, 初期の特徴として, イギリス原書を用い, 英語による講義を展開する「原書科」を設けたことが挙げられる。同時に,「帝国法律」とする日本社会における法律を修得させるプログラムも展開した。
　第2に,「大学」名称獲得以前より卒業者に対し「学士」の称号を授与するなど,「大学」への歩みを早くから進めており, 専門学校令によって「大学」名称となって以降は, 実質的な大学組織となるべく迅速な対応を行っていた点である。
　「大学」名称への転換を積極的に選択し, それまで単一学科であったものを,「中央大学」へ改称すると同時に法律学科と経済学科との二学科編成とし, その後間もなく商業学科も新設した。学科体制を充実させていき, 大学令公布後は, そのまま法学部, 経済学部, 商学部へと移行させている。
　第3に, 帝国大学法科大学の補助的役割を担っていたことに注目しておきたい。補助金を下付されたことは, 私立法律学校として国家の即した教育体制であったと評されたということであったが, 補助金の打ち切りによって獨逸學協會學校專修科が廃止となったことからわかるように, 両刃の剣でもあった。

第4節　専修大学

1. 専修学校の創設理念とその特徴

　専修大学は, 前身校を1880(明治13)年に設立された専修学校とし, 創設の中心となったのは, 法学や経済学を学ぶアメリカ留学から帰国した, 田尻稲次郎, 相馬永胤, 目賀田種太郎, 駒井重格等であった。英米法の教授を目的とし

た私立法律学校で，1886(明治19)年に「特別監督」下に指定されるほどの実力をもち合わせた法律学校であったが，法学から経済学へと次第に教育の比重を移していったという特徴をもつ。専修学校の開校前，慶應義塾や三汊塾で夜間「間借り」して講義を行うことで実績を重ねて準備を進め，開校後は引き続き田尻と駒井は経済学を，相馬と目賀田は法律学を担当した。

　初期の特徴は，どのような点にあっただろうか。

　修業年限は創設当初2年としていたが，3年後には修業年限3年へ改めた。同時期に創設された他の私立法律学校も，前述の明治法律学校を含めて，創設後間もなく2年から3年へ修業年限を変更している例が多い。法学教育に実質3年が必要とされたということが理由として大きく，一方で「特別監督条規」が修業年限3年と規定したことも，法律学校としての修業年限を3年とするきっかけとなったかもしれない。

　専修学校は当初より専攻課程として，法律科と経済科の二つを設けていた。どちらを専攻として選んだとしても，希望すれば二つを同時に履修させることを可能とするため，時間差で両科の講義を展開した。

　設立の中心となった4人を含めて，講師は全員東京大学教授や官僚等の本務をもつ者ばかりであって学内専任教員はおらず，授業は夕方から夜にかけて開講するという夜間学校の先駆けとなった。ただ，多くの私学において教員が兼務者である例はよくあることで，他の私立法律学校の場合もほとんど専任を置いていない。ただ，専修学校の場合は以降の時期になっても専任教員の配置が進まず，専任教員問題はその後の発展や展開に大きな影響を与えることとなった。

　開講された学科課程表を見ると，語学等の一般教養は一切置かれず，法律科においては法学関係のみ，経済科においては経済学関連の教科目のみが行われていた。創設当時の入学希望者は法律科の方がやや多い傾向にあったが，法律学に加えて経済学を同時に履修することができたことは，専門的知識の広がりをもたらしていた。因みに，初期の授業ではテキストは使われず口頭での講義が行われていたが，次第に講義内容をまとめたものを教科書として使用するよ

うになり，また著名な海外の学問書を翻訳したものなども翻訳・出版するようになった。こうして専修学校から出されたテキスト等の書籍類は，社会からの信頼や需要も高く，現在の通信教育的な意味をも兼ねた先駆的な試みとなった。

開校から6年ほど経て，専修学校は「私立法律学校特別監督条規」による法律学校に指定され，帝国大学総長（兼，法科大学長）の特別監督下に置かれることとなった。教育内容や資産管理状況などについて国家からの直接的な介入がなされるようになった一方で，司法官僚への特典が与えられることとなったわけである。このとき特典が与えられたのは法律科の優等卒業生に対してのみで，同科は学科目を特別監督条規に即して改訂している。なお，同時に経済科も学科目をいくつか改訂した。

1888（明治21）年に「特別認可規則」が出されると，経済科の卒業生にも行政官僚への道が開かれることとなった。同1888（明治21）年には経済科を理財科へと変更し，その翌年には政治科を新設，同時に学科目を増設して充実を図った。これ以降，専修学校における理財科は法律科を凌ぐ支持を受けるようになり，受験者数も激増，同校は徐々に経済学の傾向を強めて行くこととなる。一方の法律科は入学希望者の不足により1891（明治24）年度より募集停止処置をとり，以降昭和初期まで再開する目処はつかなかった。また新制度に基づく特権をにらみ設置された政治科も，希望者不足によりすぐに廃止された。残された理財科であったが，しばらくは入学希望者の減少により厳しい状況となったが，明治30年代に入る頃には入学者希望者が増加傾向となってくる。当時の理財科における学科目は，創設当初の経済学のみの構成から転じ，歴史学や帝国憲法，行政学，政治学，民法，商法も取り入れるようになっていた。

専修学校の建学時，その理念は人材の速成，邦語による経済法律の教授を行うことと定めた。「創立主旨」の中では，「洋語ニ達シ原書ニ通ズルニアラザレバ就学スルヲ得ザル」ものであった当時の東京大学や司法省法学校等における外国語での専門教育を，人材育成に時間がかかりすぎると批判し，専修学校では「専ラ邦語ヲ以テ教授セントス乃先経済法律二科ヲ教授」するものとした。法律学校ではあったが，一方で経済学も「専修」させ，法律学の中で経済学を

教えるようなことをしなかったことも特徴であった。専修学校は「経済学法律学専門」の学校であり，「本校ハ邦語ヲ以テ経済学法律学ヲ教授シ速成ヲ期ス」学校である，と謳った。いずれも経済を先に置いており，経済学を重視していたと指摘できよう。なお，1913(大正2)年7月に「専修大学」と改称した段階で，「本大学ハ法律経済及商業ニ関スル学術ヲ教授シ及其蘊奥ヲ研究スルヲ目的トス」と法律・経済・商業の順に転じることとなる。

2.「専修大学」への改称と大学昇格

　1913(大正2)年7月，専修学校は「専修大学」への校名変更が認可された。五大法律学校としてかつてともに特別監督下に置かれた他の私立法律学校が，明治30年代にはすでに「大学」名へと変更していたことと比較すると，同校の「大学」名称の獲得は遅かった。さらに1922(大正11)年5月になって大学令に基づく大学への昇格が認可されるが，これも他の私立法律学校が，概ね1920(大正9)年4月に大学昇格認可を得ていることに比べ，やや遅れた。この間の経緯を見てみよう。

　前述したように，法律科を一時的に中断し，理財科のみの専門学校となった専修学校であるが，その後の経営状況は思わしくなかった。当時，理財(経済)を専門とする学校は他に類を見なかったためでもある。理財科として特別認可学校の指定を受け特権の授与はあったものの，志願者は減少したままであった。法律科の停止を行った同時期，1893(明治26)年には特別認可学校から司法省指定学校へ移行したことで，専修学校も指定学校となったが，状況は変わらず，むしろ法律科廃止の余波で学生数の激減に苦しむこととなった。

　1903(明治36)年に専門学校令が公布されると，専修学校も改めて私立専門学校としての認可を受けた。この後，社会的な変化とともに専修学校は学則改正をはじめとした整備を行っていく。明治20年代以降は生徒数減の状態が続いていたものの，日清戦争後の高等教育需要の伸びを受けて，経済や商業に注目が集まり，明治30年代に入ると徐々に入学志願者数が増加傾向に転じた。学科目の充実を図り，新設科目として商業実践，殖民政策等を取り入れた。さら

に 1905(明治 38)年からは煙草専売事務員養成所を設け，商科(商業学)を充実させる動きを見せた。ただし，明治大学や法政大学，東京法学院大学(中央大学)のように専門学校令公布とともに「大学」名称を獲得することはなかったし，大学部や大学予科を置くような整備も行わず，相変わらず理財科のみのままの学校体制であった。

　それが 1906(明治 39)年 9 月になって，専修学校は大きく学則変更を行う。ここで初めて大学部・専門部・高等予科を設けて学内組織の再整備を行い，翌年以降，校地を拡大し校舎や記念講堂及び図書館の新築増築を行って施設整備に力を注いだ。大学部と専門部とにそれぞれ経済科・法律科・商科を置き，その他に高等予科，高等専攻科，商業実務講習科，財務官講習科を置くものとした。しかし，これらすべてを一挙に整備することは財政的にもかなわなかったし，法律科を復活させたものの，学生数や教室数の不足から高等予科の開設すらもままならない状況は続いた。「大学部」は設けたが，名称を「大学」とする動きはここに至っても見られなかった。なお，このとき高等予科の修業年限を 1 年と設定したことからも，他大学の状況と比較して「大学」名称獲得はいまだ実現可能な段階になっていなかったといえる。また，商科が設置されたが，これもすぐ希望者不足によって 1911(明治 44)年には学生募集停止となっている。ただし，専修学校が「大学部」と「専門部」とを併設し，大学予科を設置する体制へ移行する意向を示したことは，この時期に至って将来構想として「大学」を考え始めたと見てよいだろう。

　なお，これより先，同校は 1907(明治 40)年 5 月に設置者として「社団法人私立専修学校」を新たに組織し経営基盤の強化を図り，その後に 1913(大正 2)年の「専修大学」への名称変更へ臨むこととなった。この後，財団法人への変更を行うのは大学昇格を直前に控えた時期になってからであり，1920(大正 9)年 12 月に財団法人専修大学の設立認可が下された。

　さて，専修学校が「大学」名称獲得へ積極的に動き出すのは，大正期に至ってからであった。敷地面積や校舎，教室数不足等の施設面の脆弱さを指摘されていた同校は，大学予科や大学部の設置に伴い，全面的な拡大充足の努力を行

った。それまでの夜間授業を昼間開講中心へと移行することとし，そうしてようやく1913(大正2)年7月に「専修大学」への校名改称を願い出て，同年同月に認可が下された。これ以降，「大学部」が設けられ，同卒業生に対して「専修大学学士」の称号が授与されることとなった。なお，「専門部」の卒業生に対しては「専修大学得業士」の称号が与えられた。[11]

　その5年後に大学令が公布されると，専修大学も大学昇格申請を行うが，申請から認可にかけての手続きは，他の私立法律学校に比べ1年ほど遅れた。しかし，1922(大正11)年の大学昇格時には，経済学部と法学部とを以て専修大学と認可された。

　大学昇格に至って専修大学に初めて専任教員が配置された。法学部及び大学予科においては兼任教員が過半数ではあったが，それでも各々教員5名及び18名のところを1〜4人程度の専任を配置し，経済学部に至っては全15名中兼任者7名に対して専任教員が8名配置されるという画期的な改組がなされた。文部省は基本的に，大学昇格認可に際して半数以上の専任教員の配置を指導していたが，それを昇格当初から確実に実行できる私立大学は実際には少なかった。その中で，専修大学経済学部は設置時から過半数を満たしていたということになる。

　さて，他の法律学校が早々に大学部や予科を設けて大学昇格を確実なものとしていたなか，同校が学内制度や組織の諸整備にやや時間がかかっていたのはなぜか。そしてまた「大学」名称獲得へなかなか踏み出せなかったのはなぜか。

　一つには，人材の速成や経済社会における実務者育成を教育理念としていた専修学校において，大学予科の課程を含む修業年限の延長を必要とする「大学」名称の獲得は必ずしも得策ではなかったからではないかと思われる。夜間開講の授業による社会人教育機関としての存在意義，短期間での専門知識の教授，そしてまた高い教育レベルを保持するために帝国大学等から招聘した兼任教員による授業は，専修学校の特色でもあった。しかし，前述したように，大学昇格時に至るまで一人の専任教員もいなかったということは専修学校の「大学」への展開に著しい影響を与えたことは否めない。高い教育力を提供することを

可能とした一方で，自校の規模拡大や発展には否定的な側面をも持ってしまった。

　もう一つ，専修学校において根本的な課題となっていたのは，入学希望者の不足等による慢性的な資金不足であった。「大学」名称獲得への展開や大学昇格への発展，その際の供託金や専任教員の確保に対して，決定的な影響を与えることとなった。

　「専修大学」は，教育理念を「報恩奉仕」と位置付け，「質実剛健・誠実力行」という学風へと繋がっていく。私立法律学校の一つとして誕生した専修学校であったが，創設時より「経済」に重点を置き，大正期以降は特に計理や会計に次第に特性を展開していくこととなった。それは同校の指導者たちにとっては，日本社会への「報恩」の志の表明であった。

第5節　日本大学

1. 日本法律学校の創設と特徴

　日本法律学校は，1889（明治22）年10月に明治政府の研究教育機関であった皇典講究所内に設置された。

　同所長は初代司法大臣であった山田顕義であり，皇典講究所の改革に伴って，日本の古法旧制を明らかにし，さらに新しい時代にあわせて生まれる諸法典を研究するために日本法律学校の創設を進めた。同時に国文国史を専攻する國學院の設立を進めたことも周知の通りである。以降，山田は創設後も続けて日本法律学校の発展に寄与しており，特別認可学校とするよう働きかけ，また運営面財政面においても支援を続け，後に「学祖」として位置付けられることとなった。

　一方，日本法律学校の設立関係者，特に創設者として位置付けられる人物は総勢11人に及ぶ。明治期に複数人の少壮法律家によって創設されたという点では，専修学校，明治法律学校，英吉利法律学校等といった私立法律学校と類似している。ただし，同校の場合，山田顕義の死去後に廃校問題が持ち上がった点から，特に初期の日本法律学校が一人の人物のもとでまとまり，設立運営

されていた側面が強かったと見てよいだろう。山田顕義という一人のカリスマ性をもった人物を中心に学校が創設され，運営されていったという側面からは，福澤諭吉の慶應義塾，新島襄の同志社英学校，大隈重信の東京専門学校など「総合系」私学にも類似しており，私立法律学校の中ではボアソナードを学祖とする和仏法律学校にも似た設立経緯でもあった。

　さて，日本法律学校の創設者11名のうち，設立者総代には帝国大学法科大学教授であった宮崎道三郎，初代校長には金子堅太郎が就任した。金子はアメリカ留学経験があり，ハーバード・ロースクールにおいて英国憲法等を修め学士号を修得，帰国後は東京大学予備門で教鞭をとり，後には大日本帝国憲法の起案者の一人となった人物である。その一方で，樋山資之や穂積八束のほか九人がドイツ留学やドイツ視察を経験していた。彼らの多くは官庁に勤務する役人であったり，あるいは帝国大学法科大学教授であったり，明治法律学校をはじめとした他の私立法律学校で講義を行っていた人物であったが，前述したように，英米法や仏法が衝突するなかで新たに独法系法律学校の必要性が高まっており，すでに獨逸學協會学校専修科の設立はなされてはいたが，ドイツ法学をより日本的に解釈するために日本法律学校の創設に至っている。そのため，日本法律学校は設立に際してより強いナショナリズムの精神の確立を根底とし，殊に日本文化や歴史からなる法教育を目的としつつ，ドイツ留学経験者によってドイツ法も教授したという点に特徴があり，校名に「日本」を掲げたことにもその傾向が顕著に表れていた。

　また，創設時の日本法律学校規則には「本校ハ日本法律ヲ教授スルヲ以テ目的トス」（「日本法律学校規則」第一条）「本校ハ日本法律研究ノ便ヲ計リ講義録及日本法律ニ関スル著書雑誌類ヲ刊行スヘシ」（同六条）「本校ハ日本法律書ヲ聚集シ一書庫ヲ設クヘシ」（同七条）と記載されており，ドイツ法に関する文言は規則中にもほぼなく，「日本法律」を念頭に置いた学校の特徴を全面に押し出していたことに着目したい。

　日本法律学校の創設時の学校規則や学科構成の特徴について見ていこう。

　正規生が入学する「正科」のほかに「副科」とする聴講生制度を導入し，ま

た和仏法律学校や専修学校等で実践され同時期にすでに盛んになっていた通信制度も創設段階よりいち早く整え，希望する者を「校外生」として受け入れるものとしていた。副科と校外生は一科目以上の履修としたが，正科生は全科目の履修を必修とした。正科生は入学時において，中学校卒業資格を持って無試験で入学した「特別生」と，入学試験を経て入学した「普通生」の二種に分類されていた。入学試験は国語，漢文，地理，歴史，数学であり，創設当時の科目を見てみると，「法学通論」「法律史」「古代法制」「憲法」「行政法」「刑法」「刑事訴訟法」「裁判所構成法」「民法」「商法」「民事訴訟法」「国際法」「擬律」「擬判」「国史」「国文」とあり，修業年限は3年であった。ここにおいて英語やドイツ語といった語学科目は全く見られなかった。初期の日本法律学校の特色の一つは，山田顕義の理念，思想を反映したものであった点にある。日本古来の伝統や慣習を重視していた顕義にとって，外国法から独立し国法を追及することは急務であった。そのため，ドイツ法学者たちによるドイツ法系の私立法律学校創設でありながらも，内実は国法整備のための学校であったと言える。また，理念面だけでなく財政面においても山田顕義の影響は多大であった。

2.「日本大学」への改称と大学昇格

　1903(明治36)年に専門学校令が公布されると，同年8月19日，日本法律学校は専門学校令に基づく「日本大学」へと改称を行った。

　専門学校令の公布は，既存の私学に対して改めて「私立専門学校」としての設立申請を促すものであったが，同時に名称を「大学」へと改める事実上の機会ともなっていた。

　「日本大学」へと改称するにあたり，日本法律学校は「大学部」「大学予科」新設を行った。すなわち，「専門部」に当たる部分を残しつつ，「大学部」設置を目指す選択を行った。この新たな「大学部」には法律科，政治科が置かれた。これより先，1901(明治34)年10月には高等師範科が置かれていたが，それまでは「一貫した法学教育の学校としての体制」をとっていた。この間の変化に

ついて，もう少し詳しく述べておこう。

　日本法律学校は創設当時，私立法律学校にとって生命線ともいえるものであった「特別認可学校」選定からはずされている。本章冒頭「はじめに」で述べたように，特別認可学校制度は 1887(明治 20)年に開始されており，日本法律学校設立も同制度開始に応じて進められるはずであった。しかし，特別認可学校申請に対する文部省からの返答は芳しくなく，日本法律学校は特別認可学校としての補助金を得ることが出来ないままに開校に踏み切っている。その後も再三に渡り申請と問い合わせを繰り返しているが，文部省からの結論は最終的に不可であった。

　この経緯について，『日本大学百年史』は文部省からの回答文とともに詳細に語っている(日本大学百年史編纂委員会編 1997：168-77)が，結論として却下された理由は，法律学の科目は法学としての一部内容にすぎず代言人試験科目を網羅していないことと，修業年限三年以上とする学科目に現行の講義内容では相当しないということとの，厳しい意見であった。

　なお，特別認可学校に指定された他の私学を見てみると，例えば明治法律学校は「法学科」に加えて「行政科」(政治学)を取り入れた学科構成へと発展させているし，また，専修学校は「法律科」そのものを停止して「経済科」の特性を伸ばす選択をし，学科目中に法学や政治学を取り入れるなど，試行錯誤を繰り返している。他の私立法律学校の例から明らかなように，その発展に関してすでに経済学や政治学の展開が大きな意味を持つようになっていたのである。そしてまた，同時期は高等教育機関全体がすでに大きな移行期に差し掛かっており，私学を取り巻く状況は，私立法律学校群が次々に創設された 1880 年代とは大きく様相を変えていたということも背景にあった。いずれにしても，日本法律学校は創設時には特別認可学校の枠には入れず，私立法律学校として学科目の充実に力を入れなくてはならなかった。

　特別認可学校制度は 1893(明治 26)年 12 月より司法省指定学校へと移行することとなり，特別認可学校となっていた従来の私立法律学校に加えて，新たに関西法律学校と慶応義塾とともに日本法律学校も指定学校 9 校の中に選ばれた。

本科を修了した学生を受け入れて高等文官試験対策を行う「高等専攻科」が1898（明治31）年3月に設置されると，同時に「随意科」と称する，学生が法学以外に漢文や外国語など任意で学習できる学科目を設置する試みも行われており，外国語科目としてドイツ語やドイツ法を学ぶことも可能になった。また，後述するように，同年には財団法人化も行われるなど，結果的に「大学」組織へ向けての準備がこの時期より次第に進められていったと見てよいだろう。

以降，日本法律学校が「意識的」に「大学」昇格を目指した時期がいつからであるかは定かではないが，1903（明治36）年4月より，大学予科に相当する1年5ヶ月を修業年限とした「高等予備科」を開設し，同課程を修了した者が進む課程を「高等法学科」とすると定めた。しかし同年には専門学校令が公布されたため，同年8月にはこれらの課程を「大学」組織として整えることとして「日本大学」への名称変更に臨んだのであった。

ここにおいて，「高等法学科」は「大学部」へ，「高等予備科」は「大学予科」へと同時に改称され，従来の「本科」以下の組織も「専門部」「専門部高等専攻科」「高等師範部」として残されることとなった。このうち，「大学予科」の修業年限については，1年5カ月であったものが1906（明治39）年4月以降は1年へと短縮されている（日本大学百年史編纂委員会編 1997：499）。また，大学予科における教育内容は，外国語，国語漢文，数学，地理，歴史，物理学，化学等となっており，珍しいものでは「博物学」というものが含まれた。いずれにしても，ここに行われた内容は教養教育であり，すでにあった高等学校の内容を踏襲したものであったと見てよいだろう。

新たに設置された「大学部」については，法律科，政治科，商科の3つが設けられ3部構成へと展開された。修業年限は3年，法学以外の分野を含んで実用人材育成へ門戸を広げることとなった。「大学部」卒業生には「日本大学学士」の称号が授与されることとなった[12]。

なお，「専門部」は多くの私学に共通して，従来の教育課程を残したものに相当する。この「大学」名称期において，「専門部」が果たした役割は大きく，多くの私学において財政的な基盤を「専門部」が担っていた。予科課程を経な

ければ進めない「大学部」よりも，中学卒業程度の学力があれば入学することができる「専門部」は往々にして「大学部」よりも人気を博し，学生数においても数倍の定員を確保し収容していた。この現象は多くの私学で見られたが，「専門部」への入学者の集中は，短期間での「速成」や夜間開講であったことが最大の要因の一つであったことは指摘しておくべきであろう。

　この後，1918(大正7)年の大学令公布にともなって私学は大学昇格を行っていき，日本大学もいち早く1920(大正9)年に大学昇格が認可された。なお，専門学校令期における設立母体は社団法人か財団法人かのどちらかであることが私立学校令によって規定されていたが，ほとんどの私学が社団法人としての形態を採っていた。大学令公布以降の私立大学設立は，「私立大学ハ財団法人タルコトヲ要ス但シ特別ノ必要ニ因リ学校経営ノミヲ目的トスル財団法人カ其ノ事業トシテ之ヲ設立スル場合ハ此ノ限ニ在ラス」(大学令第六条)として，財団法人であることが必須とされた。

　日本大学における財団法人化は他の私立大学に比して早いものであって，1898(明治31)年12月に財団法人への変更が行われており，同年11月に財団法人となった和仏法律学校と同時期のことであった。和仏法律学校の財団法人化への変更の直接的な原因は，民法の施行に伴って寄付行為，維持員，監事を整え，法人機構としての体制を完備することにあり，結果的に大学昇格を見据えた学内体制整備であったといえる。対して，日本大学における財団法人化もほぼ同様の意味をなしたと見てよいだろう。以降，専門学校令期から大学令公布までの期間において私学は財団法人化を進め，明治大学が1905(明治38)年7月，中央大学が1919(大正8)年7月に財団法人への変更手続きを行い，認可を受けている。

　先にも述べたように，日本法律学校において，1898(明治31)年以降は学内体制整備を進め出した時期に当たる。明確になったのは，1903(明治36)年4月の「高等予備科」の開設であった。明治法律学校が1901(明治34)年12月に創立二十周年校友総会において「明治法律学校ハ将来大学組織ト為サムコトヲ望ム」と謳ったことからも鑑みて，同時期には私学の中では「大学」名称への転

換を図り始めたところが出てきたと見てよく，日本法律学校も「大学」名称転換を含めた大学昇格構想が進められたと考えられる。

以上より同校の「大学」名称獲得経緯に見られた特徴をまとめておこう。

第1に，私学ではあったが皇典講究所内に設置され，また初代司法大臣山田顕義が創設運営の中心となっていたことである。山田顕義は後にその功績によって学祖と位置付けられており，官学寄りの学校として創設された。1880年代前半までにすでに創設されていた他の私立法律学校のような，「留学からの帰国直後の青年たちによる熱意あふれる創設」というものとは，根本的な違いがあった。

第2に，ドイツ法学解釈の必要性や緊急性を訴えつつも，その目的に「独逸学」「独逸法」などは全く掲げておらず，法学をより日本的に解釈すること，すなわち他国言語や他国法律に頼らない「日本法律」を主として目的に設立されたという意味では初めての私立法律学校であったことである。1880年代前半に設立された私立法律学校に対して，日本法律学校が決定的に違ったことは，すでに外国語から脱して「日本国の憲法」において新たに立憲体制を考える時期に至っていたこと，そのために日本古来の伝統慣習を尊重し，漢学や日本国法を全面に押し出していた点であった。

ただし，日本法律学校は創設が1889(明治22)年であり，1880年代に次々に創設された明治期私立法律学校群の中でもやや後発であったこともあり，学科目内容の不足等を理由に「特別監督学校」「特別認可学校」には指定されなかった。以降，財団法人化を含む学内整備や学科目の充実を図ることとなり，「大学」名称への転換の直前に専門部と大学部とを設け拡大することで，単科の私立法律学校から複合的な専門学校へと学内組織を一変させていった。

日本法律学校では，「大学」名称への転換までの期間に，大学昇格に不可欠な要素であった「大学予科」の開設もなされた。高等学校に相当する教養教育の内容を行うことを基本としたこの予科課程は，他の私学の状況から概観すれば修業年限1年半～2年程度が平均的であったが，日本法律学校においては修業年限1年5カ月とし，さらに「大学」名称獲得後は1年へ短縮している。さ

らに「大学」名称への転換前より，ともに修業年限3年の「大学部」「専門部」をいち早く設け，法律学以外にも政治，商科とその分野を広げていく。1898(明治31)年以降，こうした学内体制の整備を進め明治期においてすでに学部学科の雛型を形成し，また同時に財団法人化も進めていたことも大学昇格，拡大への大きな足掛かりとなっている。これは他の私学の状況に比して非常に早いもので，初期の段階で国家からの「庇護と統制」の外に置かれたからこそ，私立大学としての展開に結びついていったというパラドキシカルなプロセスがあったとも考えられる。

第6節　立命館大学

1.　京都法政学校の創設とその役割

　立命館大学の前身校である京都法政学校は，西園寺公望文相時の秘書官を務めた中川小十郎によって1900(明治33)年5月に設立申請され，創設された。京都法政学校は夜学であり，法学という「新知識」を求める勤労青年を主対象として設立された学校であった。

　京都という土地にあって，京都法政学校の創設時の役割は極めて明確であった。京都は明治維新の東京遷都によって一時は活気をなくしていたが，日清戦争後は再び活況を取り戻しつつあり，明治30年を迎える頃は京都市内に多様な学校が創設されるようになっていた。なかでも1897(明治30)年に京都帝国大学が創設されたことは，京都の教育環境を大きく変容させた(松本1993：103)。1899(明治32)年に京都帝国大学法科大学が設置されたことにともない，帝大教授たちによる夜間の法学教育が可能となったため，京都法政学校設立は法学を志す多くの勤労青年たちの受け皿となりえたのであった。京都帝国大学の初代総長は木下廣次，このとき書記官(事務局長)に就任し運営業務を担ったのが中川小十郎であったこともその後の発展に大きく関わっている。

　中川は元文部官僚で，1893(明治26)年に帝国大学法科大学卒業と同時に井上毅文相期の文部省へ入省し，高等教育改革に関わる専門学校の学科取調掛に就いた人物である。翌年には西園寺公望文相の秘書官を任じられ，同時に専門学

務局第三課長及び実業教育費補助取調委員を兼務し，その後に京都帝国大学の設置に携わることとなった。京都帝国大学設立後しばらくして1898(明治31)年7月に官職を辞し，大阪の加島銀行へ理事として入社することとなった。加島銀行は「加島屋」として両替商，米仲買を営んでいた廣岡家の経営であったが，中川は同行の業績不振建て直しを請われていた。因みに，廣岡家は日本女子大学校設立に尽力したことで知られる廣岡浅子の実家で，中川が経営に携わるようになったのは浅子からの要請によるものであったとされる。その後，廣岡家へ助力を求めてきた大阪の真宗生命保険株式会社の筆頭頭取取締役となった中川は，同社を朝日生命保険株式会社(後の大同生命)と社名変更して復興させることに成功した。朝日生命保険株式会社本社が京都市内へ移転したことにともなって，同本社内に京都法政学校創設事務所が置かれることとなったのが1899(明治32)年10月のことであった。

　こうして文部省内で高等教育行政に従事した中川は，大阪・京都の地で高等教育と実業界との双方に携わるようになった。京都法政学校設立にあたり1900(明治33)年1月に発した「創立の主意」(財団法人立命館編「立命館学報」第二号，大正4年3月)において中川は，「東京には帝国大学の外各種の官私学校ありて各般学生の志望に充つることを得」「京都に在っては帝国大学新たに設置せられ関西の学術大に振はんとし青年の志を有して京都に集り来るもの頗る多きも，大学の門戸は未た高等学校卒業生以外の志望者を迎ふるに至らす」と述べている。つまり，京都にも学問を志す多くの青年たちを受け入れる高等教育機関が多く必要であると考え，京都帝国大学の教授たちに講義を請け負ってもらい，政治や法律，経済に関する学術を伝える教育機関として京都法政学校の創設を目指したのであった。また，中川は私立であることの重要性にも言及しており，「教育に対する社会の需要は実に多様でありまして一律の官学の設備を以てしては之を充たすことは出来ない」「官学の外に各種の私学があって始めて克く此不便を補うことが出来る」「国家最高の学府たる大学の講義を大学の学生以外に公開するが為には本学の如き私学の設置を見るは頗る緊要のこと」(『立命館創立二十年祝賀式』)としている。さまざまな事情によって中学や高

等学校に進学できなかった者は官学の講義を聴講できない「不便」があり，それでも彼らが学問を収めることが可能となる場が「私学」であると中川は考え，教育の機会均等を私学設置の目的，同校の独自性として示したのであった。

なお，1869(明治2)年に西園寺公望が公家家塾の枠を超えた漢学塾として「私塾立命館」を設立したが，翌年には京都府庁より差留命令が出され閉鎖となっていた。詳細な記録は残されていないが，「立命館」という名称は『孟子』から採ったもので，儒教儒学の精神があったとされる。西園寺は「私塾立命館」の閉鎖もあって，京都法政学校の設立にあたっては多大な支援を行っており，そのため立命館大学では私塾立命館の設立年を「創始」とし，西園寺を「学祖」としている。後に同校が「立命館」へと改称したことからもわかるように，西園寺公望の存在は京都法政学校にとって絶大なものであり，後述するように，大学昇格に当たっても西園寺からの多額の寄付がなされている。また，京都帝国大学初代総長の木下廣次は中川の恩師でもあったが，木下もまた京都法政学校設立に賛同し，同校と京都帝国大学とは「同心一体たるべきことを根本条件」とすべきだと助言したという。

他方，京都法政学校の創設時には，1889(明治22)年に京都に設置されていた「京都法学校」を吸収している点も付記しておく。京都法学校は法律学経済学を教授する学校として開設され，特にフランス系法を主としていた。関西にはすでに関西法律学校(後の関西大学)が設立されていたが，京都では初の私学法律学校だったこともあり開設当初より入学希望者が続出し，設備準備や人員不足が重なり，翌年には京都法政学校へ引き継がれることとなった。

京都法政学校の創設にあたっての準備は，前述の朝日生命保険会社本社内に置かれた創設事務所内で行われたが，校地はもちろんのこと校舎そのほかの設備もほとんど準備されないまま開校となった。開校初年度は元料亭を仮校舎としており，畳敷きの座敷を教室として講義を行い，翌年に移転してその後も何度か移転を繰り返した(松本，132-133)。設立認可申請において，中川は学監として届け出ており，校長には中川の東京帝国大学時代の恩師でもあった富井政章が就任した。富井は1900(明治33)年から1927(昭和2)年まで校長(学長)を務

めることとなるが，1902(明治35)年までの2年間は和仏法律学校校長を兼務するなど東京にあったため，当初はほとんど学校運営に携わっていなかったようである。中川自身も多忙を極めており不在が続き，日常的に学校の運営に携わっていたのは会計庶務監事に就いていた西園寺公望の実弟である末弘威麿であった。

同校には初年度で200人を超す入学希望者があったが，卒業したのは57人であったという(『立命館百年史　通史編一』1999：117)。学費は入学金1円，月謝1円50銭であったが，多くが学費滞納により退学扱いとなったのが理由であった。同校の創設時は法律科と政治科とからなり，初年度は前者が225人，後者は80人が入学している。初期には外国語科目は置かれず，教員は京都帝国大学法科大学教授のみで構成され，法学や商法，民法，憲法等が夜間に講義された。第一期生は1903(明治36)年7月に卒業しており，同校が司法官への道を歩むための「判事検事登用試験規則」第五条による指定を受けていたことで，この後には高等文官試験，判事検事，弁護士などの試験に数人ずつの合格者を出すようになっていった。創設翌年からは校外生制度を取り入れ，『講義録』による通信教育も行われた。京都法政学校の徴兵猶予の資格を得たのは，1902(明治35)年4月のことであった。これらのことも入学希望者の確保と同校の発展に大きな寄与をなした。

2.「大学」名称への転換とその特徴

1903(明治36)年の専門学校令に基づき，京都法政学校は私立京都法政専門学校へと名称変更を行い，さらに翌1904(明治37)年7月に「私立京都法政大学」と改称した。初代学長には富井政章が校長から引き続き就任，中川小十郎も学監職として続投した。

専門学校令に基づく手続きを行うにあたり，新たな「私立京都法政専門学校規則」によって改めて「法律政治及経済ニ関スル高等ノ学術ヲ教授スルヲ以テ目的トス」と定められた。修業年限を「一年以上三年以下トス」とした法律科，行政科，経済科が置かれ，中学校卒業か同程度の学力をもった者が入学できる

と定められた。卒業生はと，修業年限を1〜3年程度とする高等研究科への進学も可能であった。翌年の「大学」名称への変更の際にも組織を大きく変更しており，昼間制の「大学部」と夜間制の「専門部」とし，前者には法律学科，経済学科，予科を設置，後者には法律科，行政科（1907年に廃止），経済科，高等研究科を置くこととした。

「京都法政専門学校は，逆に京都帝大の『非常勤講師に前面的に依存』している点にこそ，他校と一線を画すアピール点があった」（『立命館百年史 通史編一』1999：147）と述べられているように，講師は引き続き帝大の教授陣に頼っており，それは大学部の開設においても引き継がれている。「大学」名称変更にあたって「昼間部」として大学部を設置したため，昼夜開講制とする転換を見せることとなったが，講師陣は依然として帝大教授が継続したのであった。また，大学部及び専門部にはそれぞれ「本科」と「別科」とが置かれ，入学条件を満たさない者でも入学試験を受けて学ぶことができる「別科生」制度が導入された。多くの入学希望者を受け入れ需要を満たすと同時に，同校の経営を安定させるための収入増の意味もあったと思われる。

修業年限1年5カ月の大学予科を経て，修業年限3年の大学部（法律学科，経済学科）へと進学し，卒業生にはこのとき「法政学士」という称号が与えられることが定められている。なお，修業年限3年の専門部の卒業生には「法政得業士」という称号が与えられた。

さて，「大学」名称へ変更を行った翌年の1905（明治38）年，「私塾立命館」の名称を継承する許諾を西園寺公望より得ることが決まり，1913（大正2）年に財団法人立命館となり，「私立立命館大学」へと名称変更を行うこととなった。この間における同校の変容を追ってみよう。まず，学生数の増加が見込まれたこともあり，1905（明治38）年2月には校地校舎の整備が進められ，旧京都府五条警察署庁舎の払い下げを受けて校舎の増築がなされた。1000坪ほどの校地には大講堂や図書館が設置された。一方，大学部が開設されて以降も外国語の授業科目は置かれないままであったが，1908（明治41）年から1910（明治43）年までの一時期だけ「英語科」が置かれ，専門部に商業学科の設置申請を出すな

ど，教育課程に関する試行錯誤が見られる。また，大学部の入学希望者が少ない上に入学者に比べて卒業者が極端に少ないといった課題も見られた。大学部に置かれた大学予科は高等学校の予備校的位置付けと見られる傾向があり，高等学校への進学目的で通う者が多かったというのが一因であった。

　財団法人への変更は，1913(大正2)年12月のことであった。前述したように，「立命館」の名称を使用することはすでに西園寺より許諾を受けており，財団法人の設立と組織変更にあわせて「私立立命館大学」へと名称の変更がなされることとなった。初代館長に中川小十郎が就任，財団法人設立祝賀交友大会を開催し，同時に校旗，制服，制帽が制定，披瀝された。この財団法人の「寄付行為」中には，財団解散の場合には「其の全財産を京都帝国大学に寄付するものとす」との趣旨の一文が付されている。立命館と京都帝国大学との関係性は他の私学とは大きく異なり，教育全般を帝大教授に一任しており，その内容は京都帝国大学法科大学とほぼ同一のものであった。その意味では「官立私学」であり，特殊な運営でもあった。同校の「大学」名称期はその特殊な運営からの脱却を図るものであったといってよく，自校の理念確立への大きな転換期であったと指摘できる。

　1915(大正4)年には図書館が改めて設置され，施設設備の充実が図られた。なお，1925(大正14)年に図書館を立命館文庫と改称しているが，同年5月に西園寺公望からの寄贈図書がなされており，以降数回にわたり多量の図書寄贈が行われたことによって大学所蔵図書の体裁が整えられていくこととなった。

　「大学」名称期を通じて同校は専任教員をもつことはなく，教員の充足は大学昇格時まで実現しなかった。専門学校時における同校の教育は，全面的に京都帝国大学法科大学の教授陣によって担われていた。そのため，中川館長は，立命館の大学昇格には消極的な意見をもっていた。大学昇格にあたって専任教員をもつことは教育の低下をもたらすことになりかねないと考えていたからであった。1919(大正8)年，「私立立命館大学」の名称を「立命館大学」へと改称，同年には創立20周年記念校友会が開催され，このときに「全国校友会」が結成された。この時点までの同校の卒業生は700人超という小規模ではあったが，

彼ら校友たちは大学昇格を強く主張し，寄付金運動を展開した。中川館長も最終的に大学昇格に必要な資金60万円のうち10万円を出資し，昇格運動に協力している。

大学昇格は1922(大正11)年，法学部のみの単科大学として昇格し，法律学科，経済学科を擁した。研究科，予科，法律科と経済科をもつ専門部を残している。1920(大正9)年に開催された「緊急校友大会」での決議によって，これを機に「大学昇格基本金募金」が開始されることとなった。しかし，学内体制を見ればその準備はかなり事前より行われていたという点も指摘できる。

小 括

本章では，私立法律学校群の「大学」名称獲得経緯の検証を通じて，その理念の確立と展開の様相を明らかにしてきた。

私立法律学校として誕生した各校は，総じて，「大学」名称への転換を機として，学内体制に多様な変化を見せた。特に，「大学」名を冠すると同時に改めて教育理念が確立されていった点は共通していたといえよう。「大学」名称への転換における数々の「選択」からは，各校の特性や私立法律学校の置かれていた課題が見えてくる。

第1に，1880年代に創設された私立法律学校は，フランス法，イギリス法，ドイツ法をそれぞれ教授していたという相違の他にも，それぞれ独自の理念を抱いて創設されたことはいうまでもないが，一方では，東京大学法学部や司法省法学校の補完的役割が期待されており，時は法典編纂や法典論争の只中でもあった。したがって，理念も教育内容における法系統の相違もあったが，私立法律学校は総じて，下級官僚養成という国家体制の一部に組み込まれたものとして体制を確立し，初期の展開を遂げた。

「特別監督条規」以降の，官僚任用試験資格や徴兵猶予という「特権」を得ることは学校発展にとって重要な要素となっていた。この段階では帝国大学と並びうる「大学」となることよりも，「法典論争」によって浮き彫りになったように，私立法律学校，私立専門学校としての意義と存続をかけて他の私学と

争い，あるいは協力し合って，和仏法律学校のように，場合によっては合併するという選択も行われていた。

　第2に，「大学」への歩みはいつから始まったか。「大学」名称の獲得のためには学校組織，学科構成や学科名称を変更するか，場合によっては「学部」「予科」等を新たに設けて拡大する必要があった。そのためには，教育課程やカリキュラムの大幅な変更も必要であった。この「大学」への展開過程には個々にばらつきがあったものの，共通していたのは，特色を何と捉え，何を「大学」と考えるかが明確になっていった時期であったという点である。

　一方，組織体制の側面として，「大学」名称獲得の段階での学科構成には，専門部を残して「大学」となるか，すべて「大学」へ移行するか，創設時からの教育理念を各々強く反映していた。そしてまた，多くの場合，大学令による大学昇格よりも早く，「大学」名称獲得の段階で教育課程の整備がかなり進み完成段階にあった。さらには大学予科を加え，修業年限の伸縮も検討され，多くの私立法律学校が夜間開講から，昼間開講へと展開していく。兼任教員の問題とあわせ，育成対象も大きく変化したことを意味する。

　特に，昼夜開講については，私学の存在意義に直結した問題であった。前章で取り上げた慶應義塾や早稲田大学の場合は基本的に昼間開講であったのに対して，本章で取り上げた法律系諸学校は基本的に夜間開講であった。それは，帝国大学法科大学や官僚等の本務をもつ講師に頼っていたなど種々の理由はあったが，何より，勤労青年たちに対し高度な学習機会をどう提供するか，近代社会における勤労者たちへの教育であることが，私学の存在意義であることを自覚していたからであった。しかし，「大学」への歩みの中で，次第に昼間開講へと伏流することとなっていったことも，私立法律諸学校に見られた大きな特徴であったと指摘しておかねばならない。

　第3に，「大学」名称へと転換するにあたり，私立法律学校では経営母体となった機関の財政問題，教員組織を確立し専任教員を確保しなければならないなど，「大学」名称を得るためのみならず，高等教育機関として存続していくための課題や大学としての本質が何であるのかが図らずも浮き彫りとなったこ

とが指摘できる。

　以上述べてきたように，本章で考察した私立法律学校における「大学」名称獲得経緯やその意義は，すでに見てきた早稲田大学や，後述する同志社大学といった，創設時から明確に大学昇格構想を抱いていた学校とはやや異なる側面を持っていた。すなわち，法学系を教授することを目的に創設された私立法律学校にとって，創設時には大学建設はほとんど想定していないものであったといってよい。教員の供給を官立諸学校に依存していたがために神田周辺に立地していた私立法律学校群は，その総合的な発展を果たすにあたって初めて「大学」への展開を志すようになった。法学系私学が官立諸学校の補完的役割から脱却し，学校運営的な安定を図るためには，「大学」への転換が必須であり，独自の教育課程編成の模索が必要であったためである。また，その背景には，社会からの要請があったことも指摘しておかねばならない。私立法律学校にとって「大学」への名称変更は，日本経済の発展にともなって社会が変化したことに対応したものでもあった。そしてまた，私立法律学校においての「大学」の転換は，「昼間開講への伏流」といった動向に見られるように，創立理念の再考を特に必要とするものでもあった。

注

1) 天野郁夫は，同時期の私立法律学校群像について，主に経営上の都合によって，私立法律学校における「法学から商学への転換」（天野 2009：198）がなされたと指摘，「法学教育と実学との関係自体が，明らかに変わり始めていた」（天野 2009：195）とする。すなわち，それまでの「法学」だけでは経営が成り立たず，社会の教育要求に応えた新しい市場として，「商業教育」が展開されるようになり，開設学科の多様化，つまり総合化が図られた，という。その上で，以下のようにまとめる。「学生，教員，施設設備の三条件」「高等教育機関としての三つの条件を，どの水準まで充足しうるのかという経営上の力の差に基づく格差，序列構造が形成されていった」「専門学校令の施行から大学令の公布に至る一五年間は，そうした私立セクター内部での格差，序列構造が，社会的に可視化された一五年間でもあった」（天野 2009：212）。
2) 「私立法律学校特別監督条規」の存在は広く知られてはいたのもの，私学に対しそれがどのように施行されたのか具体的にはじめて判然としたのは，寺﨑昌男の研究上であった（寺﨑 2000：176-84）。寺﨑は，東京大学文書中に存在した資料綴から，明治大学をはじめとした諸学校からの「届出」をはじめとした具体的な資料を紹介するとともに，

歴史的な意義に言及している。
3) 私立法律学校特別監督条規については，利谷信義による「日本資本主義と法学エリート　明治期の法学教育と官僚養成」に詳しい。同研究は，論稿前半において，明法寮や司法省法律学校といった官立学校と，明治初年における私立法律学校との法学教育の初期特色を比較し，東京大学法学部を含む前者は主として法職官僚の養成機関であり，対する後者は代言人の実践を主としていたと指摘する。しかし代言活動と法学教育とは明治政府によって切り離され，純粋に法律学の教授のみが行われるようになった。すなわち，政治学や政治には私立法律学校は手を出さない，せいぜい「経済学に及ぶにすぎず」という程度となり，教員も司法官僚や東京大学教授が招聘された。すなわち，政府によって築かれた体制の内部へと私学が吸収されていく過程であった，と指摘する。
4) 「東京法学社開校ノ趣旨」中に「自由と進歩」の文言があり，法政大学はそれを建学の精神として自由な学風と進取の気象とを掲げてきた。
5) 明治大学創設準備事務所「明治大学創設趣旨」による。
6) 寺﨑昌男『東京大学の歴史　大学制度の先駆け』に，学部の変遷や帝国大学分科大学制度についての詳しい考察がある(寺﨑 2007：47-69)。
7) たとえば，この打ち切りによって，特に文部省や皇室費からの補助を合わせ2万円もの下付を受けていた獨逸學協會學校専修科は特に大きな打撃を受けることとなり，創設わずか10年足らずの1895(明治28)年に同科は閉鎖されることとなる。帝国大学法科大学の補完の役割が薄れ，同時に1892(明治25)年に文官高等試験自体が廃止されていたこともあって，役割を終えた形となった。この後，ドイツ法系は私学としては日本法律学校が主として牽引していくこととなる。
8) 「中央大学学制一覧」(明治38年8月)による。
9) 明治16年10月「専修学校開申書」。
10) 明治36年度生徒募集広告に当たって専修学校は，「本校は本邦私立の経済法律学校の嚆矢にして又唯一の経済学校なり」と記している(「東京日日新聞」明治36年8月25日)。経済のみを専攻する専門学校は，明治期を通じ専修学校のみであったことを自負していた。
11) 「専修大学学則・通則」第64条(専修大学編 1981下：912)。
12) 「日本大学学則」第58条(日本大学百年史編纂委員会編 1997：506)。

第3章　宗教系私学における「大学」の設立

はじめに

　宗教系の私立専門学校は, 明治期における私立専門学校のうち, 法律系専門学校に次ぐ数を占めた。
　しかし, キリスト教系の学校に限って見れば, 後に「大学」名称を冠し, しかも大学昇格を果たすこととなる私立専門学校の数は多くない。キリスト教系「学院」は, 明治初期においてすでに明治学院や青山学院, 東北学院, 関西学院など設立されていたが, その大半は旧制期において大学昇格を果たすことはなかった。専門学校令に基づく専門学校でありながら「大学」名称を冠したキリスト教系私立専門学校はさらに少なく, 同志社大学, 立教大学, 上智大学のみであった。
　キリスト教系私立専門学校は, 開国後の文明開化や欧化主義による洋学, 英語の需要の高まりに合わせて発展した。当時の他の専門学校が法学や政治経済といった専門教育を施したのに対し, キリスト教的精神を基盤としつつ, 外国語教育に重きを置いた一般教養や普通教育を施した点に特徴があった。
　これらキリスト教系私立専門学校を検討するに当たり, 1899(明治32)年に公布された「文部省訓令十二号」を避けることはできない。私立学校令公布に付随して出された同令は, 次のように宣している。

　　一般ノ教育ヲシテ宗教ノ外ニ特立セシムルハ学政上最必要トテ依テ官立校公
　　立学校及学科課程ニ関シ法令ノ規定アル学校ニ於テハ課程外タリトモ宗教上
　　ノ教育ヲ施シ又ハ宗教上ノ儀式ヲ行フコトヲ許ササルヘシ

　このように, 国家が私学を認可するにあたって, 宗教教育を禁止することを明記したものであった。この「宗教と教育との分離」は, 「文部省訓令十二号」

問題としてミッション・スクールの在り方を大きく揺るがし衝撃を与えた。キリスト教系として出発した彼らは，アメリカ聖公会など母教会からの財政的援助を基としていた。宗教教育を廃して文部省から認可された学校，すなわち徴兵猶予や上級学校進学等を含む特権を抱く私立学校となるか，宗教教育を維持して母教会からの庇護を受け続けるか，キリスト教系私学にとって大きな選択を迫られることとなった。そして，この時の選択が，後の「大学」名称獲得から大学昇格に至るまで影響を及ぼすこととなる。

一方，仏教系や神道系はどうであったか。仏教系として誕生した私学は，そもそもキリスト教系同様に多くの宗派，宗門に分かれ，江戸時代以前より日本人の生活に寄り添い，伝統的な慣習の中で身近なものとして発展してきた。そのため「仏教」は日本における最も古い教育機関の一つでもあったが，本研究では近代的教育機関としての建学以降を取り上げるものとした。それら仏教系諸学校の多くは「大学林」等と称し，もともと自宗の僧侶養成のための教育機関であったが，明治期以降に私立専門学校となり，規模は小さいながらも近代社会の経済的発展に即した需要に応じつつ，幅広い市民層の知的水準を上げることに貢献した。なお，「大学林」はそもそも内務省の管轄下にあり，1899（明治32）年の私立学校令及び1903（明治36）年の専門学校令の公布を機として，「仏学」「仏学科」の単科私立専門学校として文部省の管轄下へと移行し，近代的教育体系の一部に組み込まれていくようになった。

仏教系私立専門学校のうち，「大学」名称期を経て大学昇格を果たしたものには，駒澤大学，龍谷大学，大谷大学，立正大学，大正大学，高野山大学があった。そのうち，駒澤大学，龍谷大学，立正大学，大谷大学が明治37～40年の間に「大学」名称を冠することを選択し，後に大学令に基づき大学昇格を果たした。本章では，教派や宗教的教えを超えて，「大学」化への明確な「意志」や近代的教育機関への移行過程が特に顕著に見られた，駒澤大学，大谷大学を取り上げることとした。二校は，上記にあげた学校のなかでも最大規模を誇り，「大学」名称への移行以前に私立専門学校としての体裁を整え，高等教育機関としての発展的展開を遂げている

110 第3章 宗教系私学における「大学」の設立

　一方，神道系の私学で「大学」名称期を経て発展を遂げたのは唯一，國學院大學であった。神道は日本人の伝統的な価値観，宗教観の大勢を占めるもので，國學院はそもそも皇典講究所を発祥とし，国学や儒学など日本古来の学問を伝授することを目的に設立された教育機関であった。当初より「大学」レベルの教育機関であることを自認し，「大学」名称への転換，大学昇格に至るまで極めて迅速な対応をしている。

　本章では，以上に挙げた宗教系私立専門学校における「大学」名称への変更が，具体的にどのような過程を経て行われたものであったか，そこに見られる特徴はどのようなものであったか，5つの事例をもとに究明していく。

　なお，宗教系大学の各沿革史において，どのような記述がなされてきたかを詳細に検討し特徴を整理・考察した研究には，学校沿革史研究部会編『学校沿革史の研究 大学編2　大学類型別比較分析』(野間教育研究所紀要第58集)に収録された，寺﨑昌男による「第5章　宗教系大学」がある。宗派宗門を通じ大学史を読み解く上で，ほとんど唯一の貴重な先行研究である。

第1節　同志社大学

1. 新島襄の教育観と「私立大学」設立構想

　同志社大学は，周知のように，新島襄によって設立された同志社英学校を起源としており，創設者新島の意志と教育理念とに基づき発展を遂げてきた。新島の教育思想や理念は，米国への留学や欧米視察を経て培われたもので，同校創設に当たり，総合大学としての「リベラル・アーツ・カレッジ」建設の構想を抱いていたことも特筆すべき点である。

　同志社英学校における，設立時の特徴には次の3点が指摘できる。
1) 明治六大教育家に数えられる新島襄の思想や行動に見られる「特質」に，極めて忠実に従い設立されたのが，同志社英学校であった。
2) キリスト教を教育理念に掲げているにもかかわらず，アメリカ・ボードからの寄付金という設立資金調達の背景はありつつも，基本的には国家にも教会にも依存しないスタイルをもった。そのため同校では「ミッション・

スクール」という表現は一切使われていない。

3) そもそも明治期に多く排出されたキリスト教系諸学校が，宣教師のキリスト教伝道を目的とする家塾より出発したのに対して，同志社英学校は日本人教師によって「教育」することを前提としており，さらにまた狭義の意味での「伝道者」の育成を行ったわけではないことから，学問として政治学，文学，科学といったあらゆる分野に跨る教養ある人材をキリスト教精神に基づいて育成しようとしていた。

これらの特徴をもった同志社は，なぜ「大学」でなければならないと考え，どのようにその信念を貫いたのだろうか。

■ 新島による「大学」設立構想

同志社大学の前身校である同志社英学校は，1875(明治8)年11月29日，新島襄によって京都に創立された。開国後の日本においてキリスト教の布教活動が正式に認められたのは1873(明治6)年であったから，キリスト教解禁後まだ間もない時期の開校であった。

そもそも，新島は鎖国中にキリスト教を学ぶため，1864(元治1)年に函館から米船ベルリン号にて密航出国し，アメリカにおいて約10年間を過ごした。フィリップス・アカデミー，アーモスト・カレッジ(アマースト大学)，アンドーヴァー神学校で学んだ後，岩倉使節団に参加して欧米各国を巡る機会を得て，1874(明治7)年11月に日本へ帰国するまでの間，新島はさまざまな知見を深め，その後の思想や行動が形成・確立された。特に，岩倉具視特別全権大使率いる，欧米視察団の文部理事官田中不二麿に会い，欧米諸国教育機関視察調査の案内役となったことが，新島のその後の思想に大きな影響を与えた。

およそ1年半にわたる欧州調査旅行を通じ，新島は1883年に発表した『同志社設立之始末』中において，「抑々欧州文明が燦爛として其光輝を宇内に発射せしものは主として教化の恩沢に因らざるはなし」として教育の力の重要性を認識したことを表した。また，「帰朝の後は必ず一の大学を設立し，誠実の教育を施し真性の教化を布き，以て我邦の運命を保ち，以て東洋に文化の光を表彰せんことを望み造次にも顛沛にも敢て之を忘るることなかりし」とも述べ，

「大学」創設の決意も示している。その後，帰国後わずか1年ほどで，文部大輔田中不二麿と京都府知事槇村正直の賛助のもと，私塾同志社英学校の開校を実現させることとなった。

　さて，新島が『同志社大学設立之旨意』と題し，大学設立の意志を広く世間に向かって発表したのは1888(明治21)年のことであった。これより先，大学設立運動という意味では，1884(明治17)年10月に奈良県の土倉庄三郎が新島に法学部設置を条件として5000円の寄附を約束したことを起点とするとも考えられる。さらに，新島による私立大学設置の原構想は1882(明治15)年11月の「同志社大学設立之主意之骨案」(以下，「骨案」)という草案に見ることができ，この「骨案」を数度にわたって改訂して発展させたものが，1888(明治21)年11月10日に発表された「同志社大学設立之旨意」(以下，「設立之旨意」)であった。なお，「設立之旨意」の実際の執筆は徳富蘇峰といわれており，新島の言葉を徳富が書き止め添削校正を行ったものであるとされる。

　新島は，「骨案」において私立大学設置について，①大学設立は自らのことを自らが行うという国民自身の任務であり，政府に任せてしまうのは任務放棄である，②政治権力に拘束されずに自らの意志で行うという自治自立の精神は，私立大学によってこそ生まれ育つものである，といった大きく2つの観点を次のように示している(同志社社史資料編集所編 1979a：230)。

　　我輩ノ目的ハ一時ノ需要ニ応ジ，一世ノ喝采ヲ求ムルコトニアラス。又一世
　　ノ批評ニ依テ左右変更スルモノニアラス。又此挙タル我輩明ニ邦家万世ニ対
　　シ大ニ裨益スル所アルヲ確信シタレハ，今日ヲ以テ此事ニ着手セント欲スル
　　也

　「骨案」において新島はこのように述べ，国や社会に「裨益」する大学設立の構想を提示した。ただし，この段階での新島の「大学」構想は，後の帝国大学令に示されたような「国家ノ須要ニ応スル学術技芸ヲ教授」する大学ではなかった。帝国大学令が公布される3年以上も前に起草されたこの「骨案」には，人間教育を行う大学を目指すことを次のように示した(同志社社史資料編集所編

1979a：231)。

　我輩大学ヲ立ツルノ主旨ハ晋ク諸学科ヲ脩スルニアレハ，只ニ一二ノ専門ニ限ルヘカラス。資力ノ加増スルニ随ヒ，学科ヲモ増加セシムルヘシ。然リト雖欧米諸国ニ於テ設ケラレタル宗教，哲学，理学，文学，医学，法学等大学専門科ノ如キハ容々易々ニ設クヘキモノニアラサレハ，先三部ヲ設ケ布ヒテ諸学科ニ及フヘシ。然ラハ論者又問ハン三部トハ何ソ。曰ク宗教兼哲学（当分便宜ノ為哲学部ニ合併ス），医学，法学ナリ

　上記にあるように，最低でも「大学」には「3部」，3専攻分野の設置は必須であるとの構想のもと，先ず人間教育を行うことを前提に，広い視野と適正な判断力をもった人物の養成を目指すという目的が示された。
　この「骨案」における構想から6年後に発表された「設立之旨意」は，全国のおよそ20社の新聞誌上に掲載された（同志社五十年史編纂委員会編 1930：86）。慶應義塾における「大学部」開設の1年以上前であり，私学の「大学」設置に関する動きとしては最も早く，先駆けとなるものであった。1889（明治22）年4月5日付『東京日日新聞』紙上には，「同志社先づ私立大学の計画を為し，慶應義塾もまた計画中なるが，英吉利法律学校に於ても，規模を拡張して大学の組織となすの目論見あり。」との記事も掲載された。ただし，後述するように，同校において「同志社大学」という名称が認可され改称されたのは1912（明治45）年のことであったから，「大学」名称獲得までには，設立から実に30年近くかかったことになる。また，新島は1890（明治23）年に亡くなったため，将来的な構想として目指した「私立大学」設立を見届けることは叶わなかった。
　さて，「設立之旨意」を見てみれば，「素より資金の高より云ひ，制度の完備したる所より云えば私立は官立に比較し得可き者に非ざる可し，然ども其生徒の独自一己の気性を発揮し，自治自立の人民を養成するに至っては，是れ私立大学特性の長所たるを信ぜずんば非ず」と私立大学設立の必要性が説かれている。
　「大学」設立に対し積極的であったばかりか，むしろ私人の義務と考えており，

また，私立大学の存在意義そのものについての独自の意見を有していた。それは，新島が欧米視察での経験によってカレッジ及び大学とはどういったものなのかを熟知したことに起因しており，高等教育を行う機関は大学でなければならないとの確信があったためである。

「設立之旨意」中に見ることができる，新島が目指した広義での教育の精神は，「一国を維持するは決して二三英雄の力にあらず，実に一国を組織する教育あり智識あり品行ある人民の力に依らざ可からず，是等の人民は一国の良心とも云ふべき人々なり，而して吾人は即ち此一国の良心とも云ふべき人々を養成することを務めんとす」「同志社は独り普通の学問を教授するのみならず，学生の徳性を涵養し，其品行を高尚ならしめ其精神を正大ならしむることに注意し，独り技芸才能ある人物を教養するに止まらず，所謂良心を手腕に運用する人物を出さんことを務む」とあり，同志社の教育目的として出されたのは一国の良心なる人間育成であり，さらにいうならば，良心を手腕とした人物を育成することであった。

そして，「吾人は敢て科学文学の智識を学習せしむるに止まらず，之れを学習せしむるに加へて，更に是等の智識を運用するの品行と精神とを養成せんことを希望するなり，而して斯の如き品行と精神とを養成するは，決して区々たる理論，区々たる検束法の能く為す所に非ず，実に活ける力ある基督教主義に非ざれば，能はざるを信ず，是れ基督教主義を以て，我か同志社大学徳育の基本と為す所以ん，而して此の教育を施さんが為めに，同志社大学を設立せんと欲する所以なり」と続く。

同校が「大学」として目指す教育は，広い意味での「教養教育」であった。新島が考えた「大学教育」とは「リベラルアーツ」であったが，これは人格教育や全人教育といった意味であった。すなわち，一般教養や語学を主軸としたものではあったが，それだけでなく，自然科学を含む総合的な科目を学習することが人格の調和的な発展をなすとし，新島は知育のみならず徳育，体育にわたるまで広く効果的に教育を施し，人格形成をしたいと考えていた。そして，それは新島が考えるに，「私立大学」でしか実行しえないものであった。また，

「設立之旨意」には次のような文言も見られる。

> 教育ハ実ニ一国ノ一大事業ナリ，此一大事業ヲ国民ガ無頓着ニモ，無気力ニモ，唯政府ノ手ニノミ置クハ，依頼心ノ最モ甚ダシキ者ニシテ，吾人ガ実ニ浩嘆止ム能ハザル所ナリ
> 吾人ハ政府ノ手ニ於テ設立シタル大学ノ実ニ有益ナルヲ疑ワス，然レトモ人民ノ手　ニ拠テ設立スル大学ノ実ニ大ナル感化ヲ国民ニ及ボスコトヲ信ズ，基ヨリ資金ノ高ヨリ云ヒ，制度ノ完備シタル所ヨリ云ヘバ，私立ハ官立ニ比較シ得可キ者ニ非ザル可シ，然レドモ其生徒ノ独自一己ノ気象ヲ発揮シ，自治自立ノ人民ヲ養成スルニ至テハ，是レ私立大学特性ノ長所タルヲ信ゼズンバ非ズ

同志社が私学であり続け，大学とならねばならないとした大きな理由として，二つあげられている。一つには，大学設立の仕事を政府のみに任せてしまうことは，国民として引き受ける任務の放棄であり，大学設立はいわば国民自身の任務である。大学の設立を自ら行うことは，我がことを我自らが行うことなのだから，私立大学というものは，官立大学よりもはるかに自発性と積極性をもった大学となるに違いない，というものである。二つには，自治自立の精神というものは，私立大学を通してこそ生まれ育つものであり，政治権力に拘束されず，自らの自覚によって行われなくてはならない，とするものであった。

　さらに新島の構想した大学は，キリスト教主義を貫きながらも，高等教育として教養ある人間の育成を目指していた。それは，新島自身のアメリカ在住の経験，特にアーモスト・カレッジが軸となっていたと考えられる。新島の理想とした大学は，アメリカ，ヨーロッパの歴史の中で培われてきた「人類の知慧」ともいうべきリベラル・エデュケーション（自由教育）を中心とした「リベラル・アーツ・カレッジ」であった。彼は，単なる宣教師のための伝道師養成学校やミッション・スクールの創設を目指していたわけではなく，広く人間教育に重点を置いた高等教育機関であるキリスト教主義大学設立の必要性を強く訴えていた。こうした「教養教育」を行うことを目指す「私立大学」は，旧制期を通

じて他に見られない稀有な存在であったといえよう。

2.「同志社大学」の設立とその特徴

　以上見てきたように，同志社英学校は，新島の「大学」設立構想を如実に反映していた点は明らかであったが，一方でキリスト教に比較的なじみの少ない京都という土地に設立されたことや，実際には比較的小さな規模のまま学校運営されていた，といういくつかの「矛盾点」もあった。小規模であることは新島の大学構想にとって異質ではあったが，後述するように，そのこと自体がその後の「大学」設立への布石ともなっていた。

　新島が開校の構想を抱いた折より，いずれ「私立大学」たらしめようとしていたことはすでに述べたとおりで，同志社英学校として1875(明治8)年に開校されてから，同校は創設者新島の理想とした「私立大学」設立を目指していた。一方，「私立大学」の建設を目指しつつも，かなりの経営不振に陥っていた同校は，他の私立専門学校が「大学」名称を獲得していく中において，「大学」名称への転換を行うことも困難な状況であった。

　ただし，同校は学生数が少なく経営不振ではあったが，新島の構想や方針に従い，「大学」開設へ向けて多様な学科を置いていく。以下，先ずは創設時から「大学」名称となるまでの学科編成の変化を整理していこう。

■ 学内組織・学科編成の変化

　1875(明治8)年の同志社英学校の創設時には専攻を示すような「学科」名称は設けられておらず，いわゆる英語学校として設立された。教育課程(カリキュラム)としては英語，算術，地理，化学等といった教養教育に相当する19科目が申請されており，その他に修身学として聖経(聖書)が置かれた。

　最低3つの専門分野をもつ「私立大学」を目指しつつも，かなり小規模に発足した同志社における学科編成は，その後どのように設置され，変遷しただろうか。

　1884(明治17)年10月，奈良県の土倉庄三郎が法学部設立を条件として5000円を寄附した。この頃より新島が中心となり明治政府や民間各地へ向けて「大

学」設立のための募金活動を開始しており，土倉の寄付が実質的な「大学」設立運動の起点であったと見られる。しかし，すでに創設から10年が経過していたが，同校の規模はいまだ小さなままであった。

　こうした状況にようやく変化が訪れたのは，前述の「設立之旨意」(明治21年)の発表後，1890(明治23)年のことであった。この年，「同志社普通学校」が開設され，同時に附設校として「英語専修科」及び「ハリス理化学校」が開講され，併せて「同志社神学校」も開設された。さらに，翌年1891(明治24)年には「政法学校」が開講されたが，ほとんど機能しないまま1904(明治37)年には後述するように統廃合されることとなった。

　「同志社普通学校」は，1897(明治30)年に「同志社高等学部文科学校」と変更され，1904(明治37)年4月にこの「同志社高等学部文科学校」を中心として，「英語専修科」「ハリス理化学校」「政法学校」を統廃合し，専門学校令による同志社専門学校が設置された。しかし，このときには「大学」名称への変更は叶わなかった。その後，「同志社神学校」も専門学校令に基づく認可を受けている。

　なお，専門学校令下に統括されることとなった「同志社専門学校」は，英語専門学校としての認可を受けており，その目的には「英語に熟達して実務及英語教授に適する者を養成する」ものとある。ここでいう「実務」とは「経済学」を指し，実態として英語及び経済の専門学校となった。

　さて，1890(明治23)年から1897(明治30)年までの間，同校は，同志社高等学部文科学校，ハリス理化学校，法政学校といった3種類の教育目的をもった学校を付設していたことになる。この三つの学校を統廃合して専門学校令により1904(明治37)年，同志社専門学校の認可を受けた。同志社専門学校の目的は，「実業界に入らんとする者及び英語教師たらん者を養成し実際に効果あらしめざるべからず。而して之をなすには学制の改正を計り，英語英文の練習を中心要部」(同志社社史資料編集所編 1979a：568)とすることとなっており，英語を中心とした実業界で活躍し得る人物の育成を目標に掲げていた。

　同志社専門学校の認可時における3校の統合は，各校の生徒数が少なく，財

政的な余裕がなかったことが直接の原因であったが，設置後わずか10年あまりで統合によって廃止されたこれら三つの学校は，文科，理化，法政という多分野に跨る学校であり，創立者新島による大学構想，つまり大学は理科系文化系問わず多くの学問を設けるべきとした理想を表していた。

　前述のように，新島による大学構想とは，最低3分野に跨る幅広い教育を行う大学教育機関の建設であり，大学における学科構成は一つ二つの専門に限ることなく，理科系文科系問わず多くの学科を設けるべきだとしていた。また，全ての学問をすぐに整えるのは無理であるから，優先的に哲学，医学，法学の三つを設置し，その後に徐々に他の学科を設置していく構想を提案していた。

　1912(明治45)年，同志社専門学校は同志社神学校を吸収し，「大学」名称を冠して「同志社大学」と改称した。このとき，「大学部」を設け，神学部，政治経済部，英文科及び予科からなる構成となった。以降，卒業生に対して「学士」の称号の授与がなされることとなった。なお，神学，政治経済は「部」制をとり，英文のみ「科」としたのは，財政上の問題で政治経済部の付属としたからである。この後，大学令による大学昇格までの間において基本的な学科編成に変化は見られない。それまでの学科構成と比較して見たとき，「大学」名称を冠する準備として予科を設置し，神学部を増設したことがこの時期における大きな特徴である。また，早稲田大学のように大学部と専門部とを併置するのではなく，同校は同志社専門学校時の経済科及び文科及び同志社神学校を再編統合して，神学部，政治経済部，英文科を設置した点も指摘しておこう。

　この「大学」名称獲得時の政治経済部及び英文科からなる構成は，大学昇格直前までほとんど変化は見られなかった。しかも，これらの学科はそれぞれ大学昇格時の法学部政治学科及び法律学科，文学部英文科の基盤となった。創立者新島が大学の理想として想い描いていた学科構成を完全に実現するまでには至らなかったが，文学部の中には哲学科が設けられ，大学昇格時には新島が優先的に設けるべきとした三つの学科のうち「哲学，法学」の二つまでは設置された。

　これら学科構成に見られる同志社の特性は，創立者であった新島の「只ニ一

二ノ専門ニ限ルヘカラス」という思想に基づいて，当初から複数の学科構成による私立大学設置を目指していたこと，またそうした思想により理科系文科系問わずに同志社高等学部文科学校，ハリス理化学校，法政学校といった学校を別々に設置していたことである。

■ 原田助の「大学」設立運動

　1912(明治45)年，「同志社大学」への名称変更の認可を受けた[3]。創設者新島はすでに1890(明治23)年に死去しており，新島亡き後の私立大学設置構想を受け継ぎ，「大学」名称獲得に大きな役割を果たした人物は原田助であった[4]。

　原田はもともと同志社英学校を卒業したキリスト者であった。米国シカゴ大学やイエール大学への留学によって神学を学んだ後，1907(明治40)年に同志社第7代社長に就任，以降約12年もの間，予科設置をはじめとして学科改組や資金調達を行った。例えば，生徒数及び資産表を作成し経収費を計算するといった，同志社内部の綿密な現状分析によって改善の方策を打ち出した。結果として学生総数や基本財産等をおよそ3倍に拡大し，大学昇格運動責任者として体系的な大学昇格運動を展開していくこととなった(同志社社史資料編集所編1979a：743)。

　原田は「故新島襄の大学設立の遺意を継承展開」(同志社社史資料編集所編1979a：756)しつつ，より積極的に大学昇格運動を展開し，同志社専門学校を飛躍的に改善発展させた。海外講演旅行を行って国際交流に取り組み，各国から多種多様な人物を招いて学生の国際感覚を養うことにも尽力した(沖田1996)。

　大学名称を冠するためには，大学予科や学部相当の組織を設けねばならず，そのための莫大な資金も必要であった。原田の就任以来，同志社大学設立のための資金収取のための募金活動が始まり，一方では同志社大学開設のための昇格運動責任者を決めて学科改組が着々と進んだ。

　同志社英学校における私立大学設置の原構想は，新島の個人体験から生まれた非常に独自性の強いものであった。そのため，新島による独自の私立大学設置構想や遺志を受け継ぐには新島の思想を十分理解し，さらにその思想を実現させる行動力が必要であった。そのため，思想家新島襄及び新島の大学設置構

想を発展，実現させた原田助という，国際人でありキリスト者であった指導者の存在が，「大学」名称への転換を実現させ得た．

なお，同志社専門学校と神学校とを合併し，「同志社大学」と改称した際の「私立同志社大学総則」第一条は，「本大学ハ神学，政治学，経済学及英文科ヲ教授スルヲ以テ目的トス」となっている．学科名に「英文科」とあるのは財政の関係上，政治経済部に付属するものとなっているからである．しかし，実質的には神学，政治経済部，英文科という三部門からなる教学体制であった．

後述するように，「大学」名称獲得時の構成は神学部，政治経済部，英文科であったのに対し，大学昇格後の学部構成は文学部，法学部となった．後に公布される大学令第2条には，「学部ハ法学，医学，工学，文学，理学，農学，経済学及商学ノ各学部トス」と規定された．そのため同志社大学では大学昇格時，学部を文学部と法学部とし，それまで設置していた神学部，政治経済部はそれぞれ神学科，政治学科として文学部，法学部の中に吸収したのである．また，文学部内には哲学科，法学部内には法律学科を新設している．

1920(大正9)年4月，大学令に基づき大学昇格を果たすこととなる．すでに大学院を開設し，文学部(神学科・英文科・哲学科)・法学部(政治学科・法律学科)[5]・予科(専門学校)神学部・政治経済部・英語師範部・商業部[6]という比較的大きな組織へと発展しており，同時に専門学校(専門部)を残さずに，すべて「学部」組織へと昇華したことが同校最大の特徴であった．

■ 教員及び施設・設備の整備

では，同志社における経営状況の面ではどのような特徴や変化が見られただろうか．

まず，同校における設置者に関して，1899(明治32)年より「同志社財団」の組織を模索するようになり，翌年より認可を受け「寄付行為」を規定するようになった．以降，専門学校令，大学令への対応においても「同志社財団」として設立申請認可の手続きを受けている．「財団法人同志社」とその名称が変更されるのは，1941(昭和16)年4月のことであった[7]．

次に学生数について見てみよう．1904(明治37)年，専門学校令によって私立

第1節　同志社大学

　同志社専門学校となった同校の入学者は，同志社専門学校42名，同志社神学校32名であった。また，同年度の退学者数は専門学校15名，神学校3名となっており，卒業者数は専門学校3名，神学校4名となっている。明治期における同志社専門学校の生徒総数は，いずれも上記と同様の30名前後の数値となっている。学科は，政治経済学科の一科のみである。

　大正期に入って，『日本帝国文部省年報第三十九年報』によれば，大正初年の生徒数は，経済学科(本科96名，選科4名，予科83名)，英文科(本科9名，予科8名，選科0名)，神学部(本科17名，予科21名，別科12名)の合計255名となっている。また，この時点での教員数は32名である。

　大学令による大学昇格直前である1918(大正8)年の生徒数は，『日本帝国文部省年報第四十七年報』によれば，政治経済部(選科7名，予科352名，経済科本科234名，政治科本科20名)，文学部英文科(本科23名，予科25名，選科2名)，(神学部については数値の記載なし)の合計644名，教員数は51名となっている。

　この翌年，大学令によって大学昇格を果たすわけだが，大学令によって学部として認可されたのは，法学部(修業年限3年)，文学部(修業年限3年)と，予科(修業年限3年)であった。法学部学生数127名，文学部(これには，英文科と神学部が含まれた)9名，予科163名，全学部の教員数が47名，専門学校における教員数は53名となった。なお，教員の確保は最大の課題の一つであり，人事異動を重ね，新採用と昇任を繰り返し，特に法学部教授の補充に最も苦心していた。

　専門学校令が公布されて後，「大学」名称を冠することを目指した同志社専門学校と同志社神学校は，1910(明治43)年，専門学校教授，理事，職員等が校友同窓会に働きかけ，「大学」設立のための具体的準備をはじめた。

　このとき，同志社校友会では，有志者たちによって大学基本金50万円のうち30万円を募金によって10年計画で集めることとしている。因みにこのときの同志社資金総額は3万7268円であった。しかし，1911(明治44)年9月には，募金総額は同窓生らによって28万2000円に達している(同志社社史資料編集所編 1979a：575)。こうして集められた大学基金，神学校基本金，その他の基金，

募金を総合して,同志社専門学校は1912(明治45)年より同志社大学と称することを認可された。

■ **大学昇格時における学部問題　神学部か神学科か**

　大学令が公布された直後,1919(大正8)年1月17日の同志社理事会の『同志社決議録　自大正元年十一月至大正九年三月』によれば,大学令調査委員として3人選出されている。

　同年4月2日の「同志社臨時理事会議事録」によれば,「新大学令ニ関スル案」として,学制改革案が決議された。これによれば,即ち,「高等学校令」に準拠する高等学校高等予科(三年),尋常科(四年),予科(二年)を置くこと,その上に大学令に準拠する大学学部(三年)と,研究科(二年)を置き,さらに学部には文学部(神学科,英文科)と法学部(政治科,経済科)とから構成されることとしているのであるが,続いて同年4月28日の「臨時理事会決議録」を見ると,「新大学令ニ拠ル学部称呼ハ神学部,法学部,文学部トシ但シ神学部認メラレザルトキハ法学部文学部トスル事」という決議を出している。

　なお,この神学部設置について,同年7月9日に文部省に出頭し,専門学務局長松浦鎮次郎に面接し,確かめた記録も残されている。[8]

　問　大学令第一条ノ後(一字不明,著者)ニ現レタル人格陶冶及国家思想ノ涵養ニ付当局ハ何カ具体的方策ヲ有スルヤ
　答　之ハ実際上頗ル至難ノ章ニシテ纏リタル意見有セズ
　問　学部ノ数ハ法,文,理,工,医,農,経済,商ノ八個ニ限定サレタルモノナリヤ若シ然ラズトセバ同志社大学ノ如キハ創立以来ノ歴史ト外国学制ニ鑑ミ神学部ノ独立学部タルヲ認ムベキヤ
　答　学部ノ数ハ限定サレタルモノニアラザルモ日本ノ現状ニ照シ当分八個ノ学部ヲ以テ適当ト考ヘタルモノナリ新学部ノ独立ハ今直ニ認ムル能ハズト
　問　然ラバ文学部ノ一分科トシテ神学ヲ教授スレバ如何
　答　文学部ノ中ニ含メバ勿論大学ハ最高ノ学府ニシテ研究ニ自由ヲ束縛スベ

キモノニアラザレバ神学ニ関スル学科ハ独立自由ニ批評研究セラルヘキ
　　　モノタルハ言ヲ俟タズ
　問　大学ノ専任教員ノ員数ヲ決定スル基礎ハ何レニ求ムベキヤ帝国大学ノ如
　　　キ大侭ニ於テ講座数ニ拠ルベキカ
　答　未タ確定シタル基礎ナシ帝国大学ニ講座数ニ拠ルガ如キハ大侭ニ於テ適
　　　当ナルベシ
　問　供託基金ハ六ヵ年次内ニ納付スベシトハ毎年分割シテ差支ナキ意ナルヤ
　答　然リ
　問　若シ同志社大学ニシテ大正八年四月ヨリ大学令ニ認定ヲ受ケタリトセバ
　　　現在大学ノ予科生ハ適用ヲ亨クルヤ
　答　認定ノ年度ニ入学シタル者ヲ適用セラルベキモノナルベシ

　神学部の独立はすぐには認められないが，文学部の中の一分科として，神学に関する研究を行うことは可能であるとの答えであった。これによって，神学は文学部の一科とすることとなった。

　なお，同校内における昇格反対派は，大学令による大学昇格は創立以来の教育目的を行い得ないものであるとの懸念を有していた。要するに，もともと同志社はキリスト教主義の教育を建学理念・教育理念として打ち立ててきたわけであり，すでに「同志社大学」としては「神学部」を設けていた。大学昇格に当たって「神学部」をなくし，「国家ノ須要」に基づく国家思想，国民道徳の養成教育を行うことは同志社大学の教育方針に抵触することになるのではないかということを心配したのである。同様の懸念は大学設立を認可する文部省の側ももったということは注意して見ておく必要がある。

　すなわち，同志社財団の寄附行為において「本財団ノ維持スル学校ハ基督教ヲ以テ徳育ノ基本トス」(第4条)と規定されていたことから，「基督教ヲ以テ」教育を行うことは，「国家思想ノ涵養」に抵触するものであると文部省側の一部が難色を示したということであった。これに対して同志社側は，課程内たると課程外たるとを問わずに学内において宗教教育を行わない方針を文部省側に

説明することによって大学昇格の認可を受けるに至っている(同志社社史資料編集所編 1979a：835)。大学昇格申請時における教育目的については,「学園内に同志社教育のあり方をめぐる論議を呼び起こしたのであり,とりわけキリスト教主義教育を新たな視点から捉えなおすための模索の時期の始まりを意味していた」ものでもあった(同志社社史資料編集所編 1979a：853)。

この時期の『同志社時報』には特に同志社教育に対する意見が多く掲載されたが,特に同171号(大正9年1月号)に記載された,今中次麿「同志社大学の教育方針を問ふ」によれば,その主な要点は以下のとおりであった(同志社社史資料編集所編 1979a：854)。

1)同志社大学の教育方針を専門学校と明確に区別することとし,社会の実務にたずさわるための実務家養成を行う専門学校に対して,大学は「真理ニ徹底的討究ヲ試ミ,宇宙ノ理法ト,社会ノ規範トヲ発見シ,其運用ト実現ノ方策トヲ攻究スル」ところとすべきである。

2)宗教とは徳育であって知育ではない。一方で大学教育とは知育を主たる目的とするものである。キリスト教主義というだけでなく,知育という点において同志社大学がいかなる教育方針を確立しているかが問題である。

以上の2点からもわかるように,「同志社大学」では大学昇格に際し,大学における教育方針を今後どのようにしていくべきかが大きな課題となっていた。特に基督教主義と大学教育との関連についてはさまざまに論じられ,例えば,『同志社時報』第177号(大正9年7月号)記載の瀬谷佐次郎「同志社大学法学部の教育方針」による,キリスト教主義教育とは「同志社一帯に張って居る空気」であり,その中にいれば「自然に基督教」の精神をもって教育されるのだという意見や,『同志社時報』第176号(大正9年6月号)記載の高木庄太郎「同志社大学と基督教主義」による「宗教それ自らが既に真理であり自由である」として国家的思想と何ら撞着するものではないから積極的にキリスト教主義を行うべきという意見等が見られた。また,宗教関係の科目を置くことや礼拝や講和への参加を義務付けることが望ましいという意見なども見られ,さまざまに論じられていた様子があった(同志社社史資料編集所編 1979a：856)。

以上より，同志社における「大学」名称獲得の経緯とその意義についてまとめておこう。
　第1に，建学時から大学設置要求をもっており，大学令に基づいて比較的早期に大学昇格を果たした私学であったが，「大学」名称を冠した後，同志社大学は「大学」として一本化した教育を行ったという点である。ただし，同志社のように「大学」として「単線型」を選択した場合においても，「大学」名称を獲得するにあたり専門学校であることを否定しようとしたのではなかった。つまり「大学」レベルの専門教育を行う高等教育機関であろうとしていたと指摘できよう。
　第2に，「大学」名称を獲得するために必要とされた1年半以上の予科設置の義務が，個別私学の「大学」名称獲得に大きく関係していた点である。1年半の予科設置によって，当然修業年限は延長される。それに対し，修業年限の延長は創立時の理念や教育目標と反するものとなる場合もあった。この点において，前章で論じたように，もともと大学昇格構想を抱きつつ人材速成を旨としていた早稲田大学などは大学部と専門部とをそれぞれ設置する選択をしていたが，対して創設時から大学昇格構想をもっていた同志社大学は，「大学」名称獲得とともに予科を設置し，予科の卒業生のみを受け入れ育成するという単一の路線を選択した。
　第3に，帝国大学令の公布以後，日本の大学は強い国家管理の下におかれ，国家体制に組み込まれていった。私学が大学となることは，国が示した国家管理体制下に組み込まれることであった。しかし，「大学」名称を獲得するに当たっては，基本的に国家管理規制はなかったといってよい。そのため私学の設立理念や大学構想を否定することにはならなかった。
　第4に，私立専門学校の「大学」名称獲得には，私学の大学昇格構想及びその努力のみならず，資本主義経済の発展に伴う社会的な大学拡大要求があったことも重要な要素であった。
　以上の点から，大学昇格時に比べて「大学」名称を冠していた時期は，教育理念をより純粋に表していた，と見ることができるのではないだろうか。また，

「大学」名称の獲得時と大学昇格以降では,「神学部」の設置が最大の論点の一つであった。大学令に基づき昇格を果たすことは,それまでの「神学部」を「文学部」内の1学科とせねばならず,創設以降の理念との衝突が懸念された。

同校における「私立大学」の設立は創立以来の目標であり,そのため大学昇格推進派が大勢を占めていたこともあって,大きな混乱もなく大学設置申請を行うこと自体は学内で決定された。しかし,その一方で,現状維持を主張して,「大学の虚名を擁し,学生の多数を誇るのみで,創立の目的たる精神教育が施せなければ,それは徒労である」,「寧ろ従来の専門学校の程度に止め,その内容を充実し,真の同志社教育を施すがよい」(同志社社史資料編集所編 1979a: 828-9)とする昇格反対派も少数ながら存在していたことも付記しておく。

第2節 立教大学

1. 立教学校の創設期における特徴

立教大学の前身である「立教学校」は,1879(明治12)年6月に開校した。設立過程は複雑かつ不明な点も多いが,アメリカ聖公会のチャニング・ムーア・ウィリアムズ主教が布教活動とそのための英語教育のために1874(明治7)年2月に東京築地に立ち上げた私塾(立教学校)から始まるとして,創設年をこの1874(明治7)年に定めている。

同私塾は火災によって1876(明治9)年に校舎を焼失,2年ほどの空白期間の後に「私学開業願」を改めて提出し,場所をやや移した同じく築地の地に「立教学校」を立ち上げた。この後,1883(明治16)年に「立教大学校」と一時改称するも,1890(明治23)年に再び立教学校へ名称が戻された。この間の実態については不明な点が多く,立教学校の校名がいつ,どのように決定されたのかも複数の説がある。ただ,少なくとも1882(明治15)年頃には英語名称として聖パウロからとって「セント・ポールズ・スクール」としたようで(立教学院百年史編纂委員会編 1974:151),翌年の立教大学校への改称に伴い「セント・ポールズ・カレッジ」と称した。ヨーロッパ型の高等教育機関に比べて,「アメリカから布教のため来日した宣教師たちにとって,若者を対象にした英語による

高等普通教育のための学校をカレッジ，日本語で『大学』や『大学校』と呼ぶことにためらいはまったくなかったといってよい」(天野 2009 上：161)との指摘もあるとおり，この一時的な「大学校」名称期には独自の教育課程を用いて高等教育を自負し，予備科2年，本科4年(立教学院百年史編纂委員会編 1974：187)という修業年限をもってして，アメリカ型カレッジの形成を目指していたようである。実際，在日米国聖公会宣教師会議によって「キリスト教主義大学設立構想」が決議され，それが「立教大学校」に結実していった(立教学院史資料センター編 2007：37)。

　ただ，他のミッション・スクールとの競合関係もあり資金が思うように得られないこと，また，独自の教育課程は日本の学校制度上では徴兵猶予等の特権も進学資格も得られない各種学校という扱いに留まることとなるため，実質的な普通教育を施す中等教育機関としての体裁を整えるよう生徒たちからの強い要望が高まったこともあって，立教学校へ校名を戻すとともに尋常中学校及び高等中学校としての教育内容へ移行することとなった。

　以上の経緯から，立教学校は一時期にアメリカ的なリベラル・アーツ・カレッジを目指したものの，実態としては高等小学校を卒業した者を受け入れる中等教育機関であった。後に専門学校令の公布とともに高等教育機関としての専門学校を立ち上げるまでは，基本的には優良な普通教育を施す特に英語に秀でた学校で，その先に進学するための予備教育機関としての位置にあったといえよう。

　アメリカの教育機関を模倣しつつ設立された立教学校が「大学校」を自認しつつ，後に「大学」名称を獲得するまでの過程はどのようなものだっただろうか。

　立教学校の設立から15年ほど後，1894(明治27)年に高等学校令が公布された。同令によって高等中学校が高等学校に改められたこともあり，同年9月より立教学校も学内の諸整備を行っていった。すなわち，高等小学校を卒業した者を受け入れる修業年限1年の「補充科」，補充科を卒業した者を受け入れる修業年限5年の「普通科」，普通科を卒業した者に対し専門学を教授するための修

業年限おおよそ3年とする「専修科」に分かつことを決定した。さらに，1896(明治29)年からはそれまでの始業日を9月から4月へと改め，立教学校「補充科」「普通科」とをあわせて修業年限5年の立教尋常中学校と修業年限2年の立教専修学校とに分化させ，「専修科」を廃科とした。続く翌年1897(明治30)年9月には，修業年限3年の本科と同2年の高等科(師範科)とからなる東京英語専修学校を開校した。

　従前の「立教大学校」の頃には入学者数は百名を超えることはなく，また退校者も多く，1888(明治21)年に示した82名(立教学院史資料センター編 2007：38)が頂点であった。学科課程等を改めた直後，1896(明治29)年の立教中学校の生徒数は平均で66名(立教学院史資料センター編 2007：217)であったが，1899(明治32)年度の入学者は130名，翌年1900(明治33)年度には立教中学校の生徒総数は500名超となった。一方で，立教尋常中学校の上級課程としてあった立教専修学校(立教学院専門学校)と東京英語専修学校とがこの時期までに閉校となる。こちらは学生が激減したことが廃校の要因となった。外国人講師を多くかかえるミッション・スクールでは英語が充実しており，高等教育機関への進学に有利であったため，そういった意味でも高い英語力を誇る立教尋常中学校は人気を博したが，その卒業生たちはより専門性が高く特典の多い他の高等教育機関へ進学していったのである。いずれにせよ，これら上級学校がなくなったことにより，卒業生は進学先を他に求めざるを得ないこととなり，学内では新たな高等教育機関の創設が模索されることとなった。

　なお，初期の立教学校，立教中学校を通じて教育の趣旨，建学の理念の中にキリスト教教育やミッションは特に見られない。すなわち，1894(明治27)年に行われた学内整備の折に出された「立教学校教育の趣旨」中でも，「青年の心術を涵養し，体格を鍛錬し，一方に於ては独自自営の両公民を造出し，一方に於ては学徳深邃の先覚者たる人物を養成せんとす。是れ本校教育の大主眼たり」と述べられており，立教学校があくまで青年普通教育を目指していること，国民教育を目指すといった表現にとどまるものであった。これはミッション・スクールの置かれた立場と状況に鑑みて立教学校の一つの選択であったと見てよ

いだろう．この間，1899(明治32)年8月3日の「文部省訓令十二号」の公布に際し，立教学校はどのように対応したのかを見てみよう．

　結論からいえば，立教学校は立教学院を立ち上げて経営母体とすることで学校の存続，維持を図ることとなる．1899(明治32)年3月末より立教尋常中学校は私立立教中学校として，文部省認可の私立学校となっていた．訓令発令に際しては，母教会であったアメリカ聖公会内外殿堂協会理事会は反発し，もしもキリスト教が一定に教えられないのであれば今後の経費計上は辞退する，との決議をなしてもいた．立教学校は厳しい選択を迫られたが，発足した立教中学校の継続のためには行政上の学校認可の取り消しがあってはならず，徴兵猶予と高等学校受験資格との特典を手放すことは生徒数の激減が明瞭であった．一方で寄宿舎等でのキリスト教教育は可能であり，アメリカ聖公会内外伝道協会理事会はそれを受けて立教の対応を認める決議をし，学校経営が続行されることとなった．立教学校は新たに立教学院となって独自に傘下の学校を運営することとなり，キリスト教教育は寄宿舎や始業前始業後に限ることとしたのである．

　ミッション・スクールの本旨はキリスト教の布教，青年たちへの教育事業が主目的であり，明治初期に後の同志社大学である同志社英学校，後の明治学院である築地大学校，後の青山学院である東京英和学校など，アメリカを中心とした布教活動のための英語教育機関として次々に立ち上げられていった．前述のように同志社の場合はやや事情は異なるものの，いずれも母体となる外国教会によって財的に支えられ，派遣された宣教師が主導権をとり維持運営されていった．立教学院以外の上記の3校は，特典を返上した上で各種学校としてキリスト教教育を続行することを選択した．ただ，これらの学校に対して文部省は比較的寛容な態度で臨み，数年で特典を回復させるなど，ミッション・スクールにとっての困難と混乱は長くは続かなかった．一方の文部行政側はこの間の経緯でキリスト教教育を行う学校の内情を知ることができるという利点が生じ，その後の管理に長く影響を及ぼすものとなった．

2.「立教大学」の設立と大学昇格

　1903(明治36)年に専門学校令が発令されると，法学系を中心とした他の有力な私学が次々と「大学」名称へと変更していき，それを追うように立教学院でも私立専門学校「立教大学」設立が本格的に模索されることとなる。いまだキリスト教系の私立専門学校が「大学」となった例はなく，1907(明治40)年8月にキリスト教系として初の「大学」名称への変更が認可され「立教大学」となった。とはいえ，この時期の立教学院の傘下には立教中学校のみで高等教育機関はなかったため簡単には運ばず，「専門学校」本体として新たな大学部と大学予科とを設ける必要が生じるなど課題も多く，「立教大学」開設までには4年ほどの年月を要した。

　この間，立教学院は「立教大学」設立に向けて敷地内の整備を行っている。1905(明治38)年以降，築地校内に寄宿舎と教室，事務室を含んだ新たな校舎の建設を進め，それは基本的に設立計画中の学校のために使うものとして進めていた。

　さて，立教学院による「立教大学」設立申請は，1907(明治40)年5月に出された。同年8月29日に文部大臣からの認可を受けると，同年9月17日に始業式を行い開校する運びとなった。予科1年半，本科3年の修業年限とし，文科と商科からなる二学科体制とした。なお，予科の修業年限は1911(明治44)年より1年5カ月，さらに翌年には1年へと短縮されている。さて，同年の「立教大学学則」に示された目的には，「文学並ニ商業上必須ナル高等ノ教育ヲ施ス」とあり，授業は語学としての英語がかなりの割合を占めた。予科のカリキュラムを見てみると，週31時間中，「英語」が18時間で残り13時間を倫理学(週1時間)，国語(同1)，漢文(同2)，数学(同3)，理科(同2)，歴史(同2)，体操(2)で行うものとなっている。当時の高等学校のカリキュラムを踏襲したかのような教養型の予科であったこと，しかも語学教育に重きを置いていた。本科に進んでもこの傾向は変わらず，週31時間のうち文科においても商科においても17~19時間を英語教育に当てていた。なお，「立教大学」設立当初には，本科，予科のほかに「選科」というものも置かれた。また，文学や宗教，ギリ

シャ語，聖書，神学，基督教倫理学，社会学の講座を開設して希望者に教授することができることとした。

　発足当初の「立教大学」は教員数14名，学生総数にして100人に満たない規模（立教学院史資料センター編 2007：278）であったため，この時期，立教学院内の中心はいまだ数百人の生徒をかかえる立教中学校であった。同時期の他の「大学」名をもつ私学を見たとき，早稲田大学の学部在籍者数約1800名，慶応義塾大学部はおよそ600名程度となっているのに比べれば，「立教大学」のスタートはかなり小規模であったことが窺われる。ただし，日露戦争後の日本社会が中等教育人材を必要としたことによって中学校の量的発展が見られた時期でもあり，立教中学校も時勢に乗りさらなる飛躍が予見され，それに伴って「立教大学」への進学者も見込まれたことが開設の後押しとなった。また，「寄宿舎の存在によって，学園の精神的人的一貫性があったことも，大学予科設置の大きな条件だった」（立教学院史資料センター編 2007：279）とされ，キリスト教教育が行われていた寄宿舎の存在が学園に一貫性をもたらしたものと，大学予科設置がなされた当時の状況を解することもできる。立教中学校の存在と隆盛は，「立教大学」設立の重要な要素となっていた。

　これより先，1903（明治36）年4月に立教学院総理にタッカーが就任すると，学院内では「カレッジ」建設計画が繰り返し唱えられるようになっていた。そのために敷地を拡大し校舎を増築すること，築地からの移転先を探すことが最優先課題となり，恒久的で高度な大学設立のためには学院の拡張が不可欠であることをタッカー総理によって幾度となく訴えられた。キリスト教系私学として初の「大学」であった「立教大学」が設立されると，高等教育を受けた日本人の牧師や伝道者育成の意義，必要性の要求はさらに強まることとなった。本格的なキリスト教系大学の建設は，同時期において青山学院や明治学院も模索していたが，この両校は前述の「文部省訓令十二号」における選択を境として，ミッション・スクールとして「大学」設立とは別の途を辿っていくこととなり，両校の大学設立は新制以降となった。一方で「立教大学」の設立は，「同志社大学」と並びキリスト教界の「大学」人材供給の中心となっていった。

さて，敷地拡大を目指して築地からの移転を検討していた立教学院は，新たに池袋に地を得て1918(大正7)年9月に校地を移すこととなった。同年12月に大学令が公布されると，1920(大正9)年のうちに同志社大学を含む8つの私学が私立大学としての認可を受けたが，立教大学はその約1年半後，1921(大正10)年12月に「立教大学設立申請書」を提出，翌年1922(大正11)年5月に認可を得た。このとき定められた「立教大学学則」により，はじめて各学部卒業生に対して「学士」の称号が与えられることとなった(立教学院百二十五年史編纂委員会編 1999：35)。

学部編成としては文学部と商学部，前者に英文学科，哲学科，宗教学科を置き，後者に商学科を置いた。以降，立教大学の学生数は増加の一途を辿ることとなった。1924(大正13)年には商学部に経済学科を開設し，1925(大正14)年には文学部に史学科を開設した。

私立専門学校「立教大学」設立時に開設していた文科及び商科は，途中，「大学部」の文学科・宗教科・商科(商学部)へと改編され，さらに1922(大正11)年の大学昇格時には文学部と商学部とに改められた。従前の編成を生かして移行し，「専門部」は残していない。一方で，大学予科課程は引き続き大学令によって必須と定められ，大学令中の「高等学校高等科ノ程度ニ依リ高等普通教育ヲ為スヘシ」「大学予科ノ修業年限ハ二年又ハ三年」との規定のもと，立教大学では1920(大正9)年度より大学予科の修業年限を2年と改めた。1928(昭和3)年からはさらに3年へと伸長している。

なお，大学昇格に当たり，設置者はどのように組織されたかという点について，大学昇格申請の文書において「財団法人聖公会教学財団」が立教大学を設立すると記されている(立教学院百二十五年史編纂委員会編 1996：280)。立教学院の経営主体が独立し，「財団法人立教学院」が組織されるのは1931(昭和6)年まで待たねばならなかった(立教学院史資料センター編 2007：96)。

さて，立教大学の目的は大学令下においてどのように変化したか。「文学並ニ商業上必須ナル高等ノ教育ヲ施ス」としていた専門学校令下のものから，その目的は「本大学ハ須要ナル専門的学術ノ理論及応用ヲ教授シ併テ其蘊奥ヲ攻

究スル所トス」と変更されている。大学令の文言を生かしたものであることは明瞭で，教育に加え新たに学術研究の機能を掲げたものであった。ミッション・スクールとして創設された立教学校時代を通じ，一貫して宗教教育をその目的に掲げることはなかった。ただ，「私立専門学校立教大学設立趣意書」には次のような文言が見られた。

　本大学は基督教主義を標榜せる一の大学たり。政府に依って経営せらるる帝国大学の如き便宜を有せず，或は他の二三の私立大学の如く漫りに多数の学生を有することを欲せず，故に社会の眼に映ずる本大学の存在は，蓋し微少なるものならん。然れども本大学が有する真面目なる抱負と其抱負を貫徹せんとする熱誠とに於ては，決して他に譲らざるのみならず，学生をして宗教的雰囲気中に呼吸せしめ，かつその得たる知識を聖化して，国家の発展を補成する健全分子たらしむる点に於ては，むしろ本学の誇とする所なり

　さらに，池袋という移転先が「立教大学」設立時にすでに模索されたことをはじめとして，施設設備のほとんどが専門学校令下に行われ完成していたこと，また学部学科構成もすでに整備されたものを移行したということから，立教大学は大学昇格によって完成したと見ることができるのではないか。
　立教大学の大学昇格時における最大の特徴として，日本キリスト教界の一部，キリスト教主義連合大学の構想に参加せずに単独で大学昇格を果たした点にも言及しておきたい。これは，「文部省訓令十二号」事件の際の選択，すなわち各種学校とならずに正規の中学校としての道を選んだときからの帰結ともいえるものであった。

第3節　上智大学

1.「上智大学」の創設と特徴

　「上智大学」は，カトリック男子修道会であるイエズス会に属する3人の神父によって創設された。ドイツ人のヨゼフ・ダールマンが中心となり，イギリス人のジェームズ・ロックリフ，フランス人のアンリ・ブシェーとともに，「日

本にカトリック大学を設立する」というミッションによって，1908(明治41)年10月に来日し，「大学」設立へ着手した。日本語や資金の問題など，開校までには4年余りの歳月を要したが，まずは麹町区紀尾井町7番地という土地を得て1911(明治44)年4月7日に財団法人上智学院設立が認可されると，これを経営母体とし，具体的な「大学」創設へと進んだ。紀尾井町のこの土地は元尾張徳川家の武家屋敷で，4300坪という当時の高等教育機関として比較的まとまった敷地であった。この間，1910(明治43)年2月には，後に初代学長に就任するドイツ人ヘルマン・ホフマン神父が来日したことが，開校準備の後押しとなっている。ロックリフ神父がカルフォルニア管区長となり急遽渡米したことによって，後任としてファルケンブルク大学哲学部長であったホフマン神父が派遣されることとなったのである。なお，設立準備の中心となったヨゼフ・ダールマン神父は，著名な東洋学者として知られた人物であった。1903(明治36)年に調査研究のためアジアを周遊した際に日本にも立ち寄っており，その時に見聞きしたことを帰国後にまとめ，ローマ教皇ピウス10世に謁見している。ダールマン神父の回想録によれば，ピウス10世は日本という地に興味を抱き，「大学」設立を強く望んだという。東洋の端に位置する日本にカトリック大学を設立することは，ローマ教皇直々の重大ミッションであった。

　上智学院理事であったホフマン神父を学長として，1913(大正2)年3月14日に「上智大学」設立申請書が提出されると，同28日に設立認可を受け，4月1日より私立専門学校の「上智大学」として開校した。しかしこのときにはまだ校舎は完成しておらず，同年入学者数も15人というごく小規模の体制であった。しかも「私立上智大学新設」と題された学生募集の新聞広告が『萬朝報』に出されたのは，1913(大正2)年3月31日のことであった。したがって，ルネッサンス様式の赤レンガ校舎が完成し「大学」として本格的に始動するのは，翌年1914(大正3)年からであった。1918(大正7)年に公布となる大学令制定公布がほぼ確実となってきていた時期であり，専門学校令による私立専門学校としての認可であったが大学昇格を見据え，他の多くのミッション・スクールに見られた「学院」ではなく，創設と同時に「財団法人上智学院」のもと「上智大学」

の名称を名乗ったことが一つの特徴であった。

　その背景には，やはり「文部省訓令十二号」による宗教教育の取り扱いがあったことは想像に難くない。立教大学と並び，上智大学は当初より事実上の宗教教育を控え学科にも置くことはなかったかわりに，徴兵猶予等の特権を得て「大学」に準じた高等教育機関としての体裁を整えていったということである。

　また，1918(大正7)年の第一期卒業者数が9人であることなどから見ても草創期の規模は極めて小さく，校舎も落成していない状況での開校であったが，それでも「大学」名称が認められたことは注目に値する。開校時より予科2年本科3年の計5年間の修業年限としたことや，それぞれ哲学科，独逸文学科，商科の3学科を置き，そのほかに独英夜学科も備えたということなど，学科編成及び修業年限が他の「私立大学」と同等であることは，「大学」として認可を受ける上で必要な要件であったと考えられる。加えて，外国人教師によって校地が購入され整備が進んでいるなど一定の資金をもっていたこと，経営母体として財団法人上智学院を設置したことなども，「大学」設立認可において重要な要素であったと指摘できるだろう。

　さて，前述の『萬朝報』の「私立上智大学新設」記事には，「本大学は内外紳士の賛助に依り青年子弟に独逸語を主として高等教育を授けんがため設立せられ文部大臣より開校の認可を得たり」とある。ミッションを抱きキリスト教を標榜した学校設立ではあったが，その具体的な「目的」には「独逸語」を主に掲げた。なお，同募集広告によれば，入学者選抜は行われず，「中学卒業者及び同資格者は無試験にて入学を許す」とある。入学の申し込みは同年4月20日までとあるから，初年度の開始はやや遅れたわけである。授業開始は5月末日からであったという。なお，独英夜学科は社会人向けの独逸語及び英語の夜間講座であった。こちらは随時入学が許可され，「実地使用の慣熟を目的」とする文法，訳読，会話を教授することを目的にしていた。

　「上智大学」の開学後は，ヘルマン・ホフマン初代学長を中心に発展していく。ホフマン学長の信条「桃李言わずして下自ら蹊を成す」にならい，学生募集もほとんど行われなかった。外国人講師はすべてイエズス会士からなり，望む者

に教育を施すこと,「教育は神への奉仕」としていた。哲学科,独逸文学科,商科の3学科を設置していたが,当初は事実上,文哲科と商科という2専攻として開講されていたようである(上智大学編 1963：53)。予科2年の間は専門に分かれず一斉授業が行われ,語学にはドイツ語と第二外国語としての英語が教授された。入学者は中学卒業か同程度の学力をもつとされたが,中学時代にドイツ語を専攻し学んで入学してきた者とそうでない者との学力差があったために語学に関しては初心者クラスが分けて置かれた。本科に進学後は大半の授業がドイツ語で行われたという。本科の専門として文哲科と商科とに分かれたが,実際の授業はどれを聴講しても構わなかった。

　教育目的は次のように定められた(上智大学編 1963：47-8)。

　本大学の目標は人格の陶冶と学問の教授とをもって学生の人生使命を達成せしめるにある。そして教える者と教えられる者とが,相互の信頼によって生かされた精神的共同体であるという自覚に基づいて,この目標へ志向するものである。本大学の人格に関する理想は,神の制定した秩序の承認のもとに自己の本性のあらゆる能力を発展させ,天賦の使命の成就と,人類共同体への協力とを包含している。そこで本大学が学生に与えようとする究極のものは,人間存在に関しての,道徳行為において体現せられる知識である。これこそ本大学がその名称に関した『上智』(SOPHIA)に他ならない。

　これは,後にまとめられた建学精神と教育目標であり,もともと「上智」[9]はラテン語の「サピエンチア」を訳した語であり,ギリシャ語「ソフィア」を当てるようになったのは後年の意見によるものであった(『上智の100年』2013年,42頁)。いずれにせよ,大学昇格を果たす直前に「ソフィア」が「上智」の脇に振られるようになった。

　「上智大学学則」には,第1章第1条に「本大学ハ哲学,独逸文学及商業ニ関スル完全ナル高等教育ヲ授クルヲ以テ目的トス」と目的が定められ,卒業生に対しては第4章第3条に「上智大学学士」の称号も与えられると定めた(上智大学史資料集編纂委員会編 1982：33)。

「上智大学」が大学令によって大学昇格を果たすのは，1928（昭和3）年のことである。供託金の準備が進まなかったことから，大学令公布から10年近くを経ていた。ただ，当初より「大学」設立を目指していたことから学内編成としては専門学校時のものをそのまま移行させ，修業年限2年の予科と同3年の文学部及び商学部を抱く二学部体制となり，前者に哲学科と文学科，後者に商学科を置いた。『上智大学五十年史』では，「前者には哲学，独文学，英文学の三学科を，後者には経済学，商学の二学科を置いた」（上智大学編 1963：75）と記しているので，おそらく「文学科」としてドイツ文学と英文学を専攻し，「商学科」として経済学も学べたのであろう。また，専門学校としてあった「本科」は，「専門部」として残された。ただし文学と哲学とは置かず，経済と商科のみを専門部内に置き1931（昭和6）年度より開講した。さらに翌年度より法科と新聞科も設置し，専門部の充実を図っていく。夜間開講「独英夜学科」も，外国語専修学校という各種学校として存続させた。1931（昭和6）年4月より開校した同校は，ドイツ語に特化した教育を上級初級と段階に分けて開講していたが，戦時下体制のなかで休校状態が続き1941（昭和21）年に幕を閉じた。

　さて，上智大学が設立時より教育の中心にドイツ語や哲学を置いたことは，「上智大学」としてスタートして以降の発展と大学昇格に少なからず影響を与えていたといえる。「明治14年の政変」以降，日本は英米仏の自由主義から脱却し，ドイツをモデルに急速に法律政治を整備し，憲法をはじめ政治や行政，教育体制に至るまで組織的にドイツ傾向を強めた。当時の日本は，ドイツを規範にすることによって堅実な君主国国家の建設を目指していた。そのため，「上智大学」に赴任した外国人教師たちがドイツ語やドイツ哲学，インド哲学に精通していたことを重んじており，帝国大学も「上智大学」外国人講師たちへ講義を依頼している。そうした背景もあり，同志社や立教のようなアメリカをモデルとした明治10年代に生まれた私学よりも，やや遅れて誕生した上智大学における「独逸学」は，「大学」設立に関しても重要な要素であった。

第4節　駒澤大学

1. 曹洞宗大学林専門学本校の創設と特徴

　駒澤大学は，曹洞宗の宗門徒弟教育を行った学寮を前身校としている。主として寺院の子弟が学ぶ僧侶教育機関であったものを，明治維新以降に近代的教育機関へと移行することが検討され，1882(明治15)年に「曹洞宗大学林専門学本校」が設立された。1904(明治37)年に「曹洞宗大学林」と改称，「曹洞宗大学」へと名称を変更するのは翌年1905(明治38)年のことであり，1925(大正14)年になって大学令に基づき大学昇格を果たした。

　「大学林」とは仏教各派が自宗僧侶養成のために置いた教育機関の総称であり，内務省の管轄下にあった。仏教系諸学校は比較的規模が小さく，在学生数が十数人という機関も少なくない中で，曹洞宗大学林専門学本校は常時，本科在学生数150人程度をかかえていた。ただし，文部省管轄へ移行した後も本質的には僧侶養成機関のままであり，一般大衆の教育にはいまだ消極的であった。

　「大学」組織への変更と，「僧俗共学」へ向かう「開かれた仏教教育」への変化との関係も含め，曹洞宗大学(駒澤大学)の「大学」構想はどのようなものだっただろうか。

　1882(明治15)年に曹洞宗大学林専門学本校が設立されたものの，実態としては依然として，仏教科目と禅宗科目を基本とした宗門教育を行っていた。同校においては，同年を「大学創立の起年点として」(駒沢大学百年史編纂委員会編1983上：90)おり，近代的教育機関への移行を意図していたものの，入学する学生は全国の各宗務支局から選出された者に原則限っており，全寮制の自宗僧侶養成機関のままであった。それでも宗費入学生のほか，自費入学を希望する者も多くなり，年によっては入学制限をかけなければならない程に盛況であった。

　曹洞宗大学林専門学本校設置による教育課程の変更にともない，同年に定められた「曹洞宗大学林専門学本校規約」では，仏教関係の教師を3名から「専門教師」及び同副の2名に減らし，代わりに漢学及び洋学の教員を1名ずつ増

員し、そのほかに学監正副4名、寮監2名を置くという教職員体制となった。
　特に、漢学や洋学の授業の導入を表明したことは画期的変化であり、「漢洋二科ハ各ソノ教員ノ指摩ニ拠ルヘシ」(「生徒心得」第四条)とされた学科目は、西欧文明の知見も僧侶の教養として必要と判断されたからであった。具体的には、漢学とは論語をはじめとする漢学関係の科目であり、洋学とは英語や欧米史等の「英学」や、幾何学、代数といった「数学」関係の科目を指していた。ただし、洋学関係の科目は「採録されているが実際に授業を行ったのではなく、名目を並べただけで終ったものであるかも知れな」かったという(駒沢大学百年史編纂委員会編 1983 上：123)。
　この時期の同校は、実態としてはいまだ近代的高等教育機関ではなく僧侶養成機関であったが、これは広く仏教系諸学校に共通した状況であった。曹洞宗大学林専門学本校において「大学」教育と「仏教」教育との関係が考えられるようになったのは、それから20年ほど経た頃であった。すなわち、1903(明治36)年の専門学校令の公布によって、はじめて顕著な変化を見せるようになったといえる。同令によって、入学者や教育内容、教育施設に至るまで一定の基準を満たさねば、高等教育機関である私立専門学校として認可されないこととなったからである。同時に、「大学林」という名称も、「大学」と紛らわしいという理由によって文部省より変更を迫られたということもあり、仏教系諸学校は学校名称についても同時に考慮しなければならなくなった。[10]
　これより先、曹洞宗大学林専門学本校においては、1901(明治34)年に学制改革を行い、予科2年、本科3年の体制へと変更が実施された。このとき、「宗乗余乗専修の方針を捨て、宗教学、哲学、国文、漢文、外国語も加えることに改めた」(駒沢大学百年史編纂委員会編 1983 上：273)という画期的な方針転換が行われた点は、特に注目される。
　以降、1903(明治36)年の専門学校令の公布にともない、翌年から同校は、すでに予備教育機関として設置されていた曹洞宗高等学林と、曹洞宗大学林専門学本校とを合併して「曹洞宗大学林」とし、高等部2年と大学部3年の2部編制に変更し、高等部を卒業した後に専門教育を受けるための大学部へと進むこ

とができるものへと改定を行った。このとき同時に「別科」も設け，こちらは尋常中学校相当とされ，曹洞宗大学林への入学資格を満たさない若年者が入学した。

　学科目を見てみると，この時点で，すなわち文部省の管轄へと移行し専門学校令下に置かれるようになった段階で，仏教関係の学科目は全体の半数程度に減少していた。一方で，哲学，国語，漢文，英語の学科目が半数を超えて行われるように改訂された点は特筆すべき画期的変化であった。例えば，高等部の第一学年では仏教関連科目が週12時間なのに対し，その他の科目は週15時間とされた。いまだ一般からの入学者は認めていなかったものの，教育課程においては高等教育機関として顕著な変化が現れてきていた。

2.「曹洞宗大学」への改称とその特徴

　前述の諸変更を行った後，1905(明治38)年1月より「私立曹洞宗大学」へと名称を変更することが認可された。同時に，「高等部」を予科相当の機関とし，「大学部」を本科とする変更も行われた。

　なお，申請書における設置者は曹洞宗大学林長名であり，このとき法人組織は整備されていなかった。同校に置いて運営母体の再組織が検討されるのは，この後，1920(大正9)年の大学昇格準備過程においてであり，「曹洞宗教育財団」による大学設立が行われた。

　さて，前述のように，専門学校令下に置かれるに至って「宗乗余乗専修の方針を捨て」，学科目の変更が行われると同時に語学教育の充実などが図られたが，「大学」名称への変更はその他にどのような変化を伴うものであっただろうか。

　一つには，「私立専門学校」としての在り方が強く考えられるようになったという点が挙げられる。仏教系諸学校は全体として比較的小規模の傾向にあったが，そのような小規模な「『大学』名を冠する私立専門学校」という状態が続くとなれば，今後，仏教各宗による「総合大学」(連合大学)を設立しなければならないことになるのではないか(駒沢大学百年史編纂委員会編 1983 上：329)，との危機感が生まれてきていた。しかも，多くの仏教系専門学校がこの時期す

でに「大学」昇格を望んではいたものの，それはあくまで「仏教学」専修という単科での大学化であった。そのため，宗門教育という「専門」教育と，「大学」教育とをどのように兼ね合わせていくべきかは極めて大きな課題であった。すなわち，「大学」名称となったものの，小規模な私立専門学校のままでは宗門の特色を失うことになりかねず，学校存続のためには「大学」組織として発展させていかねばならないのが実情であった。仏教系私立専門学校にとっての「大学」への道のりは，宗門教育という理念や目的の見直しを多少なりとも伴うものであり，仏教系諸学校の学内気風は変化せざるを得なかったといえよう。

さて，「私立曹洞宗大学」における変化に戻ろう。同校の発展にとって，1907(明治40)年頃から1908(明治41)年にかけての図書館移転建設，及び，1912(明治45)年頃から1913(大正2)年にかけての駒沢への校地移転は大きな意味をもつ。

すなわち，それまで仏典漢籍を中心とした蔵書類が，明治30年代の寄贈図書によって書籍数が大幅に増え，独立した専門図書館としての体制を整えたいということになった。設置が計画された場所は大講堂天井裏の一室ではあったが，初めて図書館に相当する「図書庫」が設けられた。専門学校令に基づく近代的高等教育機関としては，独立した図書館及び相応の図書数の整備が必須であり，その体裁を整えることが可能となったことは「大学」への大きな前進であった。

また校地については，それまでの麻布区北日ケ窪町からの移転が検討された。大講堂，図書庫，教場も含めて旧施設をそのまますべて移築する，という大事業であった。背景としては，「大学」名称を得たことに加え，学生数が増加していたこと，校地を拡充し相応の施設設備を早急に整備しなければならないこと等があった。寄付金によって荏原郡駒沢村に新校地を獲得し，1913(大正2)年には新校舎が完成した。

同時期，同校の学生生活にも大きな変化が見られた。帝国大学型の角帽が導入されて着用されるようになり，大正2～3年には「大学曹洞」を模した徽章や，明治天皇，皇太后の御大葬をきっかけとして学校の目印として必要とされた「校

旗」も制定された。これらシンボルの制定も「大学」組織への変更を意識したものであったといえよう。

　1925(大正14)年の大学令に基づく大学昇格を機に駒澤大学へと名称を変更し，文学部をもつ単科大学となった。文学部内には仏教学科，東洋文学科，人文学科の3学科が置かれ，このとき初めて一般からの子弟を受け入れ「僧俗共学」となり，それまでの曹洞宗の僧侶育成のための宗門教育からの転換が図られた。このとき卒業生に対する「学士」の称号が「駒澤大学学則」によって定められ，「学士試験ニ合格シタル者ニハ証書ヲ授与ス」「前項ノ証書ヲウケタル者ハ文学士ト称スルコトヲ得」(「駒澤大学学則」第三十五条)と定められた。なお，大学昇格時には改めて「専門部」が併置されることとなり，仏教学，国語，漢文の各専攻が置かれた。

第5節　大谷大学

1. 真宗大学寮の創設と特徴

　大谷大学は，東本願寺が設立した学寮を起源とする。明治期に入って後，1882(明治15)年に真宗大学寮を設置し，その内に兼学部や専門部を置きつつ近代的教育機関への展開を企図し，修業年限3年とする専門部本科を置いたのは1889(明治22)年のことであった。なお，1894(明治27)年には同修業年限を4年へ，さらにその後に5年へと延長している。真宗大学寮はこの後「私立真宗大学」へと改称し，1922(大正11)年に大学令に基づく大学として大谷大学となった。

　さて，東本願寺が京都に設置した学寮の起源は1665(寛文5)年に遡るとされ，以降数百年にわたり，真宗大谷派の寺院子弟への仏典教育が行われていた。明治期に入って貫練場，貫練教校と名称が変遷したが，僧侶養成を目的とした幼年から青年までの教育が行われていたことに変わりはなかった。その中で画期的な転換点となったのは，前述の大学寮の設置であった。

　真宗大谷派内において主導権争いが起きたことを契機として宗政が揺れ，その結果，保守的な寺務所体制のなかで貫練教校を大学寮と改称することとなっ

た。これ以降，教育内容に「一般普通学」が含まれるようになり，京都や広島など各地にあった「教校」を合併し，教員や教育体制も変化することとなった（大谷大学百年史編集委員会編 2001：93）。

　大学寮には専門部，兼学部が設けられた。専門部内には研究科と本科とが置かれることとなり，宗乗余乗の教育が行われた。また兼学部には高等科と初等科とがあり，従来の宗乗余乗のほか，英語や地理，歴史，数学，理科といった普通教育が導入された。作文や習字もあり，科目として体操も適宜行うものとされた。これを機に体操場の整備，制帽徽章の制定が進み，一般入学者も増加するなど，学内の様相は一変することとなった。なお，兼学部は専門部の予備門の位置付けであり，卒業生は「進んで専門部に入」ることが推奨された。ただし，兼学部から専門部へという教育体制が整えられつつあったとはいえ，このときの大学寮はあくまで宗教学校としての変化であり，学制上は各種学校の扱いのままで，いまだ高等教育機関ではなかった。

2.「真宗大学」への改称とその特徴

　1901(明治34)年，新たに東京巣鴨の地に「真宗大学」を設置することとなった。これより先，1896(明治29)年6月に「真宗大学」へと変更しており，修業年限も予科2年，本科3年として，近代的教育機関となることを目指したものであった。なお，現在の大谷大学は1901年を起点とし，創設年としている。

　さて，1896(明治29)年，「真宗大学」は従来の京都教校の跡地に設置された。先の大学寮を改組したもので各種学校ではあったが，大学寮内に置かれていた専門部本科第一部，第二部及び研究科がそのまま「真宗大学」となった。一方，同時に宗乗専攻院と安吾という「学科」も大学寮内には設けられており，「真宗大学」が設置された折りにこれらは分離して「真宗高倉大学寮」となり，それぞれ規定上別組織となった。

　「真宗大学」設置時の目的は次のように定められた。「真宗大学ハ派内ノ僧侶ヲシテ深ク宗乗余乗等須要ナル学科ヲ研習セシメ教導ノ重任ヲ尽クスニ足ルベキ知徳ヲ養成スルヲ目的トス」(「真宗大学条例」第一条)。

設置時の修業年限は本科第一部，第二部ともに4年で，第一部は宗乗・余乗教育に重きを置いたものであったのに対し，第二部は英語を含む近代的学問に比重をおいた教育となっていた。卒業生はそれぞれの専攻に即し，修行年限3年の研究科への進学が認められた。なお，本科第二部における教育内容は，先にみた大学寮兼学部の内容とほぼ同じものであった。

　次に，1899(明治32)年に改定された「真宗大学条例」によれば，その第一条に定められた目的が，「真宗大学ハ宗門ノ須要ニ応スル学科ヲ教授シ及其蘊奥ヲ研究セシムルヲ以テ目的トス」へと変化している。

　私立学校令が公布された同年に出されたこの「条例」は，「私立学校認可願」として出されたもので，私立学校令中に規定された内容に沿って定められたものであったが，特に上記の第一条については明らかに帝国大学令第一条にならったものであり，近代的な教育機関への転換を企図したものであったと見られる。

　また，同条例において，修業年限2年の予科の設置(第三条)，修業年限3年の本科(第四条)の設置，予科の入学は真宗中学校卒業か同等の学力を有する者とする(第六条)ことなどが定められた。

　しかし，京都に置かれたこの「真宗大学」は，前述の「真宗高倉大学寮」と敷地及び校舎も同じくしており，しかも宗門内の争いによって学内組織改革がうまく進まなかった。加えて，教員の地位が宗門内でかなり低く扱われていたことも，学内の不満を募らせる原因の一つとなっていた。これらの不満によって，学生による同盟休校が1896(明治29)年に起きるなど学内情勢は設置以来長く揺らいでいた。

　1901(明治34)年10月，「真宗大学」は東京への移転を果たすことによって教育実践の新たな展開を試みることとなった。校舎は東京府豊島郡巣鴨村に置かれ，浄土真宗，真宗大谷派の宗教学校として開設された。この開設をもって，現在の大谷大学の創設年としている。この「東京校」は1911(明治44)年に再び京都へ移転するまで，およそ10年間存続した。

　初代学監には清沢満之が就任し，事実上の学長となった。清沢は，同校は宗

教学校,「浄土真宗の学場」であることを強調し,「世界一の仏教大学」となることを目指していた(大谷大学百年史編集委員会編 2001：165)。予科課程においては国語漢文,英語,歴史,経済学,哲学といった普通教育を行い,宗乗余乗の教育時間よりも多くを割くこととした。本科に進むとこの割合は逆転し,専門課程を多く履修するという方針を採った。また同時に,教職員体制も整備され,学長に相当する学監職が置かれ,主幹,舎監,図書係,書記といった職員のほか,各教科の教員がそれぞれ配置された。

　こうして近代高等教育機関としての発展を期してはいたが,一方で,同校は「他の学校とは異なる」ことも意識していた。「他の学校」とは帝国大学や私立専門学校等の高等教育機関であり,さらには他の宗教学校とも性格を異にするものとしていた。あくまで「浄土真宗の学場」であり宗教教育に特化した専門教育機関たることを目指したため,そのために教員資格の取得をはじめとする特典を得ることを求めない同校の姿勢は,徐々に学生たちの不満をつのらせる[11]こととなった。ほどなく学生の不満は紛擾,同盟休校という形で表されることとなり,1902(明治35)年,清沢は自ら責任を取り辞職した。

　学内の混乱は続いたが,その一方で,1903(明治36)年の専門学校令公布にともない学則整備等を進め,翌年1904(明治37)年5月に「私立真宗大学」として専門学校令に基づく認可を受けた。その際に定められた目的は,次のように変更されている。「本学ハ大谷派本山達令真宗大学条例ニ基キ宗門ノ須要ニ応スル学科ヲ教授シ及ヒ其蘊奥ヲ研究セシムルヲ以テ目的トス」(「私立真宗大学学則」第一条)。

　同時に,予科への入学年齢は満17歳以上であること(12条),中学校卒業者であること(14条)などが定められ,専門学校令に沿った形で学則が整備されたことがわかる。ただし,中学校卒業者の予科への入学は宗乗余乗の試験が課され(15条),本科への進学は同校予科の卒業生に限る(17条)などとされた。

　前述したとおり,1911(明治44)年,同校は再び京都の地へ移転することとなった。これは京都本山からの圧力に屈したものでもあった。京都へと戻った「真宗大学」は,同年より「真宗大谷大学」へと改称され,再び「高倉大学寮」と

の併設によって教育が展開されることとなった。前者は高等教育，後者はその上の宗教教育に特化したものと区分された。同時に「真宗大谷大学」の学則も変化し，学科編成は兼修科(修業年限3年)，専修科(同2年)，研究科(同4年)とされた。兼修科における学科目課程を見ると，宗乗余乗の時間が併せて12時間であるのに対し，その他の哲学や英語等の一般科目が20時間となっている。専修科へ進むと逆転し，前者が53時間，後者が19時間程度となった。

一方，校舎をはじめとする施設設備の整備は急速に進んだ。新たな敷地を得て，赤レンガの西洋風建築による本館のほか，講堂，図書閲覧室，寄宿舎などの建設が1913(大正2)年末までの間に行われたのであった。

大学令が公布されて私立大学が誕生した1920(大正9)年，同年9月には「真宗大谷大学」の学則もそれを意識して変更され，その目的は次のように定められた。「本学ハ仏教及ヒ人文ニ須要ナル学術ヲ教授シ幷ニ其蘊奥ヲ攻究セシメ真宗ノ精神ニヨリテ人格ヲ陶冶スルヲ以テ目的トス」(「真宗大谷大学学則」第一条)。

予科，本科，研究科を設けそれぞれ修業年限は3年とし，科目編成は宗教のほか哲学，人文，語学の分野へ拡大された。なお，この際に宗乗余乗は「真宗学」「仏教学」へと改められた。さらに1922(大正11)年に至って「真宗教育財団寄付行為」を定め，基本財産中，金五拾万円は「大谷大学」の基金である(第7条)とした。こうして1922(大正11)年5月，同校における大学令に基づく大学昇格が行われたのであった。大学昇格時に名称を大谷大学とし，文学部を設け，卒業生に対して「文学士」と称することを定めたのはこの折であった。

第6節　國學院大学

1. 國學院の創設と特徴

1890(明治23)年，「皇典講究所」を母体とし，「國學院」が開設された。皇典講究所は，皇典・国体研究や普及を目的に，神職の中央機関として1882(明治15)年に設立された機関であり，國學院はその教育事業拡張を期して設立されたものであった。1898(明治31)年に皇典講究所は財団法人となり，1906(明治

39)年に國學院は「國學院大學」へと名称が変更された。その後，大学令に基づく正規の大学昇格認可は1920(大正9)年のことであった。

　皇典講究所は明治政府が設置した機関であったが，教育部門を担った國學院は，私立専門学校として日本の学問研究を行う「大学」建設を目指した。その発展経緯や教育的内容の特徴は，どのような点にあっただろうか。

　なお，皇典講究所の教育事業拡張に関する規則改正をし，國學院が開設されたのは1890(明治23)年のことであったが，後述するように，前年の設立計画の段階においては，名称を「私立国文大学」(「私立国文学校」)とする案もあがっていた(國學院大學校史資料課編 1994 上：117-22)。

　そもそも，皇典講究所は，皇典・国体を講究し，皇学・国学を中心に教授することを目的とした神職養成教学機関であり，一国の法典はその国の国体，歴史，風俗に通じていなければならないとの考えのもとに設立された。重要事業として神職(神官)に関する学階授与の制度があり，神官試験の実施も担っていたが，当時司法大臣であった山田顕義が1889(明治22)年に皇典講究所所長に就任すると，教育事業の拡張を目的とした「私立国文大学」設立計画が提案された。

　「私立国文大学設立趣意書」には，「政府ニ帝国大学ノ設アルト雖モ，文運ノ益進ミ，人智ノ愈開クルニ至リテハ，高等ノ教育モ唯一ニ政府ノ手ヲ待テ満足スヘキニ非サルヤ明ナリ」「我国固有ノ学術ノ蘊奥ヲ研究スルト共ニ，之ニ依リテ深ク愛国ノ精神ヲ涵養シ，国民ノ本分ヲ尽クサン」ことが示された(國學院大學校史資料課編 1994 上：118)。帝国大学だけでは高等教育が不足していることを批判的に指摘し，西洋学術を教授する帝国大学に対して，日本固有の学術の蘊奥を研究することを目的とした教育機関の設立を提案したものであった。また，設立計画においては，「専国史・国文・国法ヲ教授シ，併セテ広ク之ガ研究及応用ニ必須ナル諸学科ヲ修メシムル所トス」(國學院大學校史資料課編 1994 上：120)としており，予備科2年，本科3年の修業課程を想定し，他に，別科，選科も置くこととしていた。

　慶應義塾の「大学部」設置の前年，1889(明治22)年の時点で「大学」設立を

構想，提言したことに加え，帝国大学のような西洋学術ではなく「我国固有ノ学術」に特化するという独自性を示したことは注目に値する。そのほか，「予備科」には尋常中学校卒業者か同等学力を有する者を入学させるとしていたことや修業年限などから見ても，帝国大学とは本質的に異なる，独自の「大学」設立を想定したものであった。

　こうして「私立国文大学」を新たに立ち上げたいとした計画が進められたが，資金的にも人材的にも課題があったことから計画は縮小され「私立国文学校」案へと変更されたが，さらには皇典講究所を拡張したものとして所内に設置するものとして，「國學院」設立となった。なお，国史，国文，国法のうち，国法専修の日本法律学校の創設計画が同時に立ち上がり進められたことによって，國學院は主として国史・国文の学校とされた。

　設立された國學院には，上記の予定していた予科課程は置かれず，教育課程を本科3年とし，その後に修業年限2年の研究科へ進学できるものとされた。創立目的としては「本院ハ専国史・国文・国法ヲ教授シ，併セテ広ク之ガ研究及応用ニ須要ナル諸学科ヲ脩メシムル所トス」（國學院規則第一条）と定められたが，「国法」に関しては「国法科課程ハ別ニ之ヲ定ム」とされており，これは日本法律学校設立のことを意味していた。なお，皇典講究所は明治政府の設立した機関であり，基本的に御下賜金に負った経営であったが，國學院設立以降は御下賜金に加え，神宮等からの一時金の徴収や，学費徴収によって運営され，次第に独立した運営へと移行していくこととなった。

　設立当初の國學院本科の学科課程は，国史・国文・道義（倫理道徳）・法制・外国史・地理・哲学・漢文・英語・体操とあり，週26時間のうち英語3時間の授業が，本科3年間を通じて行われた。また，外国史（支那史・欧米史）にも週2～4時間が割かれており，外国事情への理解も重視されたことが窺われる（國學院大學校史資料課編 1994 上：160）。

　以降，國學院は神職養成を謳いつつも，「本校卒業生ハ，中学師範学校タルノ資格ヲ得」とし，中等学校及び師範学校教員養成の傾向が強くなっていく。明治30年代に入る頃には，後述するように哲学館の井上円了とともに，中等

教員資格無試験検定の特典を得るための運動に参加することとなった。ただし，教員養成機関となることだけでは國學院設立の趣旨から遠ざかるとの意見も学内にはあり，神職養成に適した学科目編制にすべく，1902(明治35)年より「教学」を充実させることを目的に学科課程が若干修正された(國學院大學校史資料課編 1994 上：347)。すなわち，神社制度，神道史，作歌作文の授業を新たに設け，さらに，祭式諸礼を扱う「典礼科」を随意科として設置，神道界へ進むための便宜を図ったのであった。

以上から，國學院の創設時の特徴として，次の点を指摘できよう。一つに，創設計画段階より「大学」設立を構想していた点，二つに，その「大学」とは日本固有の学問を教授する機関であり，帝国大学の行っている西洋的学問の教授を批判するものであったという点である。この二つの特徴から，明治20年代に入る頃にはすでに帝国大学や専門学校等において行われていた西洋的学問観を批判する風潮があったこと，それを受けて，「我国固有ノ学問」，すなわち，邦語による日本独自の学問を教授する「私立大学」設立の動きが現れていたことが指摘できる。

これより先，1898(明治31)年12月，國學院を擁する皇典講究所は財団法人となった。御下賜金が減額されるなか経営を安定的に維持していく上で，寄付行為に基づく独立した機関としての再出発を図ったものであった。財団法人化にあたり，「国学ノ進歩拡張ヲ図ルヲ以テ目的」とし，国学者のための国学に関する研究関係事業を展開し，國學院は主としてその教育に従事することが改めて決せられた。さらに，1894(明治27)年には『國學院雑誌』が刊行され，明治30年代以降は出版部も開設された(藤田 2009：1-47)。これらは國學院の財政状況を支える役割を果たすとともに，学術的な発展も促した。同校の運営は，これらの活動に支えられる部分が大きかったといえよう。

2.「國學院大學」への改称とその特徴

1903(明治36)年の専門学校令の公布にともなって國學院は学則改正を進め，翌年1904(明治37)年4月，同令による認可を受けた。このときの学則改正を

見ると，新たに「大学部」として本科3年が置かれたことに加え，懸案事項となっていた予科2年が設けられたという大きな変更点が見られた。このとき，従来の本科は「師範部」と変更されて主に中等教員の養成を行うものとされ，同時に，教員資格取得を目的としない「専修部」も併置された(明治40年廃止)。師範部，専修部ともに修業年限は3年であった。なお，師範部卒業生は，国語漢文科，歴史地理科，国語漢文歴史科のいずれかの教員免許を取得することができた。

「大学部」は1905(明治38)年9月より開始され，以降，同卒業生には「國學院学士ト称スルコトヲ得」(「國學院規則」第八条)るとして，國學院「学士」の称号が授与されることとなった。同時に，学友会報「院友会会報」に「大学」名称への変更を求める意見が掲載(國學院大學校史資料課編 1994上：383)されるなど，同時期には「大学」名称への変更運動が学内外において活発化していたことが窺われる。

「私立國學院大學」への改称が認可されたのは，1906(明治39)年6月のことであった。この間，東京府知事とのやり取りがあり，同年3月の「大学」名への改称申請について，いまだ本科授業が行われていないので，大学部本科が実施されてから再申請をしたらどうだろうか，との返答を國學院側が受けている(國學院大學校史資料課編 1994上：384-5頁)。これに対し國學院は，すでに予科課程が動いており，予科と本科とを合わせて「大学部」5年であることを強調することで再度「大学」名称を認めるよう申請し，改称認可を受けることとなった。

同年は「大学」名称への転換のほか，火災により焼失した校舎の再建を行い，「國學院大學拡張趣意書」が出されるなど，「國學院大學」の転換点であったといってよいだろう。図書館の整備も同時期に進められており，施設設備の整備が急務であったことが窺われる。

翌年，1907(明治40)年には予科の第一期卒業生を受け入れて，「大学部」本科が開始された。同年，大学部，師範部ともに教育課程を若干見直すことにより，従来までの取得資格に加えて，修身科教員免許状の取得も可能となるもの

に変更した。こうして教員養成課程を充実させると同時に，神職養成に関する学階授与や試験も引き続き行っており，国庫補助を受け，さらに明治政府から養成委託を受けたことにより皇典講究所内に「神職養成部」を開設した。ここにおいて，「國學院大學」の基本的性格が確立されたといってよいだろう。

同校は 1920 (大正 9) 年，文学部の単科大学として大学昇格を果たした。道義科・国史学科・国文学科の 3 学科を設け，卒業生は皇典講究所によって学階を受けることができるなど，明治末までに完成された組織設備によって大学昇格を果たすこととなった。

小 括

第 1 節で取り上げた同志社大学は，建学時から大学設置要求をもっており，大学令に基づいて比較的早期に大学昇格を果たした私学であった。「大学」名称を冠した後は専門部を残さず，「大学」としての教育を追求した。つまり，「大学」名称獲得とともに予科を設置し，予科の卒業生のみを受け入れ育成するという単一の路線を選択した。

学科について見ると，学校創立時と「大学」名称を獲得した時点とでは，明らかに学科編成が変化している。それに対して，「大学」名称の獲得時と大学昇格を果たした時点での最大の相違は「神学」の扱いであった。

一方，立教大学は，アメリカ聖公会系のミッション・スクールとして開校後，「カレッジ」を自称し一時的に「立教大学校」を名乗るなど，設立当初よりアメリカ型カレッジ，リベラル・アーツ・カレッジを目指していた。実態としては中等教育機関であった同校にとって，これは徴兵猶予の特権付与や上級学校への進学の問題等から日本の教育課程にはなじまなかったが，一方で優良な英語力を提供する上質な教養教育を施す中等教育機関として発展を遂げていく。「文部省訓令十二号」事件の際にはキリスト教教育を課外で行うとする決定をなし，上級学校への進学が望める中学校令に基づく，すなわち文部省認可の「中学校」としての位置を維持する決断を行っている。以降，専門学校令の公布を前後して「大学」設立を具体的に進め，キリスト教系私学として最初の「大

学」名称を冠することとなった。以降の施設設備の発展的な選択は，大学昇格への確実な歩みであった。すなわち，築地から池袋への校地移転という決断をし，文科と商科という二つの専攻を設け，大学昇格時にはそのまま文学部と商学部とに移行している。これらの事実から，すでに一連の改革は「大学」名称獲得と同時に完了していた，と見てよいだろう。実際，大学令に基づく大学昇格時には新たな展開はほとんどなく，学部学科編成もほぼ同様であった。財政的基盤となる「専門部」を残さず，多くの生徒を擁す立教中学校と立教大学との編成で進められたことは，法学系私学群等と大きく異なる点である。

　上智大学の創設は，専門学校令公布から 10 年ほど経た 1913（大正 2）年であったこともあり，私立専門学校「上智大学」として発足した。明治期に設立された，すでにあったミッション・スクールのほとんどが「学院」として教養教育や語学教育を中心に行う中等教育機関であったなか，「大学」となっていたのはアメリカ系の「立教大学」「同志社大学」のみで，そこにイエズス会による「カトリック大学」設立のミッションのもと「上智大学」は建設されたのである。予科 2 年，本科 3 年という修業年限は私学としてはやや長めであり，間近に公布を控えていた大学令による大学昇格を見据えたものであったことが窺われる。立教大学と同様，宗教教育を課程中に置くことはせず，主たる目的を「独逸語を主として高等教育を授け」るものとし，独逸語や英語といった語学教育を夜学科にて行うことに特徴が見られた。哲学科，独逸文学科，商科を設けており，その後大学昇格を果たす際には，文学部及び商学部からなる二学部編成をとった。ただし，大学昇格の際には「専門部」として従来の本科課程を残した点に，立教大学との違いが現れている。中等教育機関を持たなかった上智大学は，専門学校令に基づく「専門部」を残すことによって，在籍者数を確保したことが指摘される。

　第 2 節，第 3 節で検討した 2 校が「大学」名称を獲得し，大学昇格を果たしていった過程には，他のミッション・スクールと明確に違う点があった。キリスト教系私立専門学校は，基本的に明治期欧化主義による洋学，英語の需要の高まりに合わせて発展していったため，キリスト教的精神を基盤としつつも外

国語教育に重きを置いた一般教養や普通教育を施した点に特徴があった。また，1899(明治32)年に公布された「文部省訓令十二号」，国家が宗教教育を禁止することを明記したこの法令への対応が，ミッション・スクールのそれぞれの発展経緯に大きな影響を与えた。「宗教と教育との分離」は，キリスト教系として出発した私学を，宗教教育を廃して文部省から認可された学校，すなわち徴兵猶予や上級学校進学等を含む特権を抱く私立学校となるか，宗教教育を維持して母教会からの庇護を受け続けるか，決断を迫るものであった。ミッション・スクールとして設立された他のキリスト教系「学院」の多くは，旧制期において大学昇格を果たすことはなかった。例えば，明治学院や青山学院は「大学構想」を具体的に抱きつつも「大学」名称を冠することなく，また戦前期においてついに大学昇格を果たすこともなかった。しかし，両校は歴史的に見て立教学院と同時期に設立されキリスト教界の高等教育を牽引した学校であり，そこに果たした役割は大きかったといえる。これらの学校が実際に大学設立をどのように計画し，高等教育機関としてどういった位置にあったのか検証することは，ミッション・スクールにおける「大学」とは何であったのかを明らかにすることでもあり，彼らの歩んだ過程と「大学」との違いを比較検証していくことが必須であろう。

　第4，5，6節で検討した駒澤大学，大谷大学，國學院大学は，仏教や神道の宗教者育成を目的に掲げ，仏学，国学等の教育研究を建学理念として発展してきたが，いずれも「大学」名称への転換に当たって，それ以前の理念や方針から変更を図らねばならなかった。

　仏教系諸学校が近代的教育機関への歩みを進めたのは，曹洞宗大学林専門学本校の設立が1882(明治15)年であったことからもわかるとおり，比較的早期であった。ただし，同校設立時に漢学や洋学を取り入れる意向を示していたものの，教育内容の中心はその後も長く宗乗・余乗であり，実態として僧侶養成機関であった。加えて，一般子弟の入学を認める「僧俗共学」も，大正期の大学昇格に至るまで実施されてこなかった。すなわち，「近代化」への移行は構想されたものの，システム的な改革・変更が円滑に進められたとはいえないも

のであった．そのような仏教系諸学校にとって，1903(明治36)年の専門学校令の公布と，同勅令にともなって「大学林」という「大学と紛らわしい」名称が禁じられたことは，大きな転換点となった．名称問題の解決は，私立専門学校としての存続を左右する問題であり，実態的な変更を余儀なくされたからである．

　曹洞宗大学林専門学本校は，専門学校令公布に先駆け，1900年代に入った頃には「宗乗余乗専修の方針を捨て」，仏教系科目を半数以下に減少させ，そのほか洋学漢学を含めた語学等の教養科目を置くこととし，同勅令公布に伴い，速やかに認可を受けている．「曹洞宗大学林」から「曹洞宗大学」へと変更したのはその2年後のことであった．以降，「大学」名称を冠した私立専門学校としての発展が期され，僧侶養成機関から「大学」への実質的な転換がなされた．具体的には図書館や校舎の施設設備の充実が図られ，仏典漢籍だった蔵書類は幅広い分野を擁するものとなり，学生たちも帝大型の角帽や制服の着用が義務付けられるようになった．大正期に至って「文学部」を擁する単科大学として大学昇格を果たしたことからも，仏教学からの転換が行われたことを示している．

　大谷大学の場合も，宗派や状況は異なるものの，「大学」名称への歩み及びその後の発展経緯については駒澤大学に類似した展開を見せたといってよいだろう．同校は近代化が進む明治期を通じ，極めて強い意志で「浄土真宗の学場」として宗教教育を貫く姿勢を見せていた．それが近代教育機関として大きく転換したのは，東京へ移転した1901(明治34)年のことであった．学制上の高等教育機関として私立専門学校となるのは，専門学校令が出された翌年1904(明治37)年のことであり，学則整備等を進めていくこととなった．

　一方，1890(明治23)年に創設された國學院の場合は，創設時より独自の「大学」設立構想を抱いており，帝国大学に対抗しうる「我国固有の」教育機関を設立しようとしていた．母体となった皇典講究所や國學院の設立目的は，皇典・国体を講究し，国学(国史・国文・国法)を研究教授することであり，神官試験の実施を担いつつ，国学を中心としつつ，漢学や洋学，哲学等を含む「道義」

科目を置いた。「神道」教育や精神は，「道義」(倫理道徳)教育の中に位置付けられ，広い意味での「愛国精神の涵養」のための教育として行われていた。ただし，神職者養成教育を教育課程上どのように位置付け，行っていくかということは，國學院にとって課題として以降も残されることとなった。

　1900年代に入ると皇典講究所は財団法人となり，國學院は1903(明治36)年の専門学校令によって私立専門学校となった。翌年より，大学部卒業生には「國學院学士」の称号が授与されることとなった。1906(明治39)年には「私立國學院大學」へと名称を変更し，同年より予科課程を設け，本科と合わせて修業年限5年の「大学部」課程となった。以降，校舎の再建，財政的な基盤の確保，皇典講究所内に神職養成部の開設などを行い，大正期に至って大学令に基づく大学昇格は文学部のみの単科大学として極めて速やかに行われた。文学部は「道義科」「国史学科」「国文学科」という3学科となり，「神道」としては皇典講究所において学階を受けることとされた。

　宗教系私立専門学校における「大学」名称への転換に見られた特徴から，「大学」名称への転換は宗教教育とその他の学科目との関係が見直される契機となったことが指摘できる。専門学校令との関係も含め，校舎位置や図書蔵書を含めた施設設備の整備も進められた。以上の点からまとめておけば，一つに，「大学」名称への転換は宗教系科目とその他の学科目との関係が見直される契機となったことが指摘できる。専門学校令との関係も含め，校舎位置や図書蔵書を含めた施設設備の整備も進められた。二つに，仏教や神道は日本的な教養となる学問分野として，哲学館のように仏教系としての設立ではなかったが，それらの学問が日本独自の「大学」教育となっていったという点を指摘できよう。そして，学問的にも組織的にも相互に影響しあい，「大学」へと歩みを進めていった。閉鎖的教育から「僧俗共学」へと展開された仏教系教育に見られたように，「大学」とは幅広い教養の場であることを示したと言えよう。

注

1) 明治期に発足した宗教系教育機関は多種多様であり，それぞれの宗派，宗門によって一様にまとめることは困難ではあるが，本研究においては便宜的に，基本的な3大宗教系列として「仏・基・神」と3つに分ける。
2) 新島による『同志社大学設立之旨意』(明治21年発表)は，新島の構想を基に徳富蘇峰が添削を行い作成したものであるといわれる。
3) 『官報』には，「文部省告示第二十七号　京都府京都市ニ設置セル私立同志社専門学校ヲ私立同志社大学ト改称ノ件認可セリ」(『官報』明治四十五年二月十五日)と掲載された。
4) 原田助は，熊本洋学校から同志社英学校へ編入した「熊本バンド」の一人であった。卒業後，日本組合基督教会の牧師となった。1887(明治21)年に渡米し，シカゴ神学校やイエール大学で学んだ。
5) 1923(大正12)年に法律学科，1927(昭和2)年に哲学科をそれぞれ設置。
6) 専門学校令による「同志社大学」は，1922(大正11)年4月専門学校として神学部・英語師範部・商業部・政治経済部と再編された。
7) 「同志社寄付行為」(同志社社史資料編集所編 1979b：1161-92)。
8) 『同志社決議録　自大正元年十一月至大正九年三月』にはさまれた紙片による。
9) 大学名称については，『上智大学資料集』第2集に詳しい。
10) 専門学校令施行後，文部省は「専門学校令ニ依ラサル学校ニシテ大学ト称シ，若ハ大学専門学校ニ紛ハシキ名称」として「大学林」「大学校」「大学部」等を禁じた(天野『大学の誕生(下)』169頁)。
11) なお，徴兵猶予に関しては1900(明治33)年2月に認定された。

第4章　単一学部の「大学」設立

はじめに

　本章では，大学昇格時に単一の学部を設けた私立大学として，拓殖大学及び東洋大学を考究する。

　拓殖大学及び東洋大学は，「大学」名称期を経た後，それぞれ商学部，文学部のみの単科大学として大学昇格を果たした。本研究は「大学」名称への転換を焦点としているが，後に「単科大学」として制度上正規の大学となっていく私立専門学校がどのような大学構想のもとに発展を遂げたかを検討することは，私立専門学校の「大学像」を探る上でも重要な論点である。

　単科大学を認めるかどうかは，大学令公布にあたり最大の論点の一つでもあった。時期は前後するが，臨時教育会議における単科大学設置に関する論議から検討しておこう。

　大学の総合制・単科制問題は，大正初期頃から臨時教育会議期間中に至るまでの時期に特に議論された問題である。従来，分科大学が集合した総合大学である帝国大学のみが大学であった。しかし，一部の私学を除いて多くの私立専門学校が単科程度の規模であったために，単科制の大学の認可・非認可は，私学にとって「大学」と認可されるか否かに関わる根本的問題でもあったのである。本問題がいかに大きな問題であったかは，1918(大正7)年5月3日の臨時教育会議「総会」が，岡田良平文相の次のような発言から始まっていることからも明らかである(「臨時教育会議(総会)速記録第十六号」[1])。

　只今議題ニナリマシタ此大学教育ニ関シマスル諮問案ニ付(中略)是マデ大学ノ問題ニ付テ世間ノ研究話題トナッテ居リマシタコトデ綜合大学制及単科大学制ノ問題ガ先ズ最モ重要ナル問題デアルト考ヘル

この日は「大学及専門教育に関する件を付議」するための第一回目の会議であったが，同日の会議では「綜合大学論」関連の議論が多くを占めている。会議の冒頭において，例えば江木千之は次のような発言をし，単科大学を設けることは「やむを得ない」ことであるとしている。
　1）総合大学を十分に発達させて行くことを図ると同時に単科というものを認めざるを得ないこと。
　2）「大学」と名を付けている私立の専門学校でも大きなものはすでに総合大学の組織として計画しており，そういったものが東京市内においてすでに二校あること。
　3）併しそれでも十分とはいえないが，そういった私学を含めて暫くは単科大学として大学の点数を与えるより外はないこと。
　4）今日東京市内にある十幾つの「大学」を名乗る私立大学は，その実は専門学校である，是は綜合大学に入学するのと「同一の入学資格を付しているもの」としてこれを単科大学として「大学」を称させるほかないこと。
　5）単科大学は『ウニフェルジテート』ではない，という意味において大学の名を許したらよかろうこと。
　江木は，以上の5つを理由として，単科大学を設けることはやむを得ないことである，といった趣旨の発言を行った。続いて山川健次郎，小松原英太郎，沢柳政太郎等もこの問題について発言しているが，江木とほぼ同様の意見か，若しくは江木よりもさらに単科大学の認可を渋るような発言が見られた。
　一方，小山健三，嘉納治五郎，鎌田栄吉等も同問題について発言しており，彼らの意見は江木の意見に対して，やや積極的に単科大学を認めようとするものであった。
　中でも文部官僚であり，また財界の要人でもあった小山は，今後私立大学が成長していくことは自明のことであるし，単科大学自体が必要とされているのも事実明らかなのだから，私学を「継子視」せずに単科大学を認めるべきである，と積極的に私立大学及び単科大学を認めるべきとの発言をしている。会議での単科大学擁護の意見の多くは，総合大学だけが大学ということになれば，

多くの小規模な私立大学が認められない事態となることを恐れていた，私学関係者の立場から発せられたものであった。
　さて，上記の議論を受けて，1918 (大正7) 年5月25日付『教育時論』1192号には，臨時教育会議大学教育主査委員会の5月10, 13日に行われた会議の議事内容が見られるが，単科大学に関しては「反対者無しのもの」であるとまとめている。むしろ，「それより転じて若し単科大学を認むるとせば専門学校との関係を如何にすべきかに関し意見を交換する」ことが今後の課題であるとしている。
　沢柳政太郎は，大学というものは総合制であるべきと強く主張し続けていた人物である。しかし，臨時教育会議上での沢柳の発言や『大学及大学生』第7号等に記載された「大学制度論」等の寄稿を見ると，「露骨に言へば日本の私立大学と称するものは今日極めて不完全なものである，本当のまだ大学の体裁を為して居らぬ」のではあるが，時勢によって私学を大学と認めねばならなくなった以上，単科大学を創設することもやむを得ないことである，と渋々ながらも単科制を認める発言をしており，その後そういった「単科大学」は，「段段と綜合制度の精神が行はれて」いくべきであるとした。
　また，『大学及大学生』同号に掲載された「大学の新制度に就て」と題された高田早苗[2]の意見は，「官私立の間に差別を設けると云ふ議論は最早成立しまい，また大学は必ず綜合制でなければならぬと云ふ偏屈の議論も同時に行はるるやうなことはなからう」としており，江木のような大学の本質論的見解とは性格を異にした，著しく状況論的な論を開陳している点が注目される。
　これらの意見に対し，『教育時論』に掲載されている平沼淑郎の論は，単科大学の必要性についての冷静な意見である。平沼は，「純粋なる理論より云へば，綜合であっても単科であっても毫も支障はなささうに思はれる。しかし，西洋のユニヴァシテイの性質及その沿革より判断を下すときは大学は総合性を以て成らなければならぬ。反単科大学制の議論もその根拠をここに置いていた」とし，「沿革上より云へば，大学綜合を常例」とすべきであるが，しかしこれはただ沿革上より見たものに過ぎない，時勢によって単科大学の必要がある今は

「大学の本質を備へたる上」で単科大学を認める時期となっていると述べている(平沼淑郎「大学制度論」『教育時論』1195号，1918(大正7)年6月25日)。

　本題に関する議論はこのように本質論と状況論とが混在するものであった。これがそのまま大学令第二条「大学ニハ数個ノ学部ヲ置クヲ常例トス但シ特別ノ場合ニ於テハ単ニ一個ノ学部ヲ置クモノヲ以テ一大学ト為スコトヲ得」といった形に現れたと言うこともできよう。いずれにしても，大学令の制定によって日本に「単科制大学」が認可されることとなった。しかし，「総合制」の考え方がいまだ非常に根強いものであったことは指摘しておかねばならないだろう。

　なお，大学令公布直前に至ってもいまだ「総合大学論」が主流であり，その背景にはドイツ型大学の理念が広く知的世界，知識人層の間に根付いていたからと考えられる。

　例えば，江木は先述の臨時教育会議での発言の折，「大学制度ノ根本問題ニ関スル独逸碩学リョースレル氏意見一斑」を参考として引用し，教育調査会委員，臨時教育会議委員等には既にこれを配布していることを述べている。江木はリョースレルの意見を敷衍して自身の意見を展開し，大学は総合大学か，単科大学をも認めるかが最大の問題，根本問題であるとしつつ，先述したように総合制・単科制に関する意見を述べている。米・英型の単科制が浸透しきれず，普及が拒まれていたことの一つには，この考えが反映していたと推察される。

　そのほか，大学が総合制でなければならないとされた理由には，次のような要因も考えられていたことも指摘しておこう。

1) 高等教育機関の拡充が唱えられる中で，これに「年限短縮」施策が重なれば大学の学術水準の低下が加速される。それを防ぐためには，総合大学であることこそが必要である。
2) 私学が「大学」に昇格することに対し，国家体制として政治的治安維持への危惧があった。「総合大学論」は，大学の学術水準を保つためという大義名分によって帝国大学を擁護し，思想形成機能を独占し，さらに私学への警戒といった論点によって主張されていたと見られる。

第1節　拓殖大学

1. 台湾協会学校の創設と特徴

　拓殖大学は，1900(明治33)年6月に桂太郎を校長として設立された台湾協会学校を前身校とする。運営母体は桂が初代会頭を務めた台湾協会であり，台湾協会学校は台湾協会にとって有用な人材を養成することを目的として建てられた学校であった。

　日清戦争後に設立されたこの台湾協会は，台湾統治の実質的な人材を供給するため台湾協会学校を設立したのであり，その意味ではまさに日本の帝国主義的拡張のあらわれであるとともに軍事的侵略，植民地化が顕著になった時代を反映したものであったともいえる。こういった目的をもって創設された台湾協会学校は，単一学部の私立大学として大正期に迅速な大学昇格を果たしている。この大学昇格からは，学部数やその創設目的から見るだけでも帝国大学におけるそれとは異なる大学機能を持っていたことを容易に想像させる。

　台湾協会学校の運営母体は1898(明治31)年創立の「台湾協会」であり，校長の桂は台湾協会初代会頭でもあった。また，設立建議案を提出したのは台湾協会評議員石塚剛毅であった。

　台湾協会学校は台湾協会にとって必要な人材を養成することを第一として建てられた学校であった。もともと台湾協会は，日清戦争(1894～95年)を前後して，日本の帝国主義的拡張の現われである軍事的侵略・植民地化が顕著になった時代を反映して創設されたものである。日清戦争後，日本は台湾割譲を要求し，領有することとなった。このとき，日本にとって初めての植民地統治を司った台湾総督が桂太郎であり，台湾総督を辞した翌年にはそのまま陸軍大臣に就任している。日本内地にとってみても，この初めての台湾統治への関心が高かったことはいうまでもなく，台湾に関する会合も多く自生していた。それらの主要な三つが合流したものが台湾協会で，「台湾の一地，彼我人情の和熟せざる，此の甚しき」(「台湾協会主意書」)ことを克服せんことを目指した機関であった(拓殖大学八十年史編纂委員会編 1980：49)。

台湾協会の規約中に定められた「事業」(全七項)の5項目には，「彼我言語練習ノ便ヲ図ル事」とあり，その他台湾に関しての知識を広めるための活動を行うことを規約としていることから，そういった中心的活動の一つとして「台湾協会学校」の設立があったとみることができる。

　台湾協会評議員石塚剛毅によって1900(明治33)年2月12日に提出された台湾協会建議案は，「行政官及外交官並に領事官たるに適応すべき人材を養成する」ことを旨としていた。つまり，今後の台湾を足がかりとして，亜細亜全土を中心に貿易の発達を目指すにつけて，その発達を妨害する原因，将来の発展方法としてその対外発展のための人材不足の打開策として学校設立があった。台湾協会学校の卒業生には，無試験台湾総督府判任官登用や外交官領事官試験・海外実業に応じ得る便宜を図ることも建議案発案の時点で既にあがっていた。この建議案はすぐに認可され，1900(明治33)年7月25日に「台湾協会学校設立趣意書」が承認されている。

　台湾学校を設立し，専ら新領土経営に要する往邁敢然の人材を養成し，彼我の交情を調和便安ならしめ，以て殖産興業の発展を裨補し，聊か台湾の将来に貢献する所あらんことを期す。(中略)唯其熱帯に接し，独り気候風土の内地と異なるのみならず，習俗言語また異なる所あるを以て，彼我の交情密なるを得ず。(中略)必ず先ず其言語に通じ，其事情を暗んぜざるべからず。(中略)是れ豈素養ある有為適任の人士の来り拓くを待つにあらずして何ぞや

　上記の趣意書の内容は，植民地収奪のみの目的ではなく，台湾の文明開化の使徒となれ，という使命をもって創立されたことを強調している(『台湾協会報・別巻』)。また「台湾協会学校規則」第一章総則・第一条には「本校ハ台湾及南清地方ニ於テ公私ノ業務ニ従事スルニ必要ナル学術ヲ授クルヲ目的トス」となっている。台湾からさらに南清地方，つまり大陸に向かって勢力を伸ばしていくことを念頭に置いて設立された学校であった。

　すなわち，台湾協会学校は「台湾協会学校設立趣意書」によれば，「専ら新領土経営に要する往邁敢為の人材を養成し彼我の交情を潤和便安ならしめ以て

殖産興業の発展を裨補し聊か台湾の将来に貢献する所あらんことを期」(拓殖大学百年史編纂委員会編 2003：10)して設立され,「台湾協会学校規則」第一条に示された目的は,「本校ハ台湾及南清地方ニ於テ公私ノ業務ニ従事スルニ必要ナル学術ヲ授クルヲ以テ目的」(拓殖大学百年史編纂委員会編 2003：10)とするものであった。

卒業生には「無試験にて台湾総督府判任官に登用され数年の後は其成績に応じ高等官に採用するの特典を与へ」(「植民学校設置の建議」)ものとするなど,「植民学」という専門性に秀でた学校であった(拓殖大学百年史編纂委員会編 2003：9)。そもそも海外発展のための実務に携わる高等教育人材の養成を目指した学校であり, 軍部が政治への発言力を増すようになった時勢の戦時色を担いつつ, 植民地人材を養成する殖民専門学校としていかに実学に結びつけるかを重視したものであった。

2.「大学」名称への変更とその特徴

設立から3年後, 1903(明治36)年に専門学校令が発令されると, 台湾協会学校も私立専門学校として定められた基準を満たし, 同様に認可された50校の私学の一つとして, 台湾協会専門学校と校名改称した。専門学校令に基づく「台湾協会専門学校」となった時の学則第一条は,「本校ハ台湾, 朝鮮及支那其他南洋ニ於テ, 公私ノ業務ニ従事スルニ必要ナル学術技芸ヲ授クルヲ以テ目的トス」であり, 台湾協会学校開校時の学則第一条と大きく変わるところはなかった。

以降, 同校は4度にわたり校名改称を行っている。「私立台湾協会学校」として創設され, 1904(明治37)年4月より専門学校令による「私立台湾協会専門学校」となった。1907(明治40)年2月より「私立東洋協会専門学校」となり, 1915(大正4)年8月には「私立東洋協会殖民専門学校」と改称した。1918(大正7)年4月6日に「校名改称届」が東京府知事に提出され, 私立専門学校「拓殖大学」と改称することが認可された。

1917(大正6)年4月12日に行われた始業式(入学式)における, 当時の校長小

表 4-1 拓殖大学の校名改称年月及び校名

1900(明治33)年6月	台湾協会学校
1904(明治37)年2月	台湾協会専門学校(専門学校令による)
1907(明治40)年2月	東洋協会専門学校(専門学校令による)
1915(大正4)年8月	東洋協会殖民専門学校(専門学校令による)
1918(大正7)年4月	拓殖大学(専門学校令による)
1922(大正11)年6月	東洋協会大学(大学令による)
1926(大正15)年12月	拓殖大学(大学令による)

松原英太郎の祝辞によれば，私立東洋協会殖民専門学校の目的を次のように語っている。

　今や帝国海外発展の好機に於て，将来海外に出て殖民的事業に従事せんとするものは，益々有望の時に際会するものなれども，同時に時勢も益々進歩するものなれば，諸子は更に一層進んで学術の研究，心身の修養に努め，益々奮励して有為の人物となり，以て国家に貢献するの覚悟が必要である。
　新入生に対しては，第一に本校の目的に就て一応述べて置く。本校は殖民専門学校にして，已にこの校名が示せる如く，将来殖民的事業に従事する者を養成する学校である。随って本校に入学したる諸子は，総て将来植民地に出て事に従わんとの志望と覚悟を以て，入学したるものと信ずる。

この翌年に「大学」名称への変更が認可され，「拓殖大学」となった。4度の校名改称は，国運又は時運の進展と深く関連しており，国の発展とともに飛躍していこうという気概が主張されている。そのため，「大学」名称を冠したいとする実際の具体的案がでてきたのは，私学の大学昇格が現実味を帯びた大正期に入ってからのことで，それも大学令公布間近になってからであった。
　なお，経営主体として財団法人東洋協会は，1914(大正3)年に社団法人東洋協会へと変更された。同校が「台湾，朝鮮，満州及東洋各地ニ於ル公私ノ業務ニ服スベキ人材ヲ養成スルニ必要ナル学校ヲ経営スル」(「社団法人東洋協会定款」第一条第二項『拓殖大学要覧(大正8年度)』)ことを目的としていたこと，すなわ

ち「大学」教育を視野にいれた設立ではなかったと見られることも,「大学」名称への転換が遅れたもう一つの理由として考えられる。

■ 教育条件の充実と変容

1900(明治33)年に台湾協会学校が設立されたときの教員数は23人で, 入学者は100人であった。うち, 中学卒業者が72名, 学術体格両試験合格者が28名であった。

「台湾協会学校規則」第八条には,「本校ハ台湾及南清地方ニ於テ公私ノ業務ニ従事スルニ必要ナル学術ヲ授クルヲ目的トス」とあり, 入学資格は「一, 年令十七才以上ノ男子ニシテ体格検査ニ合格シ入学試験ニ及第シタル者 二, 中学校卒業者又ハ之レト同等以上ノ学校ヲ卒業シ体格検査ニ合格シタル男子」となっている。開校された時点で設けられていた学科は,「台湾協会学校規則」第三条によれば,「本校ニ行政科, 実業科ヲ設ク」とある。このときに定められた教授科目は次のとおりであった。

台湾語, 支那官語, 英語, 簿記, 数学, 統計学, 法学通論, 刑法, 民法, 商法, 国際法, 行政法, 経済学, 財政学, 農政学, 商工経済学, 商業地理, 殖民史, 亜細亜史, 各学年ニ於テ教授スル科目ハ別表ニ之ヲ定ム

この学科編成で1週間の授業受講数は, 一学年目で28科目であった。うち, 台湾語, 支那官語, 英語の, 三つの語学科目の授業開講数が合計18コマであったから, いかに語学が重要視されていたかがわかる。この語学偏重の傾向は, 二学年, 三学年になっても変わることはなかった。その後, 専門学校令の公布に伴って, 1904(明治37)年の4月から法律に関する専門学校として,「私立台湾協会専門学校」と改称した。「公私立専門学校規程」に基づく改組が具体的に行われたかどうかの詳細は不明であるが, 以下のようなことは行われていた。

まず, 1901(明治34)年5月, 現在の拓殖大学の敷地とほぼ同位置に校舎の設置を決定している。この土地は官有地であったが, 同年同月16日より借用を許可されており, 東京都に契約書を提出して工事に着工し, 落成したのは同年10月28日であった(拓殖大学八十年史編纂委員会編 1980：87)。これは,「公私

立専門学校規程」の第六項にある,「敷地建物ノ図面及其ノ所有ノ区別」の提出に対応する。また,専門学校令下となる前年の1903(明治36)年4月には,「行政科と実業科の別を廃し」(拓殖大学八十年史編纂委員会編 1980：97)ている。

なお,『日本帝国文部省年報』に学校ごとの資料が初めて掲載されたのは,明治35-36年(明治35年度)以降のことである。ここに掲載された台湾協会学校の学科は,"法律"となっていて,修業年限は3年,学級数は3と記載されている。生徒数は男子のみで238,卒業者数48,教員数男23(女0)となっている。ここで,学級数が3と記載されているが,これは一学年一学級という意味で,三学年あるから三学級であるという意味であろう。

さて,1907(明治40)年2月より校名が改称され,私立東洋協会専門学校となった。これは日露戦争後の韓国,広東州が日本の租借地となったことに関係していた。即ち,私立台湾協会専門学校の経営主体であった台湾協会が,「台湾」の範囲から満韓地方に範囲を拡張することに改めたことによって団体名も改称し,それによって台湾協会専門学校の名称も改められたのである。ここでは,学科,学科目等に特に変化はない。

1915(大正4)年8月より,私立東洋協会植民専門学校と改称している。「東洋協会植民専門学校学則」の第1条では,その目的として「本校ハ台湾,朝鮮及支那其他南洋ニ於テ,公私ノ業務ニ従事スルニ必要ナル学術技芸ヲ授クルヲ以テ目的トス」と述べられており,また内容としては第2条に「法律,経済,植民ニ関スル学術及英語,支那語,台湾語及朝鮮語ヲ教授ス」となっている。

1918(大正7)年4月より「拓殖大学」となった学科編成は,大学部予科1年,大学部本科3年,専門部本科3年となった。これとは別に卒業生に対して1年乃至3年間の研究科も設置している。この時期の「大学」でも,予科の修業年限が1年であったことを強調しておこう。

このときの「拓殖大学」学則第1条には,「本大学ハ植民,貿易,法律,経済ニ関スル学術及語学ヲ教授シ,台湾,朝鮮及支那,南洋等ニ於テ公私ノ業務ニ従事スル者ヲ養成スルヲ以テ目的トス」と目的が掲げられた。また,こうした目的に合わせ,学科目の編成も予科は「修身,支那語台湾語又朝鮮語(時文

ヲ含），英語，漢文，作文書法，法律学通論，経済学，数学，簿記，体操　計三三」，本科学科課程として「修身，支那語台湾語又朝鮮語(時文ヲ含)，英語，漢文，作文書法，東洋近世史，東洋事情，法律学(1年・憲法，民法，2年・行政法，刑法，商法，3年・国際法，手続法)，経済学，数学，簿記，植民史，植民政策，地文学，計理学，商業経営，工場管理，税関及商品学，交通，理工学，農業経営，第二外国語，体操」と変更している。また，科外としては，東洋史，社会学，衛生，産業組合，拓殖に関する講座も適宜置かれることとなった。また，本科の第二外国語として，マレー語，ロシア語，スペイン語，オランダ語の4カ国語が置かれ，このうちの1科目が学べた。

　「大学」名称となった際より学生定員は600名と大幅に増加された。しかし，『日本帝国文部省年報』の記載によれば，この時期の学生数は定員に満たず，大学令によって大学昇格を果たす前年の1921(大正10)年の記録でも，大学部本科における総生徒数は205名，大学部予科の総生徒数は149名となっている。但し，この年の専門部の生徒数については不詳，専任教員数は21名となっている。

　1922(大正11)年6月，同校は私立東洋協会大学として大学令に基づき大学昇格を果たし，大学予科の修業年限は3年へと伸長した。このとき，「財団法人東洋協会大学学則」第34条により，卒業生に対して「商学士」と称することが認められた(拓殖大学百年史編纂委員会編 2003：124)。

　初年度の予科生徒数は126名となっており，有資格者の教員17名，無資格教員9名の計26名が専任教員として登録された。因みに，この年の入学志願者は153名で，全員が合格して，来年度新入生として認められた。また，学部は商学部，一学部が認可され，修業年限3年であった。商学部には，予科を修了した生徒たちが3年後の1925(大正14)年から入学してきているため，初年度の学生数は0名となっている(浅沼 2000：1-29)。

　以上見てきたように，同校は専門学校令に基づき，私立台湾協会専門学校，私立東洋協会専門学校，私立東洋協会殖民専門学校と変遷を重ね，1918(大正7)年4月「拓殖大学」と改称することが認められた。ここにおける制度改革と

学科内容の変遷は先にもみてきたが，大学令に基づく大学昇格を果たすにはまだ遠い存在であったとも言える。拓殖大学の大学昇格に際して，その苦心は一般に校友会等の活動には見られなかったことにも特性が見られるだろう。なお，大学昇格時の供託金については，当時の学長であった後藤新平の掛け合いによって，台湾の精糖会社からの寄附金をうけることに成功したことによってまかなわれた。また，校舎の新設，運動場の建設，図書館設備等もすべて台湾関係者らの寄附金に頼ったものであった。

「拓殖大学」はこれまで検討してきたように，社団法人東洋協会の事業の一環として経営されていたものであり，独立した存在でなかった。しかし，大学昇格に際しては「財団法人」とならねばならなかったため，社団法人東洋協会とはその経営と教学とにおいて分離独立するかたちとなった。ただし，社団法人東洋協会が戦後になって解散となるまでの間，協会会員は，同校の評議員，理事会の構成員となっていることからも無関係となったわけでなく，むしろ組織そのものは別であったが，実質的に東洋協会によって運営されていたことは変わりなかった。

3. 「拓殖大学」時代の新渡戸稲造

「大学」名称を冠した「拓殖大学」時代を検証するにあたり，新渡戸稲造の果たした役割について考察しておこう。

新渡戸稲造は，1917(大正6)年4月から1922(大正11)年4月までの期間，「拓殖大学」第二代学監及び植民政策主任教授をつとめた。このことは，従来の新渡戸についての数多い伝記研究や思想研究においてほとんど注目されてこなかった事実である。

例えば新渡戸に関する多数の先行研究は，①国際人としての新渡戸，②『武士道』著者としての新渡戸，③植民政策学者としての新渡戸，④教育者としての新渡戸，⑤国際連盟事務局次長及び晩年における太平洋問題調査会理事長としての新渡戸，等のテーマに大別することができる。これらの研究中，拓殖大学学監あるいは植民政策主任教授としての活動について指摘した研究はほとん

ど見当たらない。また，新渡戸の伝記類から教育者としての足跡を辿ってみても，東京帝国大学教授のほか，札幌農学校教授，京都帝国大学法科大学教授，第一高等学校校長，東京女子大学初代学長に関しては記述があるのに対し，拓殖大学学監就任の履歴については略年表にさえ触れられていない場合がほとんどである。

しかし，新渡戸の人物像を把握する上でも「拓殖大学」学監及び植民政策主任教授をつとめたということは，国際人及び植民政策学者などの多くの肩書きを有する新渡戸の活動を評価する上で極めて重用であると考えられる。なお，新渡戸を論じる上でキーパーソンとなる後藤新平は，後に第三代学長に就任し，同校の発展に極めて重要な役割を果たしている。この点における後藤と新渡戸の関係についても，従来の新渡戸研究では触れられていない。

新渡戸の「拓殖大学」在任期間は，拓殖大学史にとっても極めて重要な変革の時期に当たる。1917（大正6）年12月，東洋協会植民専門学校から大学名を冠した専門学校である「拓殖大学」への名称変更が認可され，1922（大正11）年6月には大学令に基づく大学設置認可を受け東洋協会大学として大学昇格を果たした。新渡戸の在任期間と同校の新体制への移行時期とは重なっており，そのため拓殖大学史における新渡戸の役割は大きいものであったと言えよう。

新渡戸稲造の同校学監への就任にともない，期待された役割をまとめておこう。

1) 新渡戸は学監就任時に，東洋協会植民専門学校校長の小松原英太郎（第二代学長）から，学校教育訓育の全般を依託されていた。
2) 新渡戸の学監就任の翌年，校名を東洋協会植民専門学校から「拓殖大学」へ改称し，辞任直前において東洋協会大学として大学昇格を果たしていることから，同校における大学昇格構想に参画したと考えられる。
3) 新渡戸は後藤新平との繋がりから，1902（明治35）年臨時台湾糖務局長に就任しており，台湾事業（精糖会社）に精通していた。同校における大学昇格時における供託金のほとんどは台湾精糖会社からの資金であった。そのことから，大学昇格時における財政的なバックアップにも何らかの形で関係

していたのではないかと推察することができる。

新渡戸と「拓殖大学」との関係を詳細に伝える資料は少なく，ごく限られたものである。しかし，学監就任期間の実績や拓殖大学関連の刊行物に発表した数点の論稿，講演，訓示等には新渡戸の教育者，あるいは植民政策学者としての思想が表れている。これらを分析することを通じて，拓殖大学史における新渡戸の役割を明確にできると考える。

■ 台湾協会学校の創設と学監職の設置

表4-2からもわかるように，台湾協会学校における学監職は台湾協会学校創設の翌年に設けられたものであった。

学監職の設置経緯は明らかではないが，初めて学監の職が確認されるのは，1901(明治34)年5月3日に出された台湾総督府民政長官後藤新平宛の「事業報告書」で，「一，職員　校長会計主任学監幹事講師書記ヲ置ク」(拓殖大学百年史編纂委員会編 2003：28)とある。また，学監の職責は1902(明治35)年の「台湾協会学校規則」に初めて示されており，「学監ハ教務ヲ監理ス」とされている。台湾協会学校の初代学監は松崎蔵之助であった。

松崎の学監就任について『拓殖大学六十年史』は，「松崎蔵之助学監の就任式があり，桂校長は職員学生を集めて，学監新設のこと，松崎氏推薦の事を披露し，松崎新学監は就任の次第を述べ，さらに学生に対して訓示をした」(拓殖大学六十年史編纂委員会編 1960：73)と述べている。松崎の学監在任期間は1901〜1914(明治34〜大正3)年であり，台湾協会学校，台湾協会専門学校，東洋協会専門学校にわたる約13年間，学監を務めた。1914(大正3)年の松崎の辞任後

表 4-2　歴代校長（学長）・学監及び在職期間

初代校長	桂太郎	1900(明治33)年6月〜1912(大正1)年9月
第2代校長(学長)	小松原英太郎	1912(大正1)年9月〜1922(大正11)年7月
第3代学長	後藤新平	1922(大正11)年7月〜1929(昭和4)年6月
初代学監	松崎蔵之助	1901(明治34)年5月〜1914(大正3)年7月
第2代学監	新渡戸稲造	1917(大正6)年4月〜1922(大正11)年4月
第3代学監	松岡均平	1922(大正11)年4月〜1924(大正13)年3月

はしばらく学監不在となっており，その間は校長の小松原英太郎が学監職を兼務する，という体制が取られた（拓殖大学六十年史編纂委員会編 1960：185）。

約3年の学監不在の後，1917（大正6）年4月に第二代学監として新渡戸稲造が就任した。東洋協会植民専門学校から「拓殖大学」へ改称する直前のことであった。

■ 新渡戸の学監就任とその職責

新渡戸が東洋協会植民専門学校の学監に就任した経緯について記されている史資料は見あたらない。そのため，学監就任の背景を新渡戸の植民政策学者としての専門性，台湾総督などにおける活動やつながり，人脈などから推測するしかないが，恐らくは，台湾において台湾総督府技師，台湾総督府民政部殖産課長，臨時台湾糖務局長を歴任しており台湾に造詣が深かったこと，及び東京帝国大学法科大学教授として最初の植民政策講座をつとめた植民政策学者の第一人者であったことなどが，学監就任の背景となっていたのではないだろうか。

学監としての活動内容についても，具体的に記した資料がほとんど残っておらず，後述するように東洋協会関係雑誌に掲載された卒業式学監訓示の記録が1回残されているのみである。新渡戸の学監就任式において，小松原英太郎校長は以下のような訓示を述べている（拓殖大学八十年史編纂委員会編 1980：201-2）。

本校教育ニ関スルコトハ，挙ゲテ新渡戸博士ニ委任スルノデアル。故ニ博士ハ将来，生徒ニ対スル訓育ノ中心トナルハ勿論本校教育ガ実際本校ノ目的ニ副ヒ，本校設定ノ本旨ニ適スル人材ヲ養成スルニ於テ，時勢ノ進歩ト要求トニ遵ヒ常ニ改善ヲ図リ，各職員ト協同一致シテ本校教育ノ成績ヲ挙ゲルコトヲ期スルガ如キ，日常校長ノ任務ハ博士ニ委託シ，益々本校ノ特色ヲ発揮センコトヲ欲スルノデアル

このように小松原は学監新渡戸に対し，学校教育や訓育のみならず「日常校長ノ任務」も全てを託すとした。同時に，「一週二回以上ハ必ラズ御出校下サルコトニテ御承諾ヲ得タ次第デアッテ」（拓殖大学八十年史編纂委員会編 1980：

201)とかなりの頻度で新渡戸が来校する旨を述べている。このように新渡戸は学監就任時に実質的な学校の采配を全て任されており，新渡戸の学監就任は東洋協会植民専門学校にとって非常に画期的な出来事であったと推察できる。

　新渡戸が学監に就任した1917(大正6)年の12月，拓殖大学への校名改称にともない学内規程類の変更も行っている(「拓殖大学規程(大正六年十二月十二日決定)」)。定められた「拓殖大学規程」は『大正八年度　拓殖大学要覧』に記載され，その中に示された学監の職責は，「学監ハ学長ノ命ヲ受ケ教務ヲ董督シ学生ノ訓育ヲ掌ル学長事故アルトキハ其事務ヲ代理ス」となっている。それ以前の松岡学監期における「学監ハ教務ヲ監理ス」とのみ示されていた職責に比べ，「教務ヲ董督」し「学生ノ訓育ヲ掌」り，また学長事務を代理で行うことができるなど，その職権が明確に記されていることがわかる。その後，大学令に基づき東洋協会大学として大学昇格を果たした1922(大正11)年6月に規定した，『大正十一年九月　東洋協会大学一覧』中の「東洋協会大学規程」に示された学監の職責を見ると，「学監ハ大学長ノ命ヲ受ケテ大学ノ学務ヲ管理ス」と変更されている。

　これらの経緯から，非常時において学長の「事務ヲ代理」することができると規程中に明確に示されていたのは，1917(大正6)年12月から1922(大正11)年6月までの時期のみであったことがわかる。この時期は新渡戸の学監在任期間である1917(大正6)年4月から1922(大正11)年4月とほぼ一致する。つまり規程上から見れば，学長の「事務ヲ代理」しえた学監は新渡戸のみであった。このことは，拓殖大学が新渡戸の学監就任にいかに期待をしていたかを表しているといえよう。

　一方，新渡戸はその後の約5年間の学監在任期間中，同校以外の場でも多くの仕事をかかえていた。表3からわかるように，学監就任の翌年，1918(大正7)年に東京女子大学の学長に就任しており，さらにその翌年の1919(大正8)年3月から後藤新平らとともに欧米視察に出かけ，その最中に国際連盟事務局次長[5]に内定し，その翌年正式に次長職に就任したことによりロンドン及びジュネーブに滞在している。そのため，学監として実務を行い得たのは最初の2年間だ

けであったと思われ、そのうちの1年間は東京女子大学学長も兼務していたこととなる。しかも年度末を迎える直前の3月から欧米視察に出たため、卒業式の訓示にいたっては初年度の一回しか行っていない。

■ 台湾協会学校・東洋協会専門学校・拓殖大学における講演内容

　台湾協会(東洋協会)関係雑誌・刊行物に掲載されたものから確認すると、新渡戸が同校の学生に対して公に行った講演(訓示)は、前述の卒業式訓示を含めて以下の3回であった。もっとも卒業式訓示以外は学監就任以前のものであり、来賓として来校したときの講演の記録である。

① 「台湾協会学校学生諸君に告ぐ」(『台湾協会会報57号・58号』明治36年6・7月)
② 「台湾学生の為めに」(『東洋時報202号』大正4年7月)
③ 「東洋協会植民専門学校第16回卒業式(学監訓示)」(『東洋時報235号』大正7年4月)

　①は、台湾協会学校開校間もない頃の台湾協会学校寄宿舎における講演記録で、台湾協会学校学生との間で「何にも台湾に直接関係ないことでも宜からう、御互に宿題にして考へて見たいといふ一二の問題」(拓殖大学百年史編纂室編 2001：66)について、日本人の海外思想としての問題点や植民思想の課題を述べたものである。日本人の植民における問題は、「日本人は島国根性が多くて、口では随分海の日本、或は世界に於ける日本の位置といふて、随分大きなことを言ふけれども、其心持に至っては大変狭い」(拓殖大学百年史編纂室編 2001：67)ことが問題であり、「其度量をモット大きくしなければならぬ」、それは「一言で言ふと、海外思想を養ふといふことである」(拓殖大学百年史編纂室編 2001：71)としている。

　また、「台湾が日本の手に這入ってから以後といふものは、大分日本人が南の方に向いて来た」(拓殖大学百年史編纂室編 2001：72)、それは肩を並べるまでにいかないまでも「兎に角世界の仲間入」(拓殖大学百年史編纂室編 2001：73)をし

たということであり，今後は「どうしても日本は工業商業で持たなければならぬ国であると思ふ」と述べ，その工業商業の進歩のために「殖産を興すこと，殖産といふのは何のこと。縮めて言ふと農業を発達さして行かねばならぬ」，台湾は「今の所では工業や商業に適して居らぬ」(拓殖大学百年史編纂室編 2001：73)けれども農業には適しており，「台湾はやり方に依っては十分に日本人の技術を一つ持つべき余地があると思ふ」，「台湾其物が既に我々の海外思想を一つ養ふの非常なる手段と」(拓殖大学百年史編纂室編 2001：76)なると述べている。新渡戸は台湾を，海外の思想を養う実験場であると台湾協会学校の学生に対して説いている。

②は学監就任の約2年前のもので，東洋協会専門学校の高砂寮の寮生たちに対して行ったものである。ここでは「十余年前には台湾の官吏であった昔話をして少しく諸君の御参考に供したい」(拓殖大学百年史編纂室編 2001：153)とし，自身が台湾へ渡ることになった経緯，及び台湾の殖産と植民の今後について思うことを述べている。すなわち，新渡戸が初めて台湾へ渡った「十余年前」の台湾統治は児玉源太郎，後藤新平によって行われており，「児玉，後藤の台湾統治政策は殖産を奨励して財源を固くするを主としたることで」(拓殖大学百年史編纂室編 2001：157)，「もう一つ両君の目的は島民に恒産の安固と恩恵を授けんとするにあった」。その賛助のため台湾へ呼ばれた新渡戸は，「此所で産業としては先ず世界的商品砂糖が一番良いと思ひ」(拓殖大学百年史編纂室編 2001：159)，「台湾の経費は砂糖から取れる」(拓殖大学百年史編纂室編 2001：160)との意見書「糖業改良意見書」を出し，総督府で糖業を奨励した結果，「台湾が産業上如何に有望なるか」，「果せるかな今日台湾は宝の庫である」(拓殖大学百年史編纂室編 2001：163)ことを確信した。そして今日，「台湾に於ては児玉さん後藤さんの殖産政策を遂行して富源を開発し，以て彼の島を賑かし，彼の島を治め彼の島の民に恩沢を施すこそ，遠き慮ある者の取るべき途ではなかろうか」(拓殖大学百年史編纂室編 2001：167)と述べているとおり，現地に赴いて台湾の「殖産」を勧めることの重要性を東洋協会専門学校学生に対し説いている。

③は，「学監」就任初年度の卒業式における訓示で，新渡戸の「拓殖大学」

在任中の，唯一確認できる講演記録である。その中で新渡戸は，「学校の目的は早晩諸君の海外に活動されるといふことを希望するのである」(拓殖大学百年史編纂室編 2001：266)として，その際「一身のために国を煩わすようなことのないように願いたい。由来植民に成功した国民を見ると此点に付ては最も注意をして居るやうである」(拓殖大学百年史編纂室編 2001：268)と卒業生が海外に渡ったときに心得ておくべき点を具体的に語っている。海外において，「日本帝国の保護の下に我国の光栄を海外に顕すといふことに付ては，自から制し，自ら其任に当るといふことに付ては各自名々が強くなければならぬと思ふ。此ことに付ては卒業されて，将に実務に従事される時に当って，諸君は鞏い決心を有たれたいと思ふのであります。是が本校の目的であり，是が本校を創立された桂公の思召であったといふことを確信します」(拓殖大学百年史編纂室編 2001：270)と述べ，国家を背景に威を振るのではなく，まずは自身が強くあることが本校の教育目的であると述べている。

　以上の三つの講演，訓示の特徴は，第一に，「拓殖大学」(台湾協会学校，東洋協会専門学校，東洋協会植民専門学校を含む)の卒業生は現地，つまり台湾をはじめとした植民地へ赴いて仕事をすることを当然の前提としていることである。学生に対し新渡戸は，自身の経験に基づき台湾という植民統治に渡る際の注意点について具体的に語っている。学監訓示である③では特に，「学校の目的」「本校の教育」といった表現が使用されており，海外の「風俗習慣の良い所は飽くまでも応ずるが宜し，堕落した風俗習慣に自らを捧げるという必要はない。必要がないどころではない。排斥するだけの勇気がなければならない。そういう人物を養うためにこの学校ができているのである。」(拓殖大学百年史編纂室編 2001：269)と述べ，教育目的を明確に示している。それに関連し第二は，新渡戸自身の経験に基づき，日本人が植民地及び植民統治においてどのような点に気をつけなければならないかということを，「海外思想」として述べている点である。その一例として新渡戸は，「我輩が諸君に望むことは個人として強かれといふことを言ひたい」(拓殖大学百年史編纂室編 2001：267)とし，「日の丸の影に隠れて日本人は安逸を貪る風がある」(拓殖大学百年史編纂室編 2001：268)が，

「一身の為に国を煩わすやうなことのないように願いたい」と述べ，むしろ「国家主義なるものを個人主義が守る」気概をもってほしいと訴えている。

　前述したように，新渡戸は東洋協会植民専門学校の学監に就任すると同時に植民政策主任教授も兼任していた。しかし新渡戸が拓殖大学（東洋協会植民専門学校）においてどのような植民政策を論じたのか，その講義録は見つかっていない。但し，台湾協会（東洋協会）関係雑誌・刊行物には，植民政策関連の論文として以下の著作を見ることができる。

　④「殖民地の母国に及ぼす危害」（『台湾時報—東洋協会台湾支部刊—2号』明治41年3月）
　⑤「近時殖民論の勃興」（『台湾時報—東洋協会台湾支部刊—8号』明治43年2月）
　⑥「資本と殖民」（『東洋時報145号』明治43年10月）
　⑦「熱帯植民に就て」（『台湾時報—東洋協会台湾支部刊—23号』明治44年6月）
　⑧「植民の根本義」（『台湾時報—東洋協会台湾支部刊—80号』大正5年5月）
　⑨「植民講話／大和民族の発展」（宮原民平編『植民講話』pp.1-19 大正8年1月）

　ここでは⑨「植民講話／大和民族の発展」を見ておこう。新渡戸の拓殖大学における「科外講演」と東洋協会における「通俗植民講話」を小冊子にまとめたものである。
　その中で新渡戸は，「我が国民はいわゆる島国根性を捨てて，世界的精神を養い，常に洋々たる大海を眺めて一大発展を試みなければならない。斯くの如くして海外発展策を講ずるは大和民族の発展を計る所以に外ならないと思ふ」（拓殖大学百年史編纂室編 2001：272）とし，そのために「植民という問題の生ずるは自然の成り行きと言わねばならない」し，植民の問題に注視しつつも植民に積極的に取り組むことが「世界の大問題」であるとしている。
　その上で，「今日の如く南洋の諸島が悉く夫々文明国の植民地となれるものを貪り取らんとする如きは決して主張せぬ。然れども日本の内地にあり余れる

人間が溢れてこの方面に流れ出すことは，人為的の策略でもなければ或は野心的の行為でもない。云はば水の低きに就て流るるが如きものである」(拓殖大学百年史編纂室編 2001：277)と植民は自然の原理であると述べている。そして，植民政策遂行に必要とされるのは，「第一は身体の健康」，さらには身体の弱さに打ち勝つだけの精神力つまり「身体意志の鞏固なる」(拓殖大学百年史編纂室編 2001：278)こと，現地において「個々に生存し得る力」(拓殖大学百年史編纂室編 2001：279)，「高尚なる友誼により交を厚く」(拓殖大学百年史編纂室編 2001：280)することなど，「海外に在留せる者」に対する生活訓話を説くに止まっている。ここに見られるように，新渡戸の植民思想は，理論的というより実際的な論旨からなっていた。特に「拓殖大学」在任中の新渡戸は，学監としての職責上，現地に赴く人材養成を強く意識して植民肯定論に立ちつつ，個人的信念の強い人材の育成を説いていた。

■ 新渡戸の教育観と「拓殖大学」

　前述したように，新渡戸の学監就任直後に東洋協会植民専門学校は「拓殖大学」へと改称した。また，新渡戸の辞任直前に大学令に基づき東洋協会大学として大学昇格を果たしている。このことから，新渡戸は拓殖大学における大学昇格構想に参画，関与したと考えてよいだろう。

　では，この時期の新渡戸の大学観，教育観はどう示されただろうか。

　前述したように，関連資料としては，台湾協会(東洋協会)関係雑誌・刊行物に掲載された講演，訓示，論文，その他新渡戸の動向を伝える若干の記事(2件)があるのみである。資料が極めて限られているため，新渡戸が同校の「大学」化において台湾協会(東洋協会)関係雑誌・刊行物の記事や，拓殖大学の発展過程の中で検証する以外にない。

　台湾協会(東洋協会)関係雑誌・刊行物である『台湾時報―東洋協会台湾支部刊―』83号(大正5年8月)には，新渡戸による「大学の種類」という講演記録が残されている。

　その中で新渡戸は，「日本では学問といふと文字に依って学んだものでなければ学問とは思はぬ。俗にいふあれは耳学問といふ。あれは耳学問をした奴だ

といふ。今日帝国大学に行って学問をするのは耳学問だ。特に目で学問をするのは博物館か何かで，智識といふことは耳学問をして来るけれども，字でも見て目でちゃんと見て居ないと本当の学問した気になれない」（拓殖大学百年史編纂室編 2001：255）ことが困った問題であると述べている。つまり，日本人は「文字に書いてある通り信じさへすれば学問だと思って居」（拓殖大学百年史編纂室編 2001：257）り，「実用といふことに付て甚だ迂とい」（拓殖大学百年史編纂室編 2001：258）としている。さらに，日本の大学は「大学といふけれども其実大のことを学ぶのではなくして頗る小のことを学ぶ所」（拓殖大学百年史編纂室編 2001：262）となってしまっており，「学問が分離或は離散して仕舞ふならば大学とは最早言へない」（拓殖大学百年史編纂室編 2001：263）とする。

　要するに，大学とは「自分の専門以外の高い所の立脚に時々立って見なければな」（拓殖大学百年史編纂室編 2001：264）らず，そうすることによって「総らゆる智識が段々一緒に喰っ付いて来て大学といふ性質を構成することになる」（拓殖大学百年史編纂室編 2001：265）との考えを示している。

　このように新渡戸は，専門に分かち，また実学に乏しい帝国大学的な教育観をむしろ否定し，実学を重視する教育観を示していた。その意味で，まさに実学を教育目的としていた「拓殖大学」は，新渡戸の教育観と一致していたということができる。もともと教育目的を明確にもち，実学が息づいていた同校は，こういった新渡戸の教育観を実践していた学校であった。

　以上検討してきたように，新渡戸は短期間ではあったが，「拓殖大学」（東洋協会植民専門学校）において学校運営を全面的に任されており，5年にわたる在任期間のうち最低2年弱の間，拓殖大学の学生に対して熱心に教育をする義務と責任を有していた。

　台湾協会（東洋協会）関係雑誌・刊行物に掲載された新渡戸の訓示や講演記録を通して見られる新渡戸の考え方は，拓殖大学の教育目的に添ったものであったということができる。すなわちそれは，新渡戸自身の経験に基づく非常に具体的で現実的なものであった。それは現地人材の育成を目的にしていた学校にとって非常に適していたといえる。

「拓殖大学」にとって，新渡戸の果たした役割はどのようなものだっただろうか。

一つに，「大学」名称となることや大学昇格に際し，同校にとって国際的ネームバリューを有していた新渡戸の存在そのものが重要であったということ。二つに，新渡戸が実践経験豊富な植民政策学の第一人者であったことから，植民地人材の養成を目的としていた拓殖大学が学監及び植民政策主任教授として招くにあたり，新渡戸以上の人材はいなかったといえること。三つに，新渡戸の就任が，まさに「大学」構想が活発化し始めた時期であり，さらに同校の大学昇格に必要であった資金の大部分が新渡戸と因縁浅からぬ台湾の精糖会社からの寄附であったことから，新渡戸を学監として招聘することは，「拓殖大学」にとって行政上及び財政上に少なからぬ意味があったと考えられる。

一方，新渡戸にとって，拓殖大学就任の期間は次のような意味を有していた。

一つに，新渡戸は当時実践的植民政策学者として第一人者であり，植民地管理者としての実践的経験を踏まえていた。また，その実践経験を積んだ台湾の土地では台湾総督府内における多くの人脈が生まれており，台湾総督府に在籍した多くの人材は台湾協会の関係者であり，少なからず拓殖大学の関係者であった。それらの人脈は，新渡戸にとって極めて重要なものであったということができ，その上で拓殖大学への就任依頼は新渡戸にとって断ることのできないものであった。

二つに，国際人としての新渡戸にとって，拓殖大学の存在は自身の活動の場として一定の意味を見出したと考えられる。すなわち新渡戸は，国家主義の延長ではなく個人主義を唱え，個人の強さが国際社会において必要であると主張しており，その個人主義にたつ国際主義思想を教育として実践することができると新渡戸自身が信じた可能性があった。

この後，公布された大学令に基づき拓殖大学は大学昇格申請を行い，1922(大正11)年6月に東洋協会大学として大学昇格を果たす。

『拓殖大学八十年史』によれば，「大学令による大学に昇格するには，相当程度の資金を必要としたが，文部省への供託金五十万円をはじめ，本館，付属設

備，東久留米の運動場の建設に要する資金の大部分は，後藤学長の努力により，主として台湾の精糖会社からの寄附金によってまかなわれた」(拓殖大学八十年史編纂委員会編 1980：244)とあり，拓殖大学(大学昇格時は東洋協会大学)の大学昇格時における供託金のほとんどが台湾精糖会社からの資金であったとしている。一方，新渡戸は児玉源太郎台湾総督や後藤新平台湾総督府民政長官のもと「糖業改良意見書」により糖業の近代化を提言，1902(明治35)年に臨時台湾糖務局長に就任したことは前述したとおりである。そのため台湾の精糖事業に精通していた。そのことから，大学昇格時における財政的なバックアップに後藤だけでなく新渡戸自身も貢献していたと考えることができる。

第2節　東洋大学

1. 哲学館の創設とその特徴

哲学館は，1887(明治20)年9月に井上円了によって創設された。近代的日本社会の形成に欠かせない哲学の普及，教授を目的とした専修学校であり，「諸学の基礎は哲学にあり」との理念を掲げた。当時，「哲学」を専門的に学べるのは帝国大学(東京大学)のみであったなか，東京大学文学部哲学科を卒業したばかりの円了が哲学を短期間で専修できる高等教育機関の必要性を訴え，創設に及んだ。

東京府知事へ提出した「哲学館設置願」には，1年制の「普通科」及び2年制の「高等科」の開設が示されており，普通科では哲学の大意，基礎を学ぶものとし，高等科では哲学のほか，自然科学を含む教養教育を行うものとされた。

哲学館の教育は，「速成」「日本語による講義」が旨とされ，授業料は年間12円で，慶應義塾30円[7]などと比べて私立専門学校の中では比較的低めに設定された。すなわち，経済的にも時間的事由からも帝国大学へ進むことができないが，哲学を学びたいという人を入学対象としていた。教員は円了と同時期に東京大学(帝国大学)を卒業した若手の講師たちが中心で，円了自身が東京大学予備門で教えを受けた岡本監輔等も招聘された。カリキュラムも基本的に東京大学を模倣し簡略化したものであった。

学校設立直後，1888(明治21)年1月には「哲学館講義録」を発行し，さらに1889(明治22)年1月より漢学専修科を，4月より仏教専修科を開講した。

「哲学館講義録」の発行は現在の「通信教育」に相当する。哲学館創設期における最大の特徴はこの講義録の発行にあったといってよいであろう[8]。哲学館は若手ではあったが東京大学(帝国大学)で学んだばかりの西洋的学問観を兼ね備えた近代的かつ高度な知識をもった講師陣で基本形成されており，「哲学館講義録」は，哲学館で行われるそれらの講義をそのまま筆記記録し印刷したものであった。「館外員制度」に則り登録すれば誰でも購読することができ，地方に在住する哲学を学びたい人々に対し，毎月3回にわたって講義録は届けられた。開始初年の1888(明治21)年の登録者は日本全国より1831名に上り(東洋大学創立100年史編纂委員会編 1988：107)，通学生約130人を大きく上回っており，その後も希望者が絶えなかった。

通信教育制度や館外員制度は，哲学館にとってどのような役割を果たしたか。また，「哲学」がなぜこれほどの希望者を集めたのか。

一つには，政府からの助成補助金はおろか，財界や宗教団体からの支援も受けていなかった同校にとって，講義録の売り上げは極めて重要な収入源となったということである。特に開始初年の受講生数は予想を超えるものであった(東洋大学創立100年史編纂委員会 1988：107)。「講義録」は一冊10〜50銭，そのほか郵送料が必要であり，哲学館の月に納める学費は1円(年間12円)だったため，学費だけを比較すれば，通信制も相当額の費用が必要であったと思われるが，それでも地方から上京し「遊学」するのに比べればはるかに安く勉強することができた。地方に住む若者や経済的に進学できない人々にとって，「講義録」の購読は高度な学びを得ることのできるまたとない機会であった。全国に「哲学館」の名が広まるという利点もあり，「館外員制度」を通じた全国的ネットワークも形成されることとなった。

一方，なぜ「哲学」の通信教育に希望者が殺到したのかという点について，西洋的学知を求める人々が明治20年代に入ってかなり増加していたことが背景にあるのではないだろうか。時間をかけ語学を身に付けて初めて近代的学問

を学ぶことができる帝国大学のシステムに比べ，邦語によって短期間で近代的教養を得ることができる哲学館は魅力だった。「哲学」は実学ではなかったからこそ，「教養」として明治日本の仏教者を目指す者や地方青年たちの「知識欲」を満たすための役割を果たしたのではないだろうか。通学生のなかには帝国大学等に通いながら受講する「ダブルスクール」の学生もいる一方で，通信制には地方の 17〜18 歳の若者から上は 50 歳代の者まで含まれた。

さて，同校における「大学」への構想は創設 3 年後，円了が海外視察から帰国した際に発表された。この後，哲学館は入学希望者の減少や「哲学館事件」等によって廃校危機に何度か直面しつつも，学科専攻の変更改善を重ね，「大学」へと進んでいくこととなる。先ずは，創設者井上円了の描いた哲学館の理念と「大学」構想を検討しておこう。

2. 井上円了と「大学」設立構想

井上円了は 1858(安政 5)年，新潟県三島郡，真宗大谷派の慈光寺に生まれた。幕末の混乱の中で仏教や儒学の揺らぎを感じて育ち，次第に「洋学」へと傾倒していった。1877(明治 11)年に京都東本願寺の宗費生(給費生)として東京大学予備門へ入学した円了は，その年の予備門卒業生の中でただ一人，東京大学文学部哲学科へと進んだ。そこで井上哲次郎やフェノロサ等から東洋哲学，印度哲学，西洋哲学を学ぶ中で，円了は西洋哲学の中にはじめて真理を見いだすことができたと感じたが，同時に東洋哲学が仏教思想の基となっていることも知り，東西双方の哲学をもってはじめて世の真理が探究されると確信した。

1885(明治 18)年に東京大学を卒業した円了は，明治政府から期待された官僚への道を断り，宗教的教育事業に従事していくことを希望，東本願寺へ戻ることも固辞し，私人による近代的学校機関の設立を目指した。

東京大学在学中に結成した「哲学会」メンバーとともに，1887(明治 20)年 6 月「哲学館開設ノ旨趣」が円了によって発表された。「旨趣」において円了は，哲学館は哲学の普及を目指す哲学専修の学校であり，哲学の社会への浸透は文明の発達に繋がると説いた。そのため，同校で修める学問は「哲学」中心であ

ることを明示する。「哲学」の教授研究は現行では帝国大学のみで行われており，しかも大学進学のためには語学力も時間も経済力も必要とする。それに対し哲学館は速成を旨とし，「普通科」1年で修了することも可能で，その後「高等科」へ進学しても最大3年の課程であることを強調した。

では，円了は，「哲学」を専修する「速成」を旨とした哲学館を，いつごろ，どのように「大学」組織とすると想定したのだろうか。

円了が哲学館を創設した段階ではまだカリキュラムも曖昧で，具体的な「大学」構想は示されていなかった。円了は哲学館創設から10カ月後に欧米諸国の大学教育の実情を見聞するための調査旅行に出ており，およそ1年間にわたるこの調査旅行から帰国するや，哲学館改良のための意見（「哲学館改良の目的に関して意見」，以下，「改良意見」とする）を発した。この「改良意見」において，将来において哲学館を「大学」へと発展させたい旨を公言したのは，1889（明治22）年8月のことであった。

「改良意見」は，端的にいって，哲学館を将来「日本主義の大学」としたいとする意見であった。円了が見聞してきた欧米諸国における近代的西洋大学は，その国独自の学問が追求され，同時に東洋の学問も比較考究され，さらに人格的な教育まで行き届いていた。それを踏まえ，哲学館においては，神道，儒教，仏教，哲学，歴史，文学といった「日本固有の学問」を「日本主義」の学問と位置付け，その助けとして西洋の学知も取り入れ，知力や人徳を兼ね備えた人材，特に教育者，宗教者，哲学者の育成を行いたい，とした。

「改良意見」を発表後，円了はすぐさま講堂を設けた校地校舎の新築に着手し，寄付金の募集を行い，「哲学館大学」設立を目指した。1890（明治23）年9月にはさらに具体的な計画を出した。すなわち，「普通科」の修業年限を3年とし，同卒業生は修業年限2年の「専門科」（国学，漢学，仏学，洋学の4科を持つ）へと進み，修業年限を合わせて5年とするというものであった。「専門科」開設は，実質的な「大学部」と位置付けたものだったが，資金難に加え校舎建築費用が嵩んだことで計画は思うように進まなかった。

1896（明治29）年になると，「哲学館東洋大学科ならびに東洋図書館新築費募

集広告」を発表し，再び校舎移転のための寄付金公募活動を強化するとともに，「専門科」設立計画が改めて進められることとなった。翌年1月には専門科に「漢学専修科」が先行して設置された。「国学」は國學院が，「仏学」は仏教系大学林がすでに行っているとして，哲学館ではまずは漢学を優先しようとし計画したためであったが，続いて同年4月には「仏教専修科」も設置された。

「仏教専修科」の開設は，仏教系諸学校が閉鎖的な教育を続けるなか，仏教教育の閉鎖性への打開を意図していた。この後，同科は1899(明治32)年に設けられた「哲学部」へと移行し，その中で仏教専攻が可能となった。

円了は1904(明治37)年に曹洞宗本山をはじめとした各宗本山に「懇願書」書面によって協賛懇請し(駒沢大学百年史編纂委員会編 1983上：300-2)，仏教専修科の卒業生を，仏教系「大学」の卒業生と同等に扱ってほしい旨を申し入れている(駒澤大学八十年史編纂委員会編 1962：237-42)。円了は，曹洞宗のほか，真言宗，浄土宗，真宗高田派，真宗興正寺，真宗木辺派，日蓮宗妙満寺派，時宗の本山及び管長を訪ねてそれぞれの学科や授業内容を参観した上で相互連絡の方法等を協議し，各宗本山より承諾を得た(東洋大学創立100年史編纂委員会 1988：269)。

「懇請書」中，円了いわく，仏教系諸学校にとって，他の宗派宗門の僧侶徒弟を教えること以上に「僧侶以外の俗人」を教えることは難しいことであるが，「哲学館大学」であればそれが可能である。西洋の大学にはキリスト教の教育研究を行う「神学」が置かれているが，日本にはそれに相当するものがない。哲学館は宗派宗門を超えて仏教の比較研究が可能な「教学大学」としたい，と訴えた。

なお，同時期，円了は総合教育を行うことが可能な一貫制の学園設立を構想するようになり，1899(明治32)年2月に尋常中学校相当の学校として「私立京北中学校」が哲学館の敷地内に設立された。

■ 中等教員無試験検定と哲学館事件

1902(明治35)年，「哲学館事件」が起きた。そもそもは中等教員無試験検定の特権授与取り消しが事件の発端であったが，政治的側面を含んでいたことも

あり，私学教育の自治，学問の自由を問う事件として大きく報じられ，「大学」「私立専門学校」とは何かを問う問題へと発展した。

そもそも，1886(明治18)年に文部省によって開始された中等教員のための検定試験(いわゆる「文検」)は，科目別の中等教員免許状を得るための資格試験制度であった。資格検定の試験は合格率が非常に低い難関で，官立の帝国大学や高等師範学校といった特定の指定学校の卒業者のみに与えられた「無試験検定」は官吏無試験任用と同類の国家試験に関する優遇処置であり，徴兵猶予と並ぶ特権的待遇の一つであった。この官立の「特権」と，それによって生じる「格差」打開に挑んだのが円了であった。

哲学館の開設時，円了は文部大臣宛に，哲学館卒業生に対し教員免許についての無試験検定の特権を認めるように要望しているが却下されている。長らく特権が認められないままの状態が続くなか，明治30年代に入る頃，円了は國學院や東京専門学校等と協力し処遇同等化を求める協議を始め，1899(明治32)年になって，ようやくこの3校に対する無試験検定が認められるに至り，哲学館は修身科及び漢文科教員の認可を得た。

しかし，1902(明治35)年，倫理科の卒業試験の内容に問題があると臨席した担当視学官が判断したことを発端として，無試験検定資格を取り消されることとなった。この資格取り消しという文部省の判断を受けて，在学生は資格を求めて高等師範学校等へ転出していくなどの影響で半数程度にまで減少し，哲学館は大きな痛手を受けた。事件の真相詳細や是非をここで問うことはできないが，同事件に関する基本的な見解として，哲学館側に特に過失があったということではなく，戦時国家体制下における国論統一や倫理道徳観の国家主義的な統一のために同校が見せしめ的に利用されたのではないか，との考察がなされている(井上円了記念学術センター「東洋大学小史」編集委員会編 2000：78)。

すなわち，私学が特権を得ることは希望者数の増減に直結するもので学校の発展に大きな影響を与えるものであり，同時に特典授与によって文部省の直接的な監督下に置かれることを意味していた。

一方，問題視された論説の英国人著者ミュアヘッドからも意見が出されるな

ど，哲学館事件は日英同盟関係にも関わるような国際問題へと発展しかけたが，文部省側はミュアヘッドの言説自体が問題なのではないと釈明しつつも，哲学館の特典の回復を行う対応は起こさず，哲学館の試練は以降も長く続いた。同校における特権回復は，1907(明治40)年まで待たねばならなかった。

さて，この哲学館事件が与えた同校への影響は入学希望者を大幅に減少させるなど大きいものであったが，円了はこれを機にむしろ「純然なる私立学校」として完全に独立し，自活の道を開いていくことを明言するようになった。1902(明治35)年には「哲学館大学部開設予告」の告示がなされ，これにより「大学」への歩みを実質的に進めることとなったといってもよい。

1) 大学予科，専門科，大学科からなる大学組織をつくり，専門科の卒業生には得業士，大学科の卒業生には哲学士という「学士」の称号を与えることとする。
2) 無試験認定が取り消されたのならば，実力をつけ検定試験を受験すればよい。
3) 従来の「哲学部」の内容を見直し，教育家や宗教家養成の目的から，語学を中心とした実学教育を行うことへ変更する。
4) 国際的に活躍する人材養成を目指す。
5) 大学記念講堂を建立する。
6) 哲学を社会全般に応用し，活躍する人材を奨励する。

以上の6点が提案された翌年，1903(明治36)年10月には，専門学校令による認可を受けると同時に「私立哲学館大学」へと改称，学内学科組織を「大学部」と「専門部」とに分かち，独自の「大学」設立へと踏み出していくこととなった。

3.「哲学館大学」から「東洋大学」へ

これより先，1899(明治32)年9月に無試験検定の認定を受けた際には，「予科」の設置をはじめとした組織の変更が行われていた。

同年より，高等師範学校専修科規則に基づく形で，哲学館では1年の予科を置き，予科修了後には修業年限3年の本科へ進むものとされた。本科は「教育

部」と「哲学部」とに分けられ，教育部には「倫理科」「漢文科」が，哲学部には「仏教専修科」が置かれた。教員免許は主として中等学校の教員養成を目的に設置された「教育部」の卒業生に対して与えられた。なお，哲学館には翌年1900(明治33)年より徴兵猶予も与えられた。

前述したように，1902(明治35)年には哲学館事件を受けた形で，「哲学館大学部開設予告」が発表された。新たに修業年限5年の「大学部」を設け，東洋大学科として儒学神道を含めた東西倫理を探求する「倫理科」及び，仏教哲学や東西哲学，東西宗教を探求する「教学科」の二科を設けるとする計画であった。大学部において予科を置かず，修業年限5年とした点は注目される。

以上の計画に基づき，同校は1903(明治36)年10月より「私立哲学館大学」へと名称が変更された。同時に専門学校令の認可を受け，上記の「大学部」のほかに「専門部」を置き，大学部の修業年限を5年，専門部の修業年限を3年とした。「大学部」「専門部」は，ともに第一科と第二科とが置かれ，それぞれ漢文学と仏教学とを専攻するものとされた。これ以降，大学部卒業生には「哲学士」の称号が与えられることとなったが，1905(明治38)年には大学部の修業年限は4年に短縮され，「学士」と称することへ変更された。

さらに，1906(明治39)年6月には「私立東洋大学」へと名称変更が行われ，同年7月には「財団法人私立東洋大学」となった。これより先，同年1月には円了による校務一切の引退が公表されており，新たな経営体制への移行を期しての校名改称であった。前述したように，無試験検定の資格が再び与えられたのは1907(明治40)年5月のことであった。この一連の流れは無関係ではなく，「大学」としての発展のために行った同校の判断，選択が重ねられた結果であった。

「哲学館大学」へと名称を変更した前後の時期，学生数の著しい減少が見られた。哲学館事件の余波もさることながら，徴兵猶予や中学校教員無試験検定の特典を他の私立専門学校も得るようになってきた関係で哲学館の特色が薄れ，門戸を広げつつあった宗門系の学校などへ進学希望者が流出してしまったことが理由として考えられた。人気低迷の打開策としては無試験検定資格を再び得

ることが必須であったが，学長である円了は頑なにこれを拒んだ。資格取り消しの憂き目にあった学生や，誹謗中傷を受けた教員の問題を先に解決すべきと考えたのである。また，円了とその他の学内関係者等との間には，決定的な「大学」に対する考え方の相違も生まれていた。円了による独特の大学構想である「独立自活の精神をもって純然たる私立学校」を創りたいとする考えに対し，哲学館講師の多くは他の私立専門学校の例に倣って特典を得て，哲学の研究普及を図りつつ，教育者育成を主眼に置いた「大学」へと歩みを進めたいと考えていた。双方の考えの相違は決定的となり，次第に対立構造を深めていく。自身の体調が急激に悪化したことも重なり，問題解決のために円了は引退を決意し，いくつかの引き継ぎ事項として「契約」を結び，一線を退くこととした。「契約」として確認されたことは，財団法人となること，学風や創立の主旨を継承し東洋哲学の進行普及をはかること等であった。

　1921（大正10）年，それまであった第一科第二科制度を廃し，「大学部」の方は印度哲学倫理学科及び支那哲学東洋文学科に変更，「専門部」の方は4学科（倫理学教育学科，倫理学東洋学科，文科学科，社会事業科）に変更した。

　1928（昭和3）年，同校は大学令に基づき大学昇格を果たした。「文学部」のみの単科大学であり，学部中には，哲学科，仏教学科，国文学科，支那哲学支那文学科の4学科を設置した。「専門部」の文科学科と社会教育事業科は順次廃止されたが（それぞれ1930年，1934年），1939（昭和14）年に拓殖科を設けるなど，時勢の影響をうけた変更をしながら専門部の存続を図った。

　なお，「東洋大学」は，女子の入学を初めて許可した男子専門学校であった。すでに東北帝国大学で女子の入学を許可した例があるとのことから，1916（大正5）年より女子入学を認めた。初年度は1名，翌年には2名となり，入学希望者は増加傾向で，1925（大正14）年には45名を入学させており，多くの女子を受け入れていた。

　以上検証してきた哲学館における「大学」名称への転換過程に見られた特徴を改めてまとめておこう。

　同校は，円了によって，日本社会への哲学の普及を目的として設立されたも

のであった。1887(明治20)年の開校直後より「哲学館講義録」を発行しており，この「通信教育」によって哲学教育とともに哲学館の知名度は短期間で日本社会へ広まり，哲学館の発展を支えるものとなった。同校において「大学」構想が立ち上がったのは創設から2年後のことであった。欧州の大学事情を見聞した円了によって「哲学館大学」設立計画が立てられ，円了の構想する「大学」とは「日本主義の大学」であり，神道，仏教，儒学を含んだ教育を行うとした独自の「大学」設立を目指した。この「大学」構想が盛り込まれた「改良意見」によって，哲学館の「大学」設立計画は進められた。ただし，「私立哲学館大学」設立が具体化されるのは，1902(明治35)年まで待たねばならなかった。

　この間，哲学館が1989(明治29)年4月に設置した「仏教専修科」は，閉鎖的な仏教系諸学校の教育状況を打開する狙いを含んでいた。ただし，同科の設置に先立って，「国学」は國學院が，「仏学」は仏教系大学林がすでに行っているという理由で，「漢学専修科」を同年1月に設けている。その後，「私立哲学館大学」への改称は，哲学館事件を受け，文検無試験検定資格取り消しという処分を経て，いまだ特権の回復がなされないなか，独自の「大学」設立を志して進められた。円了はこの「試練」を機として，むしろ「純然なる私立学校」となることを公言したが，「大学」への転換を前後して学園と方針を違えた創設者円了は1906(明治39)年に同校より去った。同年には財団法人化を果たしており，円了による個人経営の学園から財団経営へと変更されたことになる。

　1902(明治35)年に「大学部開設予告」が出された翌年，「私立哲学館大学」となった。このとき，「大学部」を修業年限5年としたことを指摘しておこう。修業年限3年の「専門部」も併置されており，大学部卒業生に対しては「哲学士」の称号が授与されるようになった。1906(明治39)年に「私立東洋大学」へと改称した。なお，哲学館の運営が当初より寄付金，授業料の収入に拠るものであった点も特徴の一つであったことを指摘しておこう。財政的な課題の前で同校の大学昇格はやや遅れ，大学令に基づき正規の大学となるのは1928(昭和3)年のことであった。

小 括

　本章では，単科大学として大学昇格を行った拓殖大学と東洋大学を取り上げ，両校の「大学」設立志向や「大学」名称への転換の経緯について検討してきた。
　結果的に，大学令によって総合大学に入学するのと「同一の入学資格を付しているもの」として単科大学が認められた意義としては，それまで「総合」であることが前提であった大学概念を打破し，新たな「大学」像を生み出すことに成功したという点がまず挙げられよう。また，冒頭で述べたように，大正期に至って高等教育要求が急激に増加し，総合大学を十分に発達させて行くことを図ると同時に単科というものを認めざるを得ない状況であったことも，単科の私立大学の設立を後押しした。
　しかし，単科大学が認められた背景には，上記の理由に加え，小規模私立大学の「大学」名称期における努力を見ることができるのではないだろうか。
　大学は「総合大学」でなければならないという論点は，主に学術水準の維持を理由としていたが，それは突き詰めれば，要するに帝国大学という国による機関を擁護するためのものであった。政治的治安維持として，私学への警戒もあったと考えられる。そのような議論のなかにおいて，私学は「大学」名称を獲得し発展を遂げていった。大学昇格時に単科大学として認められた私学は，「大学」名称期において日本社会の需要に敏感に応え，帝国大学とは異なる「大学教育」を実施してきたといえるだろう。
　すなわち，拓殖大学は，校名を数度にわたり変更し，その目的を少しずつ変化させ，日本社会からの需要に応えてきた。もともと「大学」志向を示してはいなかったが，アジアへの植民政策への関心が強まっていく社会の変化に応じて，高等教育としての発展とともに「大学」名称へと転換していった。新渡戸の役割に注目すれば，新しい時代の，新しい学問観が日本社会には必要とされており，すでに帝国大学での学問だけでは社会の需要を充たすことはできない，新時代における「実学」を教授する「私立大学」が必要である，との考えが「拓殖大学」設置へと向かわせたのであった。
　一方，東洋大学の井上円了は帝国大学卒業とともに，やはり母校である帝国

大学とは異なる教育を行うことを旨に哲学館創設を志した。以降，「哲学」の普及を目指し，主に中等教育教員の人材速成を行った。「大学」となることを志したのは，欧州の大学事情を見聞した後であった。円了によって「哲学館大学」設立計画が立てられ，円了の構想する「大学」とは「日本主義の大学」であり，神道，仏教，儒学を含んだ教育を行うとした独自の「大学」設立構想であった。哲学館事件による文検無試験検定資格取り消しという処分を経てなお，いまだ特権の回復がなされないなか，独自の「大学」設立を志して進められた。

両校は，前者が商学部，後者が文学部，という単科大学として大学昇格を果たす。「大学」名称期において，その理念を追求し，社会の需要に応えて変容していくことによって，私立単科大学として社会から必要とされる学校となっていった。

注

1)「臨時教育会議(総会)速記録第十六号」(文部省編 1979)。
2)高田は，この時期大隈内閣期の文相を務めた直後であり，その後 1921 年からは再度早稲田大学学長に就任している。
3)「台湾協会学校規則」(明治 35 年)，第八章第二十七条職員ノ処務規程(『台湾協会学校規則他　自明治 35 年至大正九年』)。
4)台湾協会学校の創立時より経済学教授として就任し，翌年から学監をつとめた。専門は農政学，財政学で，東京帝国大学法科大学教授，東京高商校長を経て，東洋拓殖会社創設に参画した。
5)東洋協会関係雑誌である『東洋時報』245 号(大正 8 年 2 月号)によれば，「拓殖大学報」欄に「学監渡欧　新渡戸学監は二月二十八日横浜出発渡欧の予定なり」と報じられている。
6)新渡戸は 1918(大正 7)年 2 月に 15 人の若手学者らと共に「大学制度改正私見」を政府へ提出している(中野 1979a)。新渡戸個人の意見ではないものの，明確な大学制度案であり，「各国を通じて理工医農等の自然的物理的諸学科と共に哲学宗教文芸歴史政治経済法律等社会的諸学科の深遠なる研究を益々必要とする」と述べ，幅広い見地からの大学教育の必要性を説いている。また，15 人の若手学者の中には松岡均平(第三代学監)，小川郷太郎(第四代学監)といった拓殖大学関係者も含まれていた。
7)明治 25 年当時。帝国大学は 25 円，法律系私立専門学校は 10〜20 円前後が多かった。
8)私学における「講義録」の発行は，英吉利法律学校や専修学校がそれぞれ明治 18 年 10 月，明治 20 年 1 月と，哲学館と同時期に始まった。その後，法学系を中心に急速に広まっていく。

終 章

1. 総 括

　以上，全4章にわたって近代日本における私立大学形成史の再考を目指し，私立専門学校の「大学」名称期の実態解明に努め，主に1902～1918年を中心としつつ，その前後1890年代から1910年代までを通観した。

　本研究は，私立大学が制度上正規の大学として認可される前の段階において，いかに「大学」として準備し成立していたかを，事例をもとに論証することを主たる目的としたものである。公文書館や個別私立大学において保存整理されてきた多くの資史料と編纂された沿革史とを駆使することによって，「大学」への準備過程を相互に比較考察することとした。

　各私立専門学校における「大学」名称への転換過程とその特徴については，すでに各章毎にまとめ，総括的な解釈を試みてきた。ここでは，序章で示した観点に，いくつかの視点を補いつつ，私学や近代日本社会において，私学像・大学像がどのように考えられてきたのかを改めて総括することによって結びとしたい。

(1)「大学」名称獲得経緯に見られた特徴

　第1に，「大学」への志向や構想はどのタイミングで見られただろうか。
　慶應義塾大学及び早稲田大学が具体的に「大学」設立を志したのは，前者は明治20年前後の，創設から数えればすでに30年ほど経た頃であり，後者は創設時より大学創設を志し，帝国大学に対抗し得る私立大学設立を模索していた。両者は，数理に跨る学科課程の編成を目指したことは共通していたものの，創立理念や組織形成には大きな相違があった。慶應義塾の学園としての独特の共同体の形成は，中等教育から派生し，その後初等教育や高等教育を含み発展し

ていった。「大学部」の創設は, 帝国大学の発足が背景にあったにせよ, 同校における共同体としての発展の一段階であった。一方, 早稲田大学は「学の独立」を謳い, 明治政府や政治を意識して設立された私学であり, 当初より「大学」を自負する高等教育機関として政治的専門知識をもつ青年養成を目指していた。

次に, 法律系諸学校は総じて「大学」構想を抱いての創設ではなかった。「実学」の最たるものであった法律系諸学校は, 時代の変遷とともに次第に「大学」を志向するようになり, 法政大学の例に見られたように, 他の学校が「大学」名称とするならば, 自校も「大学」としなければ発展を妨げるものになりかねないと考え, 一律に「大学」へと進んでいったと言える。

宗教系私学のうち, 特にキリスト教系諸学校の「大学」志向は, 総じて創設段階からあったと言える。なかでも創設時から「私立大学」設立を確実に志したという意味では, 1875(明治8)年創設の同志社の「大学」志向は先駆的であった。また, 明治初年における「立教大学校」設置は, 欧米の大学事情を踏まえて本国への報告書における「カレッジ」を「大学校」と訳したものであり明確な「大学」設立構想ではなかったが, 大正期に至っての「上智大学」創設の場合の, 「大学」名称を名乗ることは明確な「大学」設立を意味していた。一方, 長く日本の伝統的な学校として発展してきた仏教系の「大学林」は, 曹洞宗大学林に象徴されるように, 近代的「大学」志向とはまた別のものであった。大谷大学も同様に早々に「真宗大学」を名乗ったが, それも近代的高等教育機関としての「大学」ではなかった。仏教系諸学校における「大学」志向は, 専門学校令公布に伴い, 近代的教育機関としての存続をかけて出てきたものであった。他方, 明治20年代に創設された國學院は創設時より, 日本独自の「国文大学」設立を目指していた。

単科大学として大学昇格を果たすこととなる2校のうち, 東洋大学(哲学館)は, 創設直後より独自の「日本主義の大学」の設立を模索していた。一方の拓殖大学には「大学」志向は見られず, 明治30年代に入って創設された台湾協会学校は, 「大学」への志向が薄弱であったという意味では法律系諸学校と同様で

あったと整理できるだろう。

　以上から，私学における「大学」への志向，構想された時期にはそれぞれずれがあり，必ずしも創立時から「大学」を志向していたわけではなかった。ただし，敢えて契機となるタイミングを探れば，創設者が去るなど学園として新たな展開を求めた時期に「大学」への積極的な志向が見られたと言える。また，創設時より「大学」を志していたとしても，多くの場合，その実現においては教育理念に新たな展開が必要とされたことも指摘しておかねばならない。その意味では，「大学」となるに当たり新しい「理想」を掲げる必要が私学側にはあった。

　第2に，「財団(社団)法人」への移行はいつ行われたか。「大学」名称への変更と照らし合わせてみると，その変更はどの時期に見られただろうか。

　専門学校令に基づき認可を受ける際は「私人ハ専門学校ヲ設置スルコトヲ得」(第3条)とされ，私立専門学校の設置者は私人，社団法人，財団法人の3つが混在したが，1911(明治44)年の私立学校法改正によって私立専門学校設置者は財団法人であることが求められるようになり，後に大学令においては私立大学の設置者(経営主体)は，基本的に大学を維持運営が出来る収入を生む基本財産を持つ財団法人でなければならないと規定(第6条)されることとなった。法人化は私学の安定的な運営を示す一つの目安でもあり，結論から言えば，「大学」志向が当初からあった学校は，この法人設置への手続きに着手するのも意識的に早い傾向にあった。

　慶應義塾は，1907(明治40)年に財団法人となったが，1890(明治23)年の「大学部」の設立に比してこの変化はやや遅かった。これまで述べてきたように，同校は「社中」という標語のもと，独自の共同体を形成してきていた。しかしそれは，塾祖・福澤および，福澤からの信任の厚かった小幡のもとで培われてきていたものであり，明治30年代半ばに相次いで二人が死去した後，慶應義塾は改めて学園の機構を見直し，財団法人となり組織の強化に進めることによって維持発展を図っていった。

　一方，早稲田大学の法人設置の手続きは，「大学」名称への転換よりも早い

ものであった。1898(明治31)年12月には社団法人を設立しており，1907(明治40)年には財団法人へと移行，創設者・大隈重信が死去すると，翌年1923(大正12)年より「財団法人早稲田大学寄付行為」を定めることによってさらに法人組織の改正が進められた。

　法律系諸学校を見てみれば，法政大学や日本大学の例が比較的早く，専門学校令公布前に設置者の財団法人への変更が行われていた。和仏法律学校は梅謙次郎亡き後の同校をまとめる意味もあって1898(明治31)年11月に財団法人を設立しており，日本法律学校も同年3月には財団法人となっている。一方，東京法学院などは1903(明治36)年に専門学校令が出されると，専門学校令下への認可及び「大学」名称への変更申請を行うと同時に，社団法人への移行を申請した。同校は，大正期に至って大学令に基づき認可を受ける際には，同時に社団法人を財団法人へ変更する手続きも行われた。明治大学の場合は専門学校令に基づく認可と「明治大学」への改称を先に行った後，翌年1905(明治38)年7月に財団法人となり，新しい経営体制への改革を行った。専修学校は1907(明治40)年5月に設置者として「社団法人私立専修学校」を新たに組織し，経営基盤の強化を図り，その後に1913(大正2)年の「専修大学」への名称変更へ臨んだ。同校が財団法人専修大学となるのは，大学昇格を目前に控えた時期，1920(大正9)年のことであった。

　宗教系諸学校の場合は，宗教系諸学校の経営主体が宗教団体であることも関係し，それぞれに全く異なる動きを見せた。

　同志社においては「同志社財団」を設置したのが1900(明治33)年のことであり，以降，専門学校令や大学令に基づく設立申請においても，設置者は「同志社財団」とされた。「財団法人同志社」と変更されるのは，1941(昭和16)年4月のことであった。また，立教学院の場合は，アメリカ聖公会の庇護のもとに発展を遂げたこともあり，大正期の大学昇格時にも「財団法人日本聖公会教学財団」が設置者として記載されており，分離独立し「財団法人立教学院」が組織されるのは1931(昭和6)年のことであった。一方，「上智大学」は1913(大正2)年4月より開校したが，同校開設準備の段階から財団法人の組織化が行

われており，1911(明治44)年4月7日に「財団法人上智学院」設立が認可されると，これを経営母体として具体的な「大学」創設へと進んだ。

駒澤大学は，専門学校令における「曹洞宗大学」設置者は「曹洞宗大学林長」とされ，法人組織は長く整備されないままであった。同校に置いて運営母体の再編が検討され「曹洞宗教育財団」が組織されるのは，1920(大正9)年の大学昇格に向けた準備過程のことであった。大谷大学においても，宗門内の争いもあり法人組織体制の確立は遅かった。大学昇格を果たすため1922(大正11)年に至って初めて「真宗教育財団寄付行為」が制定された。他方，國學院は，1898(明治31)年に皇典講究所が財団法人となり，1906(明治39)年に「國學院大學」へと名称変更された。

拓殖大学の場合は，名称の変遷同様やや複雑であった。1903(明治36)年の専門学校令に基づく認可の際は財団法人東洋協会が経営主体であったが，1914(大正3)年に社団法人東洋協会へと変更し，大学昇格の際に社団法人東洋協会とは分離され，財団法人私立拓殖大学となった。一方，東洋大学の場合は，1906(明治39)年より「財団法人私立東洋大学」として専門学校令による認可を受けて以降，財団法人による運営が進められた。

以上の法人化への流れは，言うまでもなく財政的経営基盤を強固にする意味を持つと同時に，「大学」名称への転換と深い関係にあった。学園全体を組織として改めてまとめていく明確な変化をもたらす法人化は，積極的な「大学」へ歩みを進める内外への意思表明であったともいえよう。

第3に，私立諸学校が，私立専門学校となり，「大学」名称へと変更するために必要とされた諸条件のうち，予科及び大学部の開設は必須ではあったが，かなり自由な裁量が各校に対し認められていた。例えば，大学部の修業年限を5年としてもよく，予備教育を含む教育体系であれば，各校は自由に教育課程を定めることができた。

「大学部」開設の先駆者は，これまで何度も述べてきたように慶應義塾であり，1890(明治23)に設置された。修業年限は5年と定められていたが，1898(明治31)年にその教育内容を整備し，「大学部」修業年限5年のうち，前半2年間は

予科相当，後半3年間は専門教育を行うものと定義した。この体制は大学昇格時まで基本的に継続された。一方，早稲田大学における「大学部」開設は，1902(明治35)年からの「大学」名称への変更に当たって，専門部を大学部に改組するのではなく，専門部を残しながら修業年限3年の大学部を設置するものであった。その後，改めて予科課程開設について試行錯誤が行われ何度か制度が変更されたが，予科においては概ね1年半～2年程度の修業年限が定められた。

法律系諸学校の場合，法政大学では，「大学」名称への変更と同時に，「専門部」のほかに修業年限3年の「大学部」を設け，修業年限1年半の予科卒業生を受け入れるものとした。中央大学や日本大学も同様であった。中央大学は，「大学」名称への変更と同時に，「専門科(専門部)」(修業年限3年)「本科(大学部)」(修業年限3年)「予科」(修業年限1年半)を開設した。日本大学では，「大学」名称への変更と同時に，修業年限1年の「予科」課程と，それぞれ修業年限3年の「大学部」「専門部」を設置した。これらの3校に対して，明治大学は，予科課程を設けていない段階で「大学」名称への変更が認可されており，「明治大学」となって以降，「大学部」(修業年限3年)，「予科」(修行年限1年半)が設置された。同校では「大学部」「予科」は，それぞれ「大学本科」「高等予科」となるなど，その名称は度々変更されたが，5年ほどかけ「専門部」及び「大学部」制度の整備が進められた。一方，専修大学は，1906(明治39)年に大学部・専門部・高等予科へと学内編制を改めた後，7年ほど経った1913(大正2)年に「専修大学」へと名称変更が行われた。

次に宗教系諸学校であるが，同志社大学は，1912(明治45)年に「同志社大学」へと改称した際に「予科」と同時に「大学部」を設けた。このとき「専門部」を併置しなかったことに特徴があったことはすでに述べた通りである。同様に，立教大学においても「大学部」開設時に「専門部」は残さず，「大学」名称への変更を機に「予科」「大学部」の開設を行った。一方，大正期に至って設立された上智大学では，創設時に「大学部」は置かれず，予科2年本科3年の教育課程が設けられた。駒澤大学は，専門学校令下に置かれる際に高等部2年と大学部3年とを設けることを申請し，その翌年，1905(明治38)年に「私

立曹洞宗大学」へと名称変更する際に,「高等部」を予科相当の機関として,「大学部」を「本科」へと変更した。大谷大学では,専門学校令公布以前の1901(明治34)年に「真宗大学」と名称変更しており,その折に予科2年,本科3年の体制を確立した。國學院大學では,1904(明治37)年4月に専門学校令による認可を受けた際,「大学部」として本科3年と予科2年とが設けられた。

　他方,拓殖大学を見てみると,1918(大正7)年4月より「拓殖大学」へ名称変更した際,「大学部予科」1年,「大学部本科」3年,「専門部本科」3年がそれぞれ設けられた。東洋大学は1903(明治36)年10月より「私立哲学館大学」へ名称変更した際,「大学部」「専門部」を置き,大学部の修業年限を5年,専門部の修業年限を3年とし,「予科」は区分しなかった。なお,翌々年には「大学部」の修業年限は4年へと短縮された。

　私学のこうした教育課程の変化は,総じてすでにあった帝国大学や先駆者であった慶應義塾をある程度は模倣したものであった。言い換えれば,帝国大学や慶應義塾が導入していた修業年限やカリキュラムは,日本の「大学」としてのわかりやすい基準であり,私学の「大学」へのステップをより明確に導いたものでもあった。ただし,全く同じではなかったこと,私学それぞれの事情や理念によりそこに個性や独自の工夫が見られたことは指摘しておかなければならない点であろう。

　上記に関連して,「大学教員」の配置はどのように行われたか。専任「大学教員」の育成は,慶應義塾及び早稲田大学が先行して海外への派遣を率先して行っていくが,この仕組みは財政的な負担が大きすぎることもあり他の私立大学は追随できなかった。帝国大学教員や官僚系学者を講師として招聘する時代が,「大学」名称期も続いていたのである。

　第4に,「大学」への名称が検討されるのと併行して,「学士」の称号が各校において卒業生へ与えられるようになっていった。

　慶應義塾の場合は「大学部」の開設からすでに15年ほど経ていたが,1903(明治36)年になって専門学校令に基づく認可を受けると同時に「慶應義塾学士」の称号を授与するようになった。一方,早稲田大学の場合は1902(明治35)年

の「大学」名称への転換と同時に，卒業生へ「学士」を授与するようになった。

　法律系諸学校の場合も総じて，「大学」名称への転換を機に，「学士」の授与が検討されるようになっていった。明治大学では，1903(明治36)年の「大学」名称への転換とともに本科卒業生に対し「明治大学学士」の授与が開始され，専修大学の場合は，1913(大正2)年7月の「専修大学」への校名変更によって，「大学部」卒業生に対して「専修大学学士」の称号が授与されるようになった。日本大学においても同様で，「大学」名称への変更と同時に「大学部」卒業生に対し「日本大学学士」の称号が与えられることとなった。一方，法政大学や中央大学では「大学」名称よりも早く「学士」の授与が開始され，前者は1899(明治32)年より「高等科」卒業生に対し「和仏法律学学士」を授与することとしており，後者は1896(明治29)年より「高等法学科」の卒業生に「学士」に相当するとした「得業士」の授与を開始した。

　宗教系諸学校の場合はどうであったか。同志社大学は1912(明治45)年の「大学」名称への変更に当たり「大学部」が設けられ，「学士」の授与が行われるようになった。一方，立教大学においては，大学昇格後より「学士」の授与が行われるようになり，上智大学においては専門学校令に基づく設立認可時より「上智大学学士」が授与された。仏教系の駒澤大学や大谷大学の場合も「学士」の称号の授与は大学昇格時まで行われなかったが，國學院の場合は，1905(明治38)年9月の「大学部」開設と同時に卒業生に対し「國學院学士」の称号が授与されるようになった。

　拓殖大学における「学士」授与は1922(大正11)年の大学昇格以降，学則中に規定されるようになったが，一方，東洋大学においては1903(明治36)年に「哲学館大学」名への変更が認可されると，「大学部」卒業生に対しては「学士」，「専門部」卒業生に対しては「得業士」の称号を授与することとした。

　以上のように，大学昇格後にはじめて学士の授与が行われるようになった例も見られたが，学士号授与への措置や動きがなかった例はなく，多くは「大学」名称を前後して相次いで行われるようになっていた。そもそも卒業生への学士号授与が大学昇格へのドライブだったことからも当然であった。いずれにせよ，

私立専門学校が「大学」名称を名乗り,「大学」を目指した背景には,学位授与の問題が絡んでいたことを指摘しておかねばならない。多くの私立専門学校は,「大学部」設置や「大学」名称への変更を機に,「学士」の称号授与を行うようになった。学士号授与の問題は,特権問題と並び,私学にとっても卒業生にとっても極めて重要な変化であった。

(2)「大学」名称期における私学の「大学像」

「大学」名称期の私学は,実際のところ「大学」理念をどう宣明したのか。また,それぞれが理想とした「大学」を創ることはできたのだろうか。ひいては,「大学」名称期とは,私学にとってどのような意義をもつものであったのだろうか。

「大学」名称期の「私立大学」の原型は,やや極端に定義すれば,「帝国大学と類似の大学を創ることにはなかった」といえるだろう。私立専門学校における「大学」への過程において,制度や特典付与の側面においては,国や文部省の管轄下に置かれることが不可避ではあったが,強い国家管理体制下に置かれたわけではなかった。明治半ばまでに確立された帝国大学に対し,アメリカの近代カレッジに学んだ私学が「新たな大学像」を提示したのが明治後期のことであった。例えば,自校教員育成など慶應義塾や早稲田大学の例に見られたように,基本的にアメリカの大学(カレッジ)を理想としていたことはすでに述べてきたとおりである。それらの取り組みは,近代日本における「大学像」の変容の可能性を示し,バリエーションを提示したものであった。

その意味で,1890(明治23)年の慶應義塾の「大学部」設置は画期的で独創的であった。慶應義塾における先駆的な試みはこれまで見てきたとおりであるが,改めてその意義を整理すれば,帝国大学のシステムとは全く異なる,独自の一貫制の私立学園を建設したことにより,私学独自のシステム構築の可能性を示しことであり,初等教育からはじまる一貫教育は「大学部」卒業をもって初めて慶應義塾卒業と認められるように変更された。

一方,早稲田大学の例を見てみると,「大学」への過程においては,慶應義

塾とはまた異なる性格を示していた。「大学」名称となることは、同校において「学ノ独立」を唱え邦語による教育を行ってきた創立理念からの転換、「大学部」開設により語学教育を強化する意味も含まれた。また、日本社会の発展により高等教育人材の需要が増したことを受け、学内組織を拡大する契機となった点も挙げられよう。同時に法人化を進め、総長・学長制度も順次導入された。「総合的」学問志向を以って創設された同校は、私学の中でも先駆的に「大学」化を進め、最大規模の学部学科編成をいち早く確立する。そのこと自体が同校における意義であったといえるだろう。

法律系諸学校の場合はどうだったか。法律系諸学校は、何度も述べてきたように、創設時には「大学」設立や大学への移行を表明していなかった。一方で、「大学」改称への対応は素早いものであった。「早稲田大学」が1902(明治35)年に認可されると、専門学校令公布をはさみ、「東京法学院大学」「明治大学」「法政大学」と名称変更が続いた。

法学を教授することを目的に創設された私立法律学校にとって、創設時には大学建設はほとんど想定していなかった。ただ、教員の供給を官立諸学校に依存していたがために神田周辺に立地していた私立法律学校群は、その総合的な発展を果たすに当たって初めて「大学」への展開を志すようになった。すなわち、法学系私学が「大学」名称へと変更していった背景には、官立諸学校の補完的役割から脱却し、学校運営的な安定を図る意義があった。その意味で、一律に「大学」へ転換することが必須でありつつ、一方で学生獲得のための独自の教育課程編成の模索が必要となったのであった。加えて、私立法律学校においての「大学」への転換は、「昼間開講への伏流」といった動向に見られるように、創立理念の再考を特に必要とするものでもあった。

宗教系私学として取り上げた6つの学校は、大学モデルをどこに求めていたか。「大学」名称への変更は、どのような意義をもっていただろうか。

同志社英学校が新島の経験や思想からアメリカの大学にモデルを求めたことは明らかであった。また、明治10年代には立教学院が一時期「立教大学校」と名乗る例も見られ、キリスト教系の私立学校は総じてアメリカのカレッジを

モデルとしたことから，カレッジを大学校と訳したものであったとされる。一方，仏教系の私立専門学校も同時期より「大学林」「大学寮」等と称して教育部門を独立させ，次第に高等教育機関を志向するようになった。ただし，これら宗教系の学校においては，名称と実態とは異なるもので，「大学」設立への具体的構想は示されてはいなかった。日本の伝統的教育機関の一つであった仏教系諸学校において「大学」への名称変更は近代教育制度への転換を意味するもので，普通教育を含む教育内容の拡大と教育組織の確立の意義があった。一方，明治20年代に入って神道系の皇典講究所内に國學院が設立されるに当たり，「私立国文大学」創設構想がかなり具体的に進められたが実現しなかった。同校は「大学」設立を創設時より想定しており，「我国固有の」教育機関を設立しようとしていた。しかし，「大学」設立にあたっては神道教育を教育課程上どのように取り扱うかが課題となった。すなわち，「大学」名称への転換は宗教教育とその他の学科目との関係が見直される契機となったといえよう。「大学」名称への転換に当たって宗教系科目とその他の学科目との関係が見直されたが，これはキリスト教や仏教系の諸学校においても共通していた。閉鎖的教育から「僧俗共学」へと展開された仏教系教育に見られた例からも，宗教系諸学校の「大学」名称への転換は，幅広い教養の場となることを示すものとなった。

　一方，日本独自の学問観によって「私立大学」設立を構想した東洋大学は，帝国大学とは異なる教育を行う「日本主義の大学」を目指し，神道，仏教，儒学を含んだ教育を行うとした構想であった。また，拓殖大学において「大学」名称を含み校名がしばしば変更されたのは，理念の展開，教育目的の多様化を意味していた。目的を少しずつ変化させてきたことを校名の変化によって表し，日本社会からの需要に応えてきた。もともと「大学」志向を示してはいなかったが，アジアへの植民政策への関心が強まっていく社会の変化に応じて，高等教育としての発展とともに「大学」名称へと転換していった。単科大学として大学昇格を果たすこととなる両校は，帝国大学での学問だけでは社会の需要を充たすことは出来ないと考え，「大学」名称期においてその理念を追求し，社

会の需要に応えて変容していくことによって，社会から必要とされる学校となった。

　大正期半ばに大学令が公布されて以降，こうして「大学」名称期に確立された私学の理念，発展はどのように変化していったのだろうか。「大学」名称期に掲げていたそれぞれの教育理念の実現は妨げられ，確立された「私立大学像」は崩れていったのかについては今後の研究課題の一つである。

2. 今後の研究課題

　残された研究課題について，簡潔に示しておく。

　振り返ってみれば，本研究は次のようなごく素朴な仮説に基づき始まったものであった。

1) 旧制私立専門学校における「大学」準備は，大正期の大学令公布のかなり前に進んでいたのではないか。すなわち，大学令に先駆け独自の大学モデルを模索し，教育理念や理想を追求した重要なステップとなった時期が，「大学」名称期であったのではないだろうか。
2) 「大学」名称へと転換するに当たり，私学は改めて独自の私学像を自覚し表明したのではないか。さらにいえば，私学ならではの運営方策を同時期に見いだしたのではないだろうか。

　上記の仮説を検証する上で最も重視したのは，私学の立場に立ち，個別私学の内側から考察を進めることであり，個別私学がいつ「大学」を志向するようになり，いつどのように変化し，どのタイミングで何を模索したのかについて，個別事例を一つ一つ検討することであった。すなわち，結果的に本研究の目的は，先行研究によって論証されてきた私立大学の歴史を裏付けつつ，私学の位置や私立大学の歩んできた過程を私学の立場から総合的に再考することによって，日本近代大学史における私学の「復権」を示すことにあったと思われる。そのように考えると，次のような課題が残されている。

　一つに，本研究が私立大学史再考としつつも，医学系を中心とした理科系の単科私立大学の形成史に触れることができなかったという点である。医学の分

野において私学がどのような位置にあって発展を遂げたのか，理科系私立大学が「大学像」をどのように模索したか，という大きな課題が残されている。

二つに，今後は広い視野に立ち，帝国大学，その他の官立大学，公立大学，旧制専門学校を含めた，20世紀初頭の「大学像」形成過程の全体像を掴んでみたいと考える。

大正期半ばに大学令が公布され，高等教育機関の構造は大幅に変化する。「大学」名称期に形成された私学による大学像は，大学令公布とともにどのように変化したのか。私学の大学理念，理想は大正期半ば以降に崩れていったのか，あるいは新たな私立大学像を形成していったのだろうか。すでに見てきたように，私学はさまざまな「大学」像を模索しており，それは独自的であったといってよいだろう。その独自性がどのような展開を見せたのかを明らかにすることが，今後の課題の一つである。

三つに，「私立大学」における「大学像」形成過程において，世論は私学にどういった期待・批判の目を向けていたのか，「私立大学」設立をどのように捉え，対する私学は世論の意見をいかに反映させたのか。世論が「私立大学」形成にどのような役割を果たしたのかを明らかにし，近代日本の社会全体の中に「私立大学」の誕生と役割を位置付けていく。本研究においては早稲田大学元職員・橘静二が刊行した『大学及大学生』等を取り上げているが，教育雑誌や総合雑誌等広範なメディアに広く視野を広げ，私立大学論がどのように展開されていったのかを総合的に検討していきたい。

最後に，昭和期に入った頃から総力戦体制下に至るまでの時期へ下りていき，本研究のテーマを発展させていきたいと考える。戦時下，国は私学における知的エネルギーに改めて注目し，私立大学は新たな期待に曝されることとなった。一方で，軍事教練の導入など，総力戦体制のもとでの変革を私学は官学よりもはるかに積極的に行っていた。同時期，私立大学はどのように変化したのか，日本近代大学史の中での位置付けを再考していくことができればと考えている。

引用(参考)文献

浅沼薫奈,2000,「拓殖大学戦前50年間における学部・学科,学科目,在学生徒数の変遷」『拓殖大学百年史研究』(5):1-29.
天野郁夫,1989,『近代日本高等教育研究』玉川大学出版部.
天野郁夫,2009,『大学の誕生』(上・下)中公新書.
天野郁夫,2013,『高等教育の時代』(上・下)中公叢書.
伊藤彰浩,1999,『戦間期日本の高等教育』玉川大学出版部.
潮木守一,1997,『京都帝国大学の挑戦』講談社学術文庫.
大谷大学百年史編集委員会編,2001,『大谷大学百年史〈通史編〉』大谷大学.
大谷大学百年史編集委員会編,2001,『大谷大学百年史〈資料編〉』大谷大学.
海後宗臣編,1960,『臨時教育会議の研究』東京大学出版会.
学校沿革史研究部会編,2013,『学校沿革史の研究 大学編1 テーマ別比較分析』(野間教育研究所紀要第53集),財団法人野間教育研究所.
学校沿革史研究部会編,2016,『学校沿革史の研究 大学編2 大学類型別比較分析』(野間教育研究所紀要第47集),財団法人野間教育研究所.
慶應義塾編,1907,『慶應義塾五十年史』私立慶應義塾.
慶應義塾編,1960,『慶応義塾百年史』中(前)慶應義塾.
慶應義塾編,1983,『慶應義塾125年』慶應義塾.
慶應義塾編,1983,『創立百二十五年 慶應義塾年表』慶應義塾.
慶應義塾編,1983,『慶應義塾大学医学部60年史』慶應義塾.
慶應義塾福澤研究センター編,1986,『慶應義塾社中之約束』慶應義塾福澤研究センター資料(2).
慶應義塾福澤研究センター編,2004,『慶應義塾社中之約束』(影印版)慶應義塾福澤研究センター資料(9).
國學院大學校史資料課編,1994,『國學院大學百年史』(上・下)國學院大學.
国立教育研究所編,1974a,『日本近代教育百年史4 学校教育2』教育研究振興会.
国立教育研究所編,1974b,『日本近代教育百年史5 学校教育3』教育研究振興会.
講座日本教育史編集委員会編,1984,『講座 日本教育史』第三巻 第一法規.
駒澤大学八十年史編纂委員会編,1962,『駒澤大学八十年史』駒澤大学.
駒澤大学九十年史編纂委員会編,1972,『駒澤大学九十年史』駒澤大学.
駒澤大学百年史編纂委員会編,1983,『駒澤大学百年史』(上・下)駒澤大学.
佐志傳,1984,「会社,同社そして社中」『近代日本研究』(1):55-61.
佐藤能丸,1991,『近代日本と早稲田大学』早稲田大学出版部.
上智大学編,1963,『上智大学五十年史』学校法人上智学院.

専修大学編，1981，『専修大学百年史』(上・下) 専修大学．
専修大学の歴史編集委員会編，2009，『専修大学の歴史』専修大学．
拓殖大学六十年史編纂委員会編，1960，『拓殖大学六十年史』拓殖大学．
拓殖大学八十年史編纂委員会編，1980，『拓殖大学八十年史』拓殖大学．
拓殖大学百年史編纂室編，2001，『新渡戸稲造　―国際開発とその教育の先駆者』拓殖大学．
拓殖大学百年史編纂委員会編，2003，『拓殖大学百年史 資料編』第1巻　拓殖大学．
舘昭，2015，『東京帝国大学の真実　日本近代大学形成の検証と洞察』東進堂．
田中征男，1978，『大学拡張運動の歴史的研究　明治・大正期の「開かれた大学」の思想と実践』(野間教育研究所紀要第30集)財団法人野間教育研究所．
中央大学百年史編集委員会専門委員会編，2001，『中央大学百年史 通史編』(上)，中央大学．
中央大学百年史編集委員会専門委員会編，2005，『中央大学百年史 資料編』，中央大学．
寺﨑昌男，1992，『プロムナード東京大学史』東京大学出版会．
寺﨑昌男，2000，『日本における大学自治制度の成立(増補版)』評論社．
寺﨑昌男，2007，『東京大学の歴史　大学制度の先駆け』講談社学術文庫．
同志社五十年史編纂委員会編，1930，『同志社五十年史』同志社五十年史編纂委員会・同志社交友会．
同志社社史資料編集所編，1979a，『同志社百年史』通史編一 同志社．
同志社社史資料編集所編，1979b，『同志社百年史』資料編二 同志社．
東洋大学創立100年史編纂委員会編，1988，『東洋大学百年史 通史編』Ⅰ　東洋大学．
井上円了記念学術センター「東洋大学小史」編集委員会編，2000，『ショートヒストリー東洋大学』東洋大学井上円了記念学術センター．
利谷信義，1965，「日本資本主義と法学エリート(一)」『思想』(493)：886-98.
利谷信義，1965，「日本資本主義と法学エリート(二)」『思想』(496)：1376-91.
富田正文・土橋俊一編，1970a，『福澤諭吉全集』第七巻　岩波書店．
富田正文・土橋俊一編，1970b，『福澤諭吉全集』第一二巻　岩波書店．
中川米造・星新一，1980，『手当ての航跡』朝日出版社．
中野実，1978，「旧制大学の設置認可の内規について　―公文類聚からの紹介」『大学史研究通信』(11)：112-6.
中野実，1979a，「史料解説　新渡戸稲造他『大学制度改正私見』」『東京大学史紀要』(2)：102-9.
中野実，1979b，「大正期における大学改革研究試論」『大学史研究』(1)：136-5.
中野実，1983，「教育調査会における大学制度改革に関する考察　―大正期における大学改革研究試論(二)」『大学史研究』(3)：64-77.
中野実，1989，「新渡戸稲造他『大学制度改正私見』(二)」『東京大学史紀要』(7)：109-18.
中野実，2003，『近代日本大学制度の成立』吉川弘文文庫．
西沢直子，2005，「資料紹介　中津出身者宛小幡篤次郎書簡」『近代日本研究』(21)：89-130.
日本大学百年史編纂委員会，1997，『日本大学百年史』第1巻　日本大学．

原輝史編，1984，『大学改革の先駆者橘静二　業は急ぐに破れ，怠るに荒む』行人社.
藤田大誠，2009，「明治後期の皇典講究所・國學院の研究教育と出版活動」『國學院大学校史・学術資産研究』(1)：1-47.
法政大学編，1961，『法政大学八十年史』法政大学.
法政大学百年史編纂委員会編，1980，『法政大学百年史』法政大学.
松本皎，1993，「中川小十郎と京都帝国大学設立事情および京都法政学校の創立」『立命館百年史紀要』第一号，立命館百年史編纂委員会，103-41.
真辺将之，2015，「東京専門学校における接続問題と大学昇格問題」『近代日本研究』(31)：73-108.
三井須美子，1995，「江木千之と臨時教育会議(1)教育調査会廃止の事情と経緯」『都留文科大学研究紀要』(42)集：41-59.
明治大学百年史編纂委員会編，1986，『明治大学百年史』第一巻史料編Ⅰ，明治大学.
文部省編，1979，『資料　臨時教育会議』第四集　文部省.
吉川卓治，2010，『公立大学の誕生　近代日本の大学と地域』名古屋大学出版会.
立教学院百年史編纂委員会編，1974，『立教学院百年史』立教学院.
立教学院百二十五年史編纂委員会編，1996，『立教学院百二十五年史 資料編』第1巻　立教学院.
立教学院百二十五年史編纂委員会編，1999，『立教学院百二十五年史 資料編』第3巻　立教学院.
立教学院史資料センター編，2007，『立教大学の歴史』立教学院.
立命館百年史編纂委員会，1999，『立命館百年史　通史一』立命館.
早稲田学会編，1903，『早稲田大学開校東京専門学校創立二十年記念録』早稲田学会.
早稲田大学大学史編集所，1978，『東京専門学校校則・学科配当資料』早稲田大学.
早稲田大学大学史編集所，1978，『早稲田大学百年史』第1巻　早稲田大学.
早稲田大学大学史編集所，1981，『早稲田大学百年史』第2巻　早稲田大学.
早稲田大学大学史編集所，1987，『早稲田大学百年史』第3巻　早稲田大学.

あとがき

　本書は，桜美林大学から博士(学術)の学位を授与された論文「明治・大正期の私学における大学昇格準備過程に関する研究　―日本近代私立大学史再考―」に加筆修正を行ない，大東文化大学より研究成果刊行助成金を受けて出版するものである。

　本書の特徴は，日本の大学成立史上において如何にして私立大学が成立していったのか，「大学」名称を冠した時期の私学の動向に焦点を絞ったことにあり，私立大学の形成過程において私学が目指した大学像を出来る限り正確に実証しようと試みたものである。多くの課題を残していることを自覚しつつ，本書を送り出すこととしたい。

　本書執筆に当たり，多くの先生方のご指導を賜った。ここですべての先生のお名前は挙げられないが，次の先生方に特に深く感謝の意を表したい。

　第一に記さなければならないのは，最も長期にわたってご指導くださった寺﨑昌男先生(東京大学・桜美林大学・立教大学名誉教授)への感謝である。学部3年目の秋に卒業論文の作成に当たり寺﨑研究室の門を叩いたことが，私の大学史研究の始まりであった。当時の私は教育学とはほとんど無縁の文学部の学生であり，教職課程で僅かに関連の科目を履修していた程度であったが，なぜか教育学の講義，特に国内外の教育史に心を惹かれた。何より自由に授業を選択し，分野を越えて好きな勉強が出来る大学という場が，不思議でもあり楽しくもあった。卒論のテーマを決めるに当たって，何とか大学教育とは何かといったテーマを取り上げたい。学部の恩師であった井関義久先生にそう相談すると，それならばとても良い先生がいると言ってその場で内線電話をかけてくださった先が，寺﨑研究室であった。運よく研究室にいらしていた寺﨑先生は，すぐに私を部屋に呼んで話を聞いてくださった。私は，大学教育とはそもそも何を

目的に誰のためにあるのかというような，今思えば焦点の定まらないことを必死で話したと思う。それでも寺崎先生は辛抱強く私の話を聞き，あなたのやりたい研究は「大学史」という分野になるのだ，と教えてくださった。私は中国語中国文学科に在籍していたから，その分野が日本の私立大学の中でどのように取り入れられてきたのかを調べてみたらどうか，との教えをいただいた。そうかと思い，素直にそのテーマで卒論を書いてみたところ，それがその年の優秀卒業論文に選ばれることとなった。

　翌年は大学院へ進学し，寺崎先生が指導を続けて下さることとなった。以降，遅々として進まない私の研究に対する指導を惜しまず，本研究論文の提出に至っても仕上げの段階まで多くのご助言と励ましをいただいた。それだけでなく，共同研究や大学沿革史編纂へ参加する機会を幾度となく与えてくださり，それら多くの経験を通じて研究の面白みや醍醐味を教えていただいたことは個人的な研究という枠を超えて，少しの自信を与えてくれるものとなった。また，共同研究の中でも特に菅原亮芳先生（高崎商科大学教授）の研究グループへ入れていただいてお手伝いさせていただいたことは大きな転機となった。当時，博士後期課程の学生で全く勝手がわからず，共同研究とは名ばかりで毎回指導を仰いでばかりで多大なご迷惑をおかけしつつ，それでも私自身苦しみながら共同研究は進み，その成果は『受験・進学・学校』（学文社，2008年）として刊行された。終わってから数年経ち，ようやくあの頃の共同研究を心からの感謝の気持ちとともに振り返る余裕が出来たことも，博士論文完成の大きなステップとなった。同書に報告した研究は，本書の第一章第二節の重要なベースとなった。

　寺崎先生がご退任された後は，馬越徹先生（名古屋大学名誉教授）が主査を引き受けてくださった。比較教育学の大家であった馬越先生からは，教育社会学的な手法を厳しく教示いただいた。残念ながら2011年に急逝され，論文の完成を見ていただくことは叶わなかったことは悔いて余りあるところだが，お亡くなりになる直前まで博士論文の完成を目指すよう叱咤激励のお手紙やお電話を度々いただいたことに感謝の念は尽きない。

　その後，博論の最終試問では，舘昭先生が主査を引き受けてくださった。舘

先生は課程在学中に行われた二次試問の副査でもあり，その折には厳しい評価をいただいていた。その舘先生に主査をお引き受けいただき，最終的な審査をしていただけたのはこれ以上ない幸運であった。最終試問では主査の舘先生のほか，副査を寺崎昌男先生，武村秀雄先生，田中義郎先生，山本眞一先生がお引き受けくださった。改めて5名の先生方には厚く御礼を申し上げなければならない。舘先生はもちろんのこと，特に武村先生には修士論文の審査を含め，試問のたびに副査をお引き受けいただき，本研究に関して長年にわたり査読していただいてきた。必ず前向きなコメントを下さる武村先生に精神的にも何度も救われ，支えていただいてきた。偶然にも同郷の出身であった武村先生には重ねて感謝申し上げたい。

　学部時代の恩師への感謝も記しておく。井関義久先生，丸山昇先生，山崎純一先生は，大学院への進学に当たって分野を大きく変更する私を全力で支援し後押ししてくださった。進学時の語学試験や研究手法などに対する基本指導をしてくださったほか，必ず研究を続け，博士論文を完成させなさいと手紙や電話で励まし続けてくださった3人の恩師にこの論文の完成を直接伝えることは残念ながら叶わなかったが，ここに記すことで感謝の意に代えたい。大学院在学中には，先生方以外にも多くの先輩諸姉が貴重な助言を下さった。また，現在全国各地の国公私立大学に設置されつつある大学アーカイブスの関係者の皆様から惜しみない支援を賜ったことに，心から感謝を申し上げる。

　最後に，博士論文の完成まで支え励ましてくれた家族に感謝の言葉を記しておきたい。

　また，本書の編集刊行には学文社の二村和樹氏がご尽力下さった。記して感謝申し上げる。

2019年12月

著　者

＊本書の刊行に当たっては，令和元年度大東文化大学特別研究費(研究成果刊行助成)の交付を受けた。

索　引

《人　名》

■あ行
天野為之　41, 44
アンリ・ブシュー　133
石塚剛毅　162
市島謙吉　41
井上円了　148, 180, 182-186, 188-191
井上毅　98
井上哲次郎　182
岩倉具視　111
梅謙二郎　69-71, 73-75, 83
江木千之　24, 158, 160
大隈重信　40-44, 49, 51, 56, 57, 63, 64, 92, 195
大隈英麿　63
岡田良平　157
岡村輝彦　81
岡本監輔　180
岡本兼吉　41, 81
小野梓　40-43, 51, 61
小幡篤次郎　33, 34, 36, 62, 63, 194

■か行
桂太郎　161, 170
門野幾之進　31, 34-36, 63
金子堅太郎　92
嘉納治五郎　158
鎌田栄吉　34-36, 63, 158
菊池大麓　45
岸本辰雄　76
北里柴三郎　37, 38, 40
木下廣次　100
清沢満之　144, 145
小泉信吉　33
児玉源太郎　180
後藤新平　172, 180
駒井重格　85, 86
小松原英太郎　158, 164, 171
小山健三　158

■さ行
西園寺公望　11, 98, 100-103
薩埵正邦　68
沢柳政太郎　158, 159
ジェームズ・ロックリフ　133
末弘威麿　101
砂川雄峻　41
相馬永胤　85, 86

■た行
高田早苗　41-46, 49, 52, 53, 63, 159
高橋一勝　81
高橋健三　81
田尻稲次郎　85, 86
橘静二　44-47, 63, 204
タッカー, H.　131
田中不二麿　111, 112
田中穂積　55
坪内逍遥　52
土倉庄三郎　112, 116, 117
富井政章　69, 101

■な行
中川小十郎　98, 99-101, 103
成瀬仁蔵　63
新島襄　92, 110-116, 118, 119, 156, 201
新渡戸稲造　168-173, 176-180, 190

■は行

原田助　119, 120, 156
土方寧　81
樋山資之　92
平沼淑郎　159, 160
廣岡浅子　99
福澤諭吉　25-28, 31, 33-40, 61, 62, 92, 194
ヘルマン・ホフマン　135
ボアソナード，G.E.　68, 69, 92
穂積陳重　69, 81
穂積八束　92

■ま行

槙村正直　112
増島六一郎　81, 82
松浦鎮次郎　122
松方正義　61
松崎蔵之助　170, 171
箕作麟祥　69
宮城浩蔵　76
宮崎道三郎　92
目加田種太郎　85, 86
森有礼　62, 65

■や行

山川健次郎　158
山田顕義　91-93, 97, 147
山田一郎　41
山田喜之助　41
ヨゼフ・ダールマン　133

■わ行

和田義郎　62

《項　目》

■あ行

青山学院　108, 129, 131, 153
英吉利法律学校　66, 69, 81-83, 91, 113
エール大学　34
鴎渡会　41
大谷大学　16, 22, 109, 142, 143, 146, 196, 198, 199

■か行

改正教育令　62
開成所　62
関西大学　16, 22, 66, 67, 100
関西法律学校　66, 94, 100
関西学院　108
関西学院大学　16
『教育持論』　159, 160
教育調査会　24, 44
教育令　41, 62
京都帝国大学　34, 39, 67, 99, 100, 102, 103
京都帝国大学法科大学　101, 103, 169
京都法学校　100
京都法政学校　99-101
京都法政専門学校　72, 101, 102
京都法政大学　98, 101
慶應義塾　6, 16, 25-40, 47, 48, 55, 57, 60-63, 66, 86, 92, 94, 105, 113, 131, 147, 180, 192, 194, 196, 198, 200
慶應義塾維持法案　28
慶應義塾仮憲法　29, 31, 32
慶應義塾規約　31, 32
慶應義塾社中之約束(社中之約束)　27, 28, 61
慶應義塾基本金募集の趣旨　39
慶應義塾大学　21, 25, 37, 39, 40, 60
慶應義塾之記　61
皇典講究所　91, 97, 110, 146-149, 151, 155, 196, 202
高等学校令　122, 127

高等師範学校　185
高野山大学　16, 109
國學院大學（大学）　16, 22, 110, 146, 149-151, 153, 155, 196
國學院　110, 146-150, 154, 155, 184, 185, 193, 196, 199, 202
五大法律学校　67, 68, 82, 88
駒澤大学　16, 21, 109, 138, 142, 153, 196, 199

■さ行

財団法人上智学院　134
財団法人私立拓殖大学　196
財団法人私立東洋大学　187, 196
財団法人聖公会教学財団　132
財団法人専修大学　89, 195
財団法人東洋協会　164, 196
財団法人法政大学　74
財団法人立教学院　132
財団法人早稲田大学寄付行為　44
札幌農学校　169
三汉塾　86
慈恵会医科大学　16
『時事新報』　61
私塾開設願　41
私塾設置願　41
私塾立命館　100, 102
7人組　41
師範学校令　62, 66
司法省指定学校　33, 66, 68, 83, 88, 94, 104
司法省法学校　68, 76, 87
社団法人私立専修学校　195
社団法人東京法学院大学　84
社団法人東洋協会　164, 168, 196
社中の結束　32
修業年限短縮　12, 13
小学校令　62, 66
上智大学　16, 21, 108, 133-137, 152, 193, 195, 197, 199

諸学校通則　62
私立学校令　18, 67, 108, 109, 144
私立京北中学校　184
私立法律学校　70
私立法律学校特別監督条規　77, 65, 68, 82, 87
神宮皇學館　17
真宗大学　142-145, 198
真宗大谷大学　145, 146
真宗大学寮　142
真宗高倉大学寮　144
真宗中学校　144
政法学校　117
専修学校　66, 85-89, 91, 94, 195
専修大学　16, 21, 66, 74, 85, 88-91, 195, 197, 199
セント・ポールズ・スクール　126
専門学校令　5, 14, 18, 36, 37, 39, 57, 62, 67, 70, 71, 75, 78, 83-85, 88, 89, 93, 96, 101, 108, 109, 117, 120, 121, 127, 130, 133, 139, 140, 141, 145, 149, 152, 154, 155, 156, 163, 166, 167, 187, 193-196, 198, 201
曹洞宗高等学林　139
曹洞宗大学　138, 140, 141, 154, 196, 197
曹洞宗大学林　138-140, 154
曹洞宗大学林専門学本校　138, 139, 153, 154
卒業論文制度　35

■た行

第一高等学校　169
『大学及大学生』44-46, 63, 159, 204
大学令　1-3, 6, 8, 10-15, 19, 21-23, 36, 44, 52, 54-57, 70, 74, 81, 85, 88, 96, 109, 120-123, 132, 137, 142, 146, 152, 155, 157, 160, 164, 167, 168, 179, 188, 189, 194, 195, 204
大正大学　16, 109
大日本私立衛生会付属伝染病研究所　37
台湾協会　161, 162, 176-178
台湾協会学校　161-163, 165, 170, 171, 173, 175,

193
台湾協会専門学校　163, 165-167, 170
高倉大学寮　145
拓殖大学　16, 22, 157, 161, 163, 164, 166, 168-173, 175-180, 190, 196, 199, 202
単位履修制度　35
中央大学　16, 21, 65, 69, 81, 83-85, 88, 96, 197
中学校令　62, 66
徴兵猶予　30, 67, 76, 83, 101, 104, 109, 127, 129, 135, 151, 153, 156, 185, 187
帝国大学　1, 2, 5, 6, 8-12, 17, 29, 30, 37, 39, 45, 65, 67, 72, 73 , 87, 79, 81, 99, 137, 147, 149, 161, 180, 185, 190, 192, 200, 202, 204
帝国大学文科大学　79, 65, 69, 70, 82, 85, 92, 98
帝国大学令　62, 66, 112, 125, 144
低度大学　45
哲学館　148, 155, 180-187, 189, 191, 193
哲学館事件　184, 186, 187, 191
哲学館大学　183, 184, 186, 187, 189
哲学館東洋　184
独逸學協會学校（専修科）　66, 82, 92
東亜同文書院大学　16
東京英語専修学校　128
東京英和学校　129
東京女子大学　169, 172, 173
東京専門学校　25, 40-43, 47-51, 54, 59, 61-63, 65, 67, 82, 92, 185
東京大学（帝国大学）　20, 86, 87, 180-182
東京大学文学部　180, 182
東京大学法学部　69, 82, 104
東京大学予備門　92, 180
東京帝国大学　100, 169
東京帝国大学医科大学　37, 38, 40
東京帝国大学法科大学　73, 171
東京農業大学　16, 22
東京仏学校　66, 68, 69, 82
東京法学院　69, 83, 84

東京法学院大学　83, 88, 201
東京法学校　66, 68
東京法学社　68
同志社　113, 115, 118-120, 125, 129, 137, 193, 195
同志社英学校　92, 110-112, 116, 119, 201
同志社高等学部文科学校　117, 119
同志社神学校　17, 117, 118, 121
同志社専門学校　117, 118, 120, 121
同志社大学　15, 16, 21, 56, 106, 108, 110, 111, 113, 114, 118-120, 124, 125, 129, 131, 132, 151, 152, 197, 199
同志社大学設立之旨意（設立之旨意）　112-115, 117
同志社大学設立之主意之骨案（骨案）　112, 113
同志社普通学校　117
東北学院　108
東洋協会　171
東洋協会植民専門学校　163, 164, 166, 167, 169, 171, 172, 175-177
東洋協会専門学校　163, 167, 170, 173-175
東洋協会大学　167, 177, 179
東洋大学　16, 22, 157, 186-190, 193, 196, 199, 202
特別監督学校　67, 83, 97
特別監督条規　76, 86, 87, 104
特別認可学校　66-68, 83, 88, 94, 97
特別認可学校規則　66
特別認可学校制度　66, 77
特別認可規則　87

■な行

日蓮宗大学　22
日本医科大学　16
日本女子大学　63
日本女子大学校　63, 64, 99
日本大学　16, 21, 66, 91, 93, 95, 96, 195, 197, 199

日本法律学校　66, 91-97, 195

■は行
ハーバード大学　31, 34
ハーバード・ロースクール　92
ハリス理化学校　117, 119
藤原工業大学　16
仏教大学　22
文官試験試補及見習規則　66
文官任用制度　66
文官任用令　66
文検　185
法政学校　119
法政大学　16, 21, 66, 71, 72, 74, 75, 83, 89, 193, 195, 197, 201

■ま行
明治学院　108, 129, 131, 153
明治14年の政変　26
明治大学　16, 21, 65, 74, 75, 78-80, 89, 96, 195, 199, 201
明治法律学校　65, 68, 69, 75-78, 80, 81, 86, 91, 92, 94, 96
文部省訓令十二号(問題／事件)　108, 129, 131, 133, 135, 151, 153

■ら行
立教　137

立教学院専門学校　128
立教学院　129-131, 195, 201
立教学校　126-129
立教尋常中学校　128, 129
立教専修学校　128
立教大学　16, 21, 56, 108, 126, 130-133, 151, 152, 197, 199
立教大学校　127, 128, 151, 193, 201
立教中学校　128, 129, 131, 152
立憲改進党　41-43
立正大学　16, 22, 109
立命館　103
立命館大学　16, 21, 67, 98, 100, 102, 103
龍谷大学　16, 22, 109
臨時教育会議　24, 44, 57, 157, 159

■わ行
早稲田　6, 49, 57, 58, 60
早稲田騒動　44
早稲田大学　16, 21, 25, 40, 43-60, 63, 65, 74, 79, 82, 105, 106, 118, 125, 131, 192-194, 196, 198, 200, 201
早稲田大学基本資金募集手続　52
和仏法律学校　66, 68, 69, 71, 72, 83, 92, 96, 101, 104
和仏法律学校法政大学　68, 71, 72, 74, 75

著者紹介

浅沼　薫奈（あさぬま　にな）

桜美林大学大学院国際学研究科単位取得満期退学。博士（学術）。
拓殖大学日本文化研究所客員研究員，昭和大学非常勤講師等を経て，現在，大東文化大学東洋研究所特任講師。

【主要論文】

「橘静二と『大学及大学生』―大正期にあらわれた新しい大学論―」大学教育学会編『大学教育学会誌』27巻1号，2005年

「私立専門学校の『大学』名称獲得に関する一考察―早稲田・同志社を中心として―」大学史研究会編『大学史研究』第21号，2005年

「『大学及大学生』―大学の本質とあり方に関する専門情報誌―」菅原亮芳編『進学・受験・学校―近代日本教育雑誌に見る情報の研究』学文社，2008年

「明治・大正期における私立法律学校の『大学』名称への転換に関する一考察」大東文化大学紀要編集委員会編『大東文化大学紀要〈社会科学〉』第52号，2014年

「木下成太郎と高等教育機関設立構想―大東文化学院及び帝国美術学校創設に果たした役割―」高橋陽一編『武蔵野美術大学を造った人びと』武蔵野美術大学出版局，2014年

日本近代私立大学史再考
―明治・大正期における大学昇格準備過程に関する研究―

2019年12月20日　第1版第1刷発行

著　者　浅沼　薫奈

発行者　田中　千津子

発行所　株式会社　学文社

〒153-0064　東京都目黒区下目黒3-6-1
電話　03（3715）1501（代）
FAX　03（3715）2012
http://www.gakubunsha.com

印刷　新灯印刷

©Nina ASANUMA 2019　Printed in Japan
乱丁・落丁の場合は本社でお取替えします。
定価は売上カード，カバーに表示。

ISBN 978-4-7620-2929-5